PUGLIA

RICETTE · RISTORANTI · VINI · MASSERIE

editore › publisher

Via Rosmini, 21 - BRINDISI
tel. +39.0831.1820666
mob. +39.389.7965348

www.nextbook.it

info@nextbook.it

grafica › designer
voice
www.voicecomunicazione.com

impaginazione › layout
Annamaria Tasco

traduzioni › translations
Mariann Grace Lotesoriere

ISBN
978-88-906709-2-3

La trilogia del gusto
The taste trilogy

NEW YORK
RECIPES | RESTAURANTS | WINES

LONDON
RECIPES | RESTAURANTS | WINES

RMA
RICETTE • RISTORANTI • VINI

RECIPES
RESTAURANTS
WINES
ENGLISH TEXT

next

www.nextbook.it

Città incantevoli, ottimi **ristoranti**,
ricette incredibili che tutti possono fare

*Lovely **cities**, great **restaurants**,*
*amazing **recipes** that anyone can do*

BMW Serie 3
Berlina

www.bmw.it

Piacere di guidare

Concessionarie BMW
Emmeauto

BRINDISI	Via E. Fermi, 25 bis	Tel. 0831 546686
LECCE	SS Lecce-Brindisi, 11	Tel. 0832 398144
TARANTO	Viale Unità D'Italia, 255	Tel. 099 7729058

www.emmeauto.bmw.it

Sommario
contents

IN LIBRERIA

PROSSIME USCITE

OCSA food

UN MONDO DA GUSTARE

Commerciale OCSA S.r.l.
Via Casamassima, 89 - 70010 Capurso Z.I. (BA)
Tel. +39 080 4550420

www.ocsasrl.it

Editoriale
foreword

ROMINA GIURGOLA
Publisher

Cinquanta ristoranti, 156 ricette, 21 cantine, più di 200 vini, 18 masserie e resort:
è tutto ciò che troverete in questa seconda edizione del nostro volume dedicato alla Puglia, una regione meravigliosa, che non a caso ormai da tre anni è stabilmente tra le mete turistiche più trendy dell'intera Europa.

Rispetto alla prima edizione ci sono tante novità: intanto le ricette, tutte nuove e tutte facilmente replicabili a casa, per una cena-gourmet con amici e parenti.
Poi una buona parte di nuovi ristoranti, ma soprattutto le sezioni dedicate a "Vini&Cantine" e "Masserie&Resort".

Mangiare, bere, dormire. Forse poteva bastare per raccontarvi una regione spettacolare.
E invece no, abbiamo voluto aggiungere al libro un'altra chicca: 20 pagine fotografiche con le fotografie dei luoghi più incantevoli e suggestivi di una Puglia che negli ultimi 10 anni si è trasformata ed è cambiata.
Assolutamente in meglio.

Questa è la nostra regione.
Questa è la terra che amiamo.
Questa è la Puglia di cui siamo orgogliosi.

Fifty restaurants,156 recipes, 21 wineries, more than 200 wines and 18 masserie and resorts: this is what you will find in the second edition of our book dedicated to Puglia, our wonderful region, that for the last three years, not surprisingly, has been one of the trendiest tourist destinations in the whole of Europe.

In comparison to the first edition, we have changed a few things: the recipes are new and all easily reproducible at home, there are lots of new restaurants, but above all, there are some new sections on "Wines & Wineries" and "Masserie & Resorts".

Eating, drinking and sleeping could have been enough to tell you about this spectacular region, but we wanted to add yet another treat to this book: sixteen photograph pages with some of the most enchanting and suggestive images of the Puglia that in the last fifteen years has transformed and changed, absolutely for the best.

This is our region.
This is the land we love.
This is the Puglia we are proud of.

Quando abbiamo cominciato avevamo
solo le mani per lavorare.
Oggi la nostra azienda si è evoluta,
ma per scelta, le mani sono ancora
il nostro miglior strumento di lavoro.

Antiche Tradizioni di sapori Pugliesi
Biscottificio Panificio
Farinella ®
1983

Biscottificio Panificio FARINELLA - Via Michele Mummolo Z.I. n. 15
70017 Putignano (BARI - ITALY) Tel. (+39) 080 4911325
Fax (+39) 080 4911710 - mail: info@tarallificiofarinella.it
www.tarallificiofarinella.it

100 COSE
da fare in Puglia
100 things to do in Puglia

1) Mangiare il "crudo di mare" a Bari. **2)** Visitare piazza Duomo a Lecce di notte. **3)** Rinfrescarsi con il caffè in ghiaccio e latte di mandorla (solo nel Salento). **4)** Assistere ai fuochi d'artificio della festa in onore dei Santi patroni di Brindisi (primo sabato di settembre). **5)** Sorseggiare il "caffè speciale" di Polignano. **6)** Abbuffarsi di cozze tarantine (qualcuno teme l'inquinamento, ma sono buonissime). **7)** Assistere ad una partita al PalaPentassuglia di Brindisi, e capire cosa vuol dire amare il basket. **8)** Mangiare ai trabucchi di Peschici. **9)** Fare colazione con il pasticciotto leccese. **10)** Perdersi nei vicoli del centro storico di Ostuni. **11)** Fare shopping nel centro di Bari. **12)** Visitare Castel Del Monte in completa solitudine. **13)** Mangiare i ricci con il pane a Savelletri di Fasano. **14)** Dormire in un trullo. **15)** Arrivare a Leuca e fermarsi ad ammirare il mare infinito. **16)** Non perdersi le grandi mostre estive nel Castello di Otranto. **17)** Ordinare un piatti di "fave e cicoria", what else? **18)** Tuffarsi dagli scogli del fiordo del Ciolo (Gagliano del Capo) senza imitare i pazzi che si tuffano dal ponte o dallo strapiombo. **19)** Noleggiare una barca e fare il bagno a Baia delle Zagare. **20)** Immergersi nel barocco di Martina Franca. **21)** Scoprire tutte le sorgenti sottomarine di acqua fredda nel mare di Castro. **22)** Imparare a fare le orecchiette. **23)** Riuscire a raccogliere e pulire i fichi d'india senza riempirsi di spine. **24)** Partecipare alla vendemmia. **25)** Riuscire a passeggiare sulle pietre delle spiagge di Manfredonia. **26)** Fare il bagno nelle acque cristalline dell'oasi di Torre Guaceto (anche se in alcuni punti è vietato). **27)** Godersi la magia di Otranto in primavera, quando ancora non è invasa dai turisti. **28)** Assaggiare il gelato al gusto "mostacciolo" della gelateria Natale a Lecce. **29)** Comprare le mozzarelle a Gioia del Colle e la burrata ad Andria. **30)** Mangiare una crepe a Lecce.

1) Eat raw seafood in Bari. **2)** Visit Piazza Duomo in Lecce by night. **3)** Cool down with an ice coffee with almond milk (only in the Salento). **4)** Watch the firework display for the festival in honour of the patron saints of Brindisi (every first Saturday in September). **5)** Try the "special coffee" in Polignano. **6)** Stuff yourself with mussels from Taranto (some people fear the pollution, but they are delicious). **7)** Watch a game at the PalaPentassuglia in Brindisi, and understand why people love basketball. **8)** Eat at the the trabucchi in Peschici. **9)** Eat a pasticciotto from Lecce for breakfast. **10)** Get lost in the alleys of the old town of Ostuni. **11)** Go shopping in the city centre of Bari. **12)** Visit Castel Del Monte on your own. **13)** Eat sea urchins with bread in Savelletri di Fasano. **14)** Sleep in a trullo. **15)** Go to Leuca and admire the endless sea. **16)** Don't miss the great summer exhibitions in the Otranto Castle. **17)** Order a dish of "fava beans and chicory", what else? **18)** Dive from the cliffs of the Ciolo fjord (Gagliano del Capo) without imitating the crazy ones that jump off the bridge or from the cliff... **19)** Hire a boat and go swimming in the Zagare Bay. **20)** Immerse yourself in the baroque in Martina Franca. **21)** Find all the cold underwater springs in the sea at Castro. **22)** Learn how to make Orecchiette pasta. **23)** Learn how to

ROSOLI

Prodotto Artigianale

Quintessenza Rosoli
Traversa P. Sarnelli, 248 - 70044 Polignano a Mare (BA) - ITALIA - Tel. +39 320 6189080
www.quintessenzarosoli.it - info@quintessenzarosoli.it

31) provare a ripetere qualche frase in dialetto barese. **32)** Farsi una bruschetta col pane di Altamura. **33)** Visitare il santuario di Padre Pio (senza far caso al mercimonio del Santo cresciuto tutto intorno...). **34)** Attraversare in auto il Parco del Gargano sperando di incontrare cavalli, daini e mucche. **35)** Perdersi tra i libri delle librerie Feltrinelli e Laterza di Bari. **36)** Tirar tardi nella movida leccese. **37)** Mangiare l'anguilla a Lesina. **38)** Andare in bicicletta intorno ai laghi Alimini (Otranto). **39)** Trascorrere un paio d'ore da Eataly a Bari. **40)** Fare il bagno a Torre Lapillo e pensare di essere ai Caraibi. **41)** Leccare i gelati di Sandrino e pensare che sono i più buoni che abbiate mai provato. **42)** Chiedere informazioni stradali ad un pugliese e rischiare di essere accompagnati a destinazione.

43) Comprare l'olio appena molito in un frantoio. **44)** Passeggiare tra gli ulivi secolari della zona tra Fasano e Ostuni. **45)** Giocare a golf al San Domenico. **46)** Assistere alla processione dei "pappamusci" a Taranto. **47)** Bere Primitivo e Negroamaro (possibilmente, non insieme). **48)** Cenare con due friselle. **49)** Scoprire "ciceri e tria". **50)** Pranzare o cenare in uno dei ristoranti sul porto di Trani. **51)** Arrivare a Minervino Murge una sera d'inverno e scambiarlo per un presepe. **52)** Visitare la cantina d'Aprì di San Severo e scoprire che anche in Puglia s produce uno spumante eccezionale. **53)** Andare ad Alberobello ed entrare in ogni trullo-negozietto. **54)** Correre in contrada Zingariello a Gravina in Puglia (sui colli della Murgia) e scoprire che esistono luoghi senza auto. **55)** Passare la serata nei locali di Bari Vecchia, e sorridere al pensiero che un tempo quella zona era off-limits. **56)** Passeggiare sul lungomare di Brindisi. **57)** Visitare la Basilica di Santa Croce di Lecce, la cattedrale di Trani e la Basilica di San Nicola a Bari. **58)** Raccogliersi in preghiera nella grotta del santuario di San Michele Arcangelo, a Monte Sant'Angelo. **59)** Fare il bagno nella "grotta della poesia" a Roca Vecchia (Lecce). **60)** Ammirare lo spettacolo incantevole delle Grotte di Castellana. **61)** Attraversare il ponte girevole a Taranto. **62)** Mangiare la carne in una delle macellerie di Cisternino (nelle sere d'estate non è tanto facile...). **63)** Pernottare in una delle tante masserie e alzarsi di buon mattino per sentire i profumi e le voci della natura. **64)** Mangiare cozze appena aperte e gamberi rossi appena pescati al mercato del pesce di Gallipoli. **65)** Fotografare la spettacolare partenza della regata velica Brindisi-Corfù (a giugno). **66)** Visitare la cava di bauxite ad Otranto.

67) Correre sul lungomare di Bari. **68)** Fare il bagno ad aprile o ad ottobre. **69)** Salire sul Monumento al Marinaio di Brindisi e godersi il panorama mozzafiato. **70)** Assistere ad una prima del teatro Petruzzelli. **71)** Fare il bagno nelle acque del porto interno di Otranto prima delle 9 del mattino, e ammirare la città che si risveglia. **72)** Visitare il Museo della civiltà del vino Primitivo a Manduria. **73)** Girare le isole Tremiti in barca. **74)** Abbuffarsi di piatti e vini tipici alle sagre e ai mercatini d'estate. **75)** Passare il sabato notte nei tanti locali di Capitolo (Monopoli). **76)** Andare al quartiere delle ceramiche di Grottaglie. **77)** Ascoltare la pizzica (ma solo per cinque minuti). **78)** Visitare le cantine di Tormaresca a San Pietro Vernotico (Brindisi) e a Minervino: sono tra le più spettacolari d'Italia. **79)** Non perdersi la sfilata dei carri al Carnevale di **42)** Chiedere informazioni stradali ad un pugliese e rischiare di essere accompagnati a destinazione. **43)** Comprare l'olio appena molito in un frantoio. **44)** Passeggiare tra gli ulivi secolari della zona tra Fasano e Ostuni. **45)** Giocare a golf al San Domenico. **46)** Assistere alla processione dei "pap-

pick and clean the prickly pears without getting pricked by the thorns. **24)** Participate in a grape harvest. **25)** Try to walk on the stones of the beaches of Manfredonia. **26)** Bathe in the crystal clear water in the Torre Guaceto oasis (although in some parts it is forbidden). **27)** Enjoy the magic of Otranto in spring, while it's not invaded by tourists. **28)** Try the "mostacciolo" ice cream in the Gelateria Natale in Lecce. **29)** Buy mozzarella cheese in Gioia del Colle and burrata cheese in Andria. **30)** Eat a crepe in Lecce. **31)** Try to repeat a few sentences in the Bari dialect. **32)** Make a bruschetta with Altamura bread. **33)** Visit the Padre Pio shrine (paying no attention to the tourist souvenir trade that is

everywhere...). **34)** Cross the Gargano park by car hoping to encounter horses, deer and cows. **35)** Get lost in the books of the Feltrinelli and Laterza book-stores in Bari. **36)** Be out late in the Lecce nightlife. **37)** Eat eel in Lesina. **38)** Cycle around the Alimini lakes (Otranto). **39)** Spend a couple of hours in Eataly in Bari. **40)** Bathe in the sea at Torre Lapillo thinking you are in the Caribbean. **41)** Eat Sandrino's ice cream and realise it's the most delicious you've ever tasted. **42)** Ask a person from Puglia for road directions and be ready to be accompanied to your destination. **43)** Buy newly made olive oil from a mill. **44)** Walk among the olive trees in the area between Fasano and Ostuni. **45)** Play golf

i vini del salento

www.tenuterubino.com

72100 BRINDISI (Italy)
Via Enrico Fermi, 50
Tel. 0831.571955 - Fax 0831.571655
info@tenuterubino.it

pamusci" a Taranto. **47)** Bere Primitivo e Negroamaro (possibilmente, non insieme). **48)** Cenare con due friselle. **49)** Scoprire "ciceri e tria". **50)** Pranzare o cenare in uno dei ristoranti sul porto di Trani. **51)** Arrivare a Minervino Murge una sera d'inverno e scambiarlo per un presepe. **52)** Visitare la cantina d'Aprì di San Severo e scoprire che anche in Puglia si produce uno spumante eccezionale. **53)** Andare ad Alberobello ed entrare in ogni trullo-negozietto. **54)** Correre in contrada Zingariello a Gravina in Puglia (sui colli della Murgia) e scoprire che esistono luoghi senza auto. **55)** Passare la serata nei locali di Bari Vecchia, e sorridere al pensiero che un tempo quella zona era off-limits. **56)** Passeggiare sul lungomare di Brindisi. **57)** Visitare la Basilica di Santa Croce di Lecce, la cattedrale di Trani e la Basilica di San Nicola a Bari. **58)** Raccogliersi in preghiera nella grotta del santuario di San Michele Arcangelo, a Monte Sant'Angelo. **59)** Fare il bagno nella "grotta della poesia" a Roca Vecchia (Lecce). **60)** Ammirare lo spettacolo incantevole delle Grotte di Castellana. **61)** Attraversare il ponte girevole a Taranto. **62)** Mangiare la carne in una delle macellerie di Cisternino (nelle sere d'estate non è tanto facile...). **63)** Pernottare in una delle tante masserie e alzarsi di buon mattino per sentire i profumi e le voci della natura. **64)** Mangiare cozze appena aperte e gamberi rossi appena pescati al mercato del pesce di Gallipoli. **65)** Fotografare la spettacolare partenza della regata velica Brindisi-Corfù (a giugno). **66)** Visitare la cava di bauxite ad Otranto. **67)** Correre sul lungomare di Bari. **68)** Fare il bagno ad aprile o ad ottobre. **69)** Salire sul Monumento al Marinaio di Brindisi e godersi il panorama mozzafiato. **70)** Assistere ad una prima del teatro Petruzzelli. **71)** Fare il bagno nelle acque del porto interno di Otranto prima delle 9 del mattino, e ammirare la città che si risveglia. **72)** Visitare il Museo della civiltà del vino Primitivo a Manduria. **73)** Girare le isole Tremiti in barca. **74)** Abbuffarsi di piatti e vini tipici alle sagre e ai mercatini d'estate.

at San Domenico. **46)** Watch the "pappamusci" procession in Taranto. **47)** Drink Primitivo and Negroamaro wine (possibly not together!) . **48)** Eat two friselle for dinner. **49)** Discover "Ciceri e tria". **50)** Have lunch or dinner in one of the restaurants in the port of Trani. **51)** Arrive in Minervino Murge on a winter evening and believe you are in a nativity scene. **52)** Visit the Aprì winery of San Severo and find that Puglia also produces an excellent Spumante. **53)** Go to Alberobello and go in every Trullo-shop. **54)** Run in the contrada Zingariello in Gravina di Puglia (the hills in the Murgia) and find that there are still places without cars. **55)** Spend an evening in the venues in the old part of Bari and smile at the thought that at one time this area was off-limits. **56)** Walk on the seafront promenade in Brindisi. **57)** Visit the Basilica of Santa Croce in Lecce , the Trani Cathedral and the Basilica of San Nicola in Bari. **58)** Pray in the cave of the San Michele Arcangelo shrine in Monte Sant' Angelo. **59)** Bathe in the "cave of poetry" in Roca Vecchia (Lecce). **60)** Admire the enchanting Castellana Caves. **61)** Cross the swing-bridge in Taranto. **62)** Eat some meat in one of the butcher shops in Cisternino (in summer evenings it's not so easy...) . **63)** Stay overnight in one of the many manor farms and get up early in the morning to smell the scents and hear the sounds of nature. **64)** Eat freshly opened mussels and freshly caught king prawns in the fish market in Gallipoli. **65)** Photograph the spectacular start of the Brindisi -Corfu regatta (in June). **66)** Visit the bauxite quarry in Otranto. **67)** Run on the Bari seafront. **68)** Bathe in the sea in April or October. **69)** Go up the Monumento al Marinaio in Brindisi and enjoy the breathtaking views. **70)** Attend an opening night at the Petruzzelli Theatre. **71)** Bathe in the waters of the inner harbour of Otranto before 9 am, and admire the city as it wakes up. **72)** Visit the Museum of the Primitivo Wine Civilization in Manduria. **73)** Go around the Tremiti islands by boat. **74)** Stuff yourself with food and wine in the summer fairs and markets. **75)** Spend a Saturday night in one of the many discos in Capitolo (Monopoli). **76)** Visit the cera-

DE LAURENTIS

l'olio buono di PUGLIA

75) Passare il sabato notte nei tanti locali di Capitolo (Monopoli). **76)** Andare al quartiere delle ceramiche di Grottaglie. **77)** Ascoltare la pizzica (ma solo per cinque minuti). **78)** Visitare le cantine di Tormaresca a San Pietro Vernotico (Brindisi) e a Minervino: sono tra le più spettacolari d'Italia. **79)** Non perdersi la sfilata dei carri al Carnevale di Putignano. **80)** Vedere un concerto dei Negramaro: in Puglia è ancora più bello.

81) Assaggiare i rustici, il riso patate e cozze, le orecchiette con le cime di rape: fuori dalla Puglia non li troverete. O non avranno lo stesso sapore. **82)** Andare in auto da Otranto a Leuca e poi fino a Gallipoli, tuffandosi nei tratti di mare più belli della costa. **83)** Attraversare il ponticello di Polignano e godere di una vista mozzafiato. **84)** Usare il Vincotto al posto dell'aceto balsamico. **85)** Visitare il presepe vivente di Tricase. **86)** Frequentare un corso di cucina. **87)** Andare in bici sui colli della Valle d'Itria. **88)** Raccogliere le olive a mano (e avere mal di schiena per tre giorni). **89)** Discutere appassionatamente per ore con un salentino sulla necessità della Regione Salento. **90)** Cercare di convincere un tarantino che la Raffo sarà pur buona, ma non è la migliore birra al mondo. E soccombere. **91)** Scoprire che è impossibile scegliere il mare più bello di Puglia, perché ci sono mille località meravigliose in cui fare il bagno. **92)** Comprare le verdure e la frutta alle bancarelle delle signore anziane ed essere ripagati con un sorriso bellissimo. **93)** Bere un mojito al Riccardo Caffè di Ostuni, uno dei bar più belli al mondo. **94)** Commuoversi ammirando la maestosità di un ulivo secolare. **95)** Sentirsi offrire un caffè ogni ora. **96)** Mangiare la focaccia con pomodori e olive fatta nei forni di Bari. **97)** Acquistare libri sulla Puglia e prodotti pugliesi alla libreria "Gusto Liberrima" di Lecce. **98)** Comprare i capolavori dell'artigianato salentino. **99)** Degustare lentamente il caciocavallo podolico del Gargano. Costa come l'oro, ma è più buono. **100)** Innamorarsi della Puglia. Quando ci verrete, capirete.

mic neighbourhood in Grottaglie. **77)** Listen to Pizzica (only for five minutes!). **78)** Visit the Tormaresca, in San Pietro Vernotico (Brindisi) and the Minervino wineries: they are among the most spectacular in Italy. **79)** Don't miss the carnival parade at the Putignano carnaval. **80)** See a Negramaro concert: in Puglia it's even better. **81)** Taste the rustico, the rice with potatoes and mussels and the Orecchiette pasta with turnip tops: you will not find them outside of Puglia, and if you do, they will not have the same taste. **82)** Drive from Otranto to Leuca and then to Gallipoli and find the best places to stop and jump into the sea. **83)** Cross the small bridge in Polignano and enjoy the breathtaking view. **84)** Use Vincotto sauce instead of balsamic vinegar. **85)** Go and see the living nativity scene in Tricase. **86)** Attend a cooking course. **87)** Cycle over the hills of the Valle d' Itria. **88)** Try picking olives by hand (and have a sore back for three days). **89)** Passionately discuss for hours with a person from the Salento about the necessity of Salento to become a region . **90)** Try to convince a person from Taranto that a Raffo beer is good but it's not the best beer in the world... and then give up. **91)** Discover that it's impossible to choose which is the most beautiful beach in Puglia, because there are thousands of wonderful places to bathe in. **92)** Buy fruit and vegetables from old ladies and be rewarded with a beautiful smile. **93)** Drink a mojito at the Riccardo Cafe in Ostuni, one of the most beautiful bars in the world. **94)** Admire the majesty of an ancient olive tree. **95)** Hear someone asking if they can offer you a cup of coffee every hour. **96)** Eat the tomato and olive focaccia made in the bakeries in Bari. **97)** Buy books about Puglia and typical Puglia products in the "Gusto Liberrima" bookshop in Lecce. **98)** Buy some homemade Salento masterpieces. **99)** Slowly taste the caciocavallo podolico cheese from Gargano. It is very expensive, but it's the best. **100)** Fall in love with Puglia. When you will come, you'll understand...

IL BUONGIORNO
SI VEDE DA SANDRINO.

 www.gelateriesandrino.it   tripadvisor

sandrino
IL GELATO AL NATURALE

| CAMPOMARINO | BARI | AEROPORTO DI BRINDISI | FRANCAVILLA FONTANA | NEXT OPENING: BRUXELLES |

neverbeforeitalia | www.neverbeforeitalia.it
ITALIA

PUGLIA

a lovely place...

Photos selected by **PUGLIAPROMOZIONE**

www.viaggiareinpuglia.it

Le isole Tremiti / Tremiti islands (ph Wanda Riffani)

Sopra/Above: **Baia delle Zagare**. Sotto/Under: **Isole Tremiti** (ph Wanda Biffani)

Sopra/Above: **Trabucco San Nicola** . Sotto/Under: **Vieste** (ph Wanda Biffani)

Sopra/Above: **Castel Del Monte (Andria)** (ph Archivio Puglia Promozione). Sotto/Under: **Teatro Petruzzelli (Bari)** (ph Solito)

Santa Croce (Lecce) (ph Archivio Puglia Promozione)

Murgia barese (ph Wanda Biffani)

La costa di Otranto / Otranto's coast (ph L. Dangelo)

Santa Cesarea Terme (ph L. Dangelo)

Sopra/Above: **Campo Marino** (ph P. Allegretta). Sotto/Under: **Torre Lapillo** (ph L. Dangelo)

Sopra/Above: **Le Saline** (ph L. Dangelo). Sotto/Under: **????** (ph P. Allegretta)

Sopra/Above: **Ostuni** (ph F. Cappellari). Sotto/Under: **Martina Franca - Marina di Pulsano**

Pansurprise

Al centro della festa

Ideale per condividere e socializzare

Semplice da farcire perchè "pretagliato"

Adatto per preparazioni dolci e salate

Moderno ed economico

Divertimento assicurato

Per tanti suggerimenti di gustose farciture visita il sito www.pansurprise.it

Valle Fiorita

www.vallefiorita.it - info@vallefiorita.it

Santa Maria di Leuca (ph I. D'angelo)

Nella nostra enogastronomia il racconto della Puglia di qualità

Fabrizio Nardoni
Assessore alle Risorse Agroalimentari
Regione Puglia

Che siano orecchiette o strascinati, un piatto a base di carne o di ricci e cozze condito con le nostre importanti Dop sull'olio d'oliva, che si beva un buon vino frutto di vitigni autoctoni di grande qualità (Negramaro, Primitivo, Nero di Troia) o una birra prodotta dai sempre più attivi micro birrifici artigianali della Puglia, sedersi alla tavola di un bel ristorante qui da noi è un vero piacere per gli occhi, lo spirito e soprattutto per il palato.

Nei luoghi della ristorazione pugliese si racconta la biodiversità e la varietà colturale di questa regione e attraverso il gusto si esplora la grande tradizione e l'importante patrimonio storico e culturale che vi è, spesso, dietro ogni preparazione.

Le contaminazioni tra i prodotti locali e le influenze dei popoli di passaggio (arabi, francesi, spagnoli), rendono la cucina pugliese affascinante, mai scontata e non a caso "unica" tanto da averla voluta custodire e valorizzare nell'ambito di un progetto denominato "Agricoltura e Qualità" con il Marchio comunitario "Prodotti di Qualità Puglia".

C'è un 100% made in Puglia che è sinonimo di certezze: qualitative, produttive, persino etiche e di tradizione.

Agli appassionati della buona eno-gastronomia non resta che scoprire e assaporare tutta questa ricchezza.
Buon viaggio!

Dal 1825 storia, tradizione e gusto.

RISTORANTI & RICETTE

RESTAURANTS AND RECIPES

AGLI ANGELI RIBELLI

Titolari › Massimo Barone, Marcello Pellegrino, Maurizio Gravante ◦ **Chef** › Maurizio Gravante e Katya Brezeanu

OTRANTO (Lecce) - Via Immacolata, 20 (centro storico) ◦ +39 0836 804141 / +39 329 6352788 ◦
Chiuso / *Closed* › Sempre aperto ◦ *Always open*

Un localino niente male in una destinazione turistica fantastica come Otranto. Il ristorante aperto da Massimo, Marcello e Maurizio si trova proprio ai piedi del castello e i suoi tavoli all'aperto consentono di godersi la movida che ogni sera d'estate rende questa perla dell'Adriatico ancora più affascinante. Nel menù prevale la cucina marinara, con le alici marinate, i maritati alla pescatrice, le immancabili orecchiette (in versione rape o ragù), il filetto di orata in crosta di patate. Quella degli Angeli Ribelli è una cucina del territorio, semplice, senza artifizi. Fatta di quei piatti che vi piacerebbe mangiare anche a casa.

A nice small restaurant in a fantastic tourist destination such as Otranto. Opened by Massimo, Marcello and Maurizio, it is situated right at the bottom of the castle, and its outdoor tables allow you to enjoy the night-life that every summer makes this pearl of the Adriatic even more fascinating. The menu is mostly of seafood cuisine, with dishes like marinated anchovies, Maritati pasta with monkfish, the inevitable Orecchiette pasta (with turnips tops or meat sauce) and the sea bream fillet in potato crust. The cuisine at the Agli Angeli Ribelli is local, simple and unpretentious. Just like the dishes that you would like to eat in your own home.

Carta dei Vini › Wine List	Cucina › Cuisine	Tipologia › Tipology	Prezzo Medio › Average Price
40 etichette › labels	**Pesce** › Fish	**Trattoria**	30 €

Seppia in umido con patate

INGREDIENTI PER 4 PERSONE:
- 600 g di seppia
- 150 g di patate
- 200 gr di polpa di pomodoro
- 100 gr di pomodori ciliegini
- ½ cipolla
- 1 spicchio d'aglio
- basilico origano e sale qb
- olio extra vergine di oliva - vino bianco qb

Far soffriggere la cipolla e l'aglio tritati nell'olio. Sfumare col vino. Aggiungere la polpa di pomodoro più pomodorini tagliati a metà. Far cuocere per ½ ora circa.
Aggiungere le patate precedentemente tagliate a piccoli pezzi e la seppia e cuocere per un'altra ½ ora.
Aggiustare di sale e pepe. Prima di servire completare con foglie di basilico e poco origano.
Servire con crostoni di pane all'aglio.

Gnocchi al forno ai frutti di mare
Baked gnocchi with seafood

INGREDIENTI PER 4 PERSONE:
- 800 g di gnocchi di patate - 100 g di vongole - 200 g di cozze
- 100 g di mirepoix di verdure (sedano carote e cipolla a piccoli dadini)
- 100 g di gamberi - 100 g di calamari - 300 g di polpa di pomodoro - farina di mandorle
- erba cipollina e punte di aneto qb - grana grattugiato - vino bianco qb

INGREDIENTS FOR 4 SERVINGS:
- 800 g of potato gnocchi - 100 g of clams - 200 g of mussels
- 100 g of vegetable mirepoix (celery, carrots and onion, cut into small cubes)
- 100 g of shrimp - 100 g of squid - 300 g of tomato pulp - almond flour
- Chive tips and dill to taste - grana cheese - white wine

In una pentola fare imbiondire la mirepoix di verdure in abbondante olio extra vergine di oliva. Aggiungere i calamari tagliati a piccoli pezzi, i gamberi e sfumare con vino bianco. In seguito aggiungere la polpa di pomodoro e far cuocere il sugo per 20-25 min.

Una volta cotto aggiungere cozze e vongole precedentemente aperte e separate dal guscio. A questo punto cuocere gli gnocchi in abbondante acqua salata. Una volta cotti in un sauté spadellarli con il sugo precedentemente preparato e l'erba cipollina.

A parte imburrare il fondo di una pirofila, spolverare con la farina di mandorle aggiungere gli gnocchi. Finire con grana e la restante farina di mandorle pepe ed erba cipollina. Infornare a 200° per 10 min.

Brown the vegetables in a saucepan in extra virgin olive oil. Add the squid cut into small pieces, then the shrimp, and leave to simmer with white wine. Then add the tomato pulp and cook the sauce for 20-25 minutes.

Open and shell the mussels and clams and add to the sauce. Cook the gnocchi in plenty salted water. When ready, sauté them with the tomato sauce and some chive tips.

Butter the bottom of a baking dish and sprinkle with almond flour, then add the gnocchi. Sprinkle the top with the Grana cheese and the remaining almond flour, some pepper and the chive tips. Bake at 200°C for 10 minutes.

AL DRAGONE
Titolare e Chef › Pasquale Troiano

VIESTE (Foggia) ○ Via Duomo, 8 ○ +39 0884 701212 / +39 335 6870741 ○ **www.aldragone.it**
Chiuso / _Closed_ › Martedì (mai d'estate) ○ _Tuesday (always open in summer)_

È collocato in una suggestiva grotta naturale precedentemente adibita a semplice cantina, ubicata in pieno centro storico a pochi metri della Basilica Cattedrale. La passione per i cibi, racconta il titolare Pasquale, gli è stata trasmessa dalla madre, che trasformava ingredienti semplici in veri piaceri per il palato. La cucina è un'arte magica, che trasmette sensazioni. La cucina del Dragone è legata ai prodotti locali, ma è in grado di rendersi autonoma per evitare una sorta di stagnazione, sempre inopportuna se si vogliono raggiungere equilibri di armonia. Le grotte naturali in cui è ubicato il ristorante, invogliano l'ospite a farsi coinvolgere da elementi tra il leggendario e lo storico, quasi ad ispirare un senso di mistero che aleggia in questo ambiente assolutamente naturale.

This restaurant is located in the city centre, just a few metres from the Cathedral Basilica, in a picturesque natural cave that was previously used as a simple wine cellar. Pasquale, the owner, says that his passion for food has been passed on to him by his mother, who used to turn simple ingredients into true culinary delights. Cooking is a magical art that transmits feelings. The cuisine of Al Dragone is made out of local products, always keeping a unique touch, to avoid stagnation which is always inconvenient if your aim is to achieve a balanced harmony. The natural cave in which the restaurant is located, encourages guests to get involved in its legendary and historical elements, inspiring a sense of mystery that lingers in this completely natural environment.

Carta dei Vini › Wine List	**Cucina** › Cuisine	**Tipologia** › Tipology	**Prezzo Medio** › Average Price
300 etichette › labels	**Tradizionale innovativa** › Traditional innovative	**Grotta naturale** › Natural cave	35 €

Insalata di mare con germogli di riso

Millefoglie con crema allo yogourt e marmellata di fragole

INGREDIENTI PER 4 PERSONE:
- 600 g di polpo di scoglio - 200 g di calamari puliti - olio di oliva qb
- 200 g di gamberi rossi - 220 g cozze - 40 g di germogli di riso - limone
- 4 foglie di basilico - buccia di limone e buccia d'arancia - olio all'aglio qb

Lessare il polpo, i calamari e i gamberi tutto separatamente perchè hanno diverse cotture, far raffreddare in abbattitore o in acqua e ghiaccio e tagliare il polipo e i calamari a rondelle i gamberi dopo aver tolto il budellino lasciarlo intero. Far aprire le cozze sul fuoco prendere il frutto e filtrare l'acqua delle cozze tenere da parte in frigo. Lessare i germogli di riso per circa 20 min. e lasciar raffreddare.
In una casseruola metterci dell' olio all'aglio buccia di limone e arancia appena calda aggiungere le cozze e la sua acqua, poi polpo, calamari, gamberi e i germogli di riso, lasciar intiepidire alla fine prima di servire del basilico tagliato sottile mescolare e servire con un coppapasta aggiungere un filo di olio con limone e pepe.

INGREDIENTI PER 4 PERSONE:
- pasta sfoglia - mandorle a scaglie - zucchero di canna - burro
- crema pasticcera - yogurt - marmellata di fragole - zucchero a velo

Stendere la pasta frolla e bucerellarla con il rullino, con un pennello ungere la sfoglia di burro e stenderci su delle mandorle a scaglie e spruzzare dello zucchero di canna, mettere in forno a 170 gradi per 12 minuti o fino a che la sfoglia si presenta gradevolmente dorata, tirarla fuori e tagliarla pezzi 10x10. Preparare la crema pasticciera a freddo aggiungerci poi su ½ litro di pasticcera 100 gr. di yogurt magro bianco. Servire in un piatto mettendo della crema sotto poi un pezzo di sfoglia e cosi fino al 5° pezzo di sfoglia, spolverare con dello zucchero a velo e la marmellata come da foto.

Chitarrina al nero di seppia
Cuttlefish ink chitarrina

INGREDIENTI PER 4 PERSONE:
- 350 g farina di grano duro acqua qb e un pizzico di sale
- 400 g di seppie piccole (100 g l'una)
- 50 g di nero di seppia - limone - prezzemolo
- vino bianco - olio all'aglio qb - salsa di pomodoro

INGREDIENTS FOR 4 SERVINGS:
- 350 g of wheat flour, water and a salt to taste
- 400 g of of small cuttlefish (100 g each)
- 50 g of cuttlefish ink - lemon - parsley
- white wine - garlic oil to taste - tomato sauce

Preparare la salsa in un pentolino, versare olio all'aglio e seppioline pulite tagliate a listarelle far riscaldare e bagnare con un pò di vino bianco. Aggiungere quattro mestolini di salsa di pomodoro passato e due cucchiai di nero di seppia. Amalgamare e spegnere in acqua salata. Cuocere i tagliolini per circa 4 min. scolarli e metterli nella salsa a fuoco alto amalgamare il tutto. Servire con una grattata di limone e del prezzemolo tritato.

Prepare the sauce in a saucepan by cooking the garlic oil with the cleaned cuttlefish cut into strips. Add some white wine, four ladles of tomato sauce and two tablespoons of cuttlefish ink. Stir well and take off the heat. Cook the Tagliolini pasta for about 4 minutes in salted water, drain and put them in the sauce whilst mixing well over high heat. Serve with a sprinkling of grated lemon zest and some chopped parsley.

ANTICAIA Chardonnay Salento IGP
CANTINA SAN DONACI / San Donaci (BR)

E' un vino bianco, fresco, di buona beva, tutte caratteristiche che conserva in estate; di colore bianco paglierino, con riflessi verdognoli, profumo di fruttato con bouquet gentile e dal sapore sapido, armonico.

It is a fresh wine, which can be well drink, also in summer, with a straw white colour, greenish gares, fruit fragrance, pleasant bouquet and a balanced sapid taste.

AL FORNELLO DA RICCI

Titolari Famiglia Ricci **Chef ›** Antonella Ricci e Vinod Sookar

CEGLIE MESSAPICA (Brindisi) - Contrada Montevicoli ○ +39 0831 377104 / +39.331.6864570
Chiuso / *Closed* › Domenica e lunedì sera ○ *Sunday and monday evening*

Da tempo immemore nel firmamento della cucina stellata di Puglia, resta saldamente al top della gastronomia regionale grazie all'operato di Antonella e Vinod e dell'intera famiglia Ricci. Antipasti che variano di giorno in giorno con ortaggi e verdure in primo piano, fritturine di stagione, capocollo, salumi e formaggi locali. Tra i primi, imperdibili il purè di fave e cicorie e cornaletti fritti con cipolla in agrodolce; le incanalate di grano arso alle cime di rape, acciughe e pomodorini saltati; il timballo di baccalà e cuori di verza gratinato alle briciole di pane tostato.Tra i secondi invece: trancetti di coniglio marinati agli aromi cotti al fornello con insalatina tiepida di ortaggi e rucola selvatica; coscia di faraona brasata e glassata in coccio con riso basmati e verdure disidratate; filettino di vitello scottato su purea di zucca e carciofi croccanti alla menta fresca. Infine sfogliatina alla crema al limone e mosto di ciliegie e biscottini di Ceglie Messapica. Una visita qui equivale ad un viaggio nei sapori del Sud Italia.

Since time immemorial, this restaurant is high in the firmament of the star winners in Puglia, remaining firmly at the top of the regional gastronomy thanks to Antonella, Vinod and the whole Ricci family's work. Starters that vary from day to day made out of vegetables, seasonal fried food, Capocollo and a local selection of cured meats and cheeses. Among the main course dishes you can try the fava bean and chicory purée with cornaletto peppers fried with sweet and sour onion, the burnt wheat Incanalate pasta with turnip tops, the sautéed anchovies and tomatoes, and the cod and cabbage heart timbale au gratin with toasted bread crumbs. As a seconds course, you can choose between dishes like the rabbit marinated in cooked spices served with a warm vegetable salad and wild arugula, braised and glazed guinea fowl leg with Basmati rice and dehydrated vegetables, or seared veal fillet served with pumpkin purée and crispy artichokes with fresh mint. Finish your meal by trying the lemon cream and cherry sfogliatina with biscuits from Ceglie Messapica. A visit here is like taking a journey through the flavours of Southern Italy.

Carta dei Vini › Wine List	Cucina › Cuisine	Tipologia › Tipology	Prezzo Medio › Average Price
150 etichette › labels	**Pugliese** › Apulian	**Masseria**	**45 €**

Raviolini al nero d'olive celline

INGREDIENTI PER 4 PERSONE:

Per la pasta: - 250 g di semola rimacinata senatore Cappelli
- 100 g di nero d'olive celline - acqua se necessita
Per la farcia: - 150 g di caprino - 1 pizzico di peperoncino in polvere
- sale - 10 g di olio extra vergine d'oliva profumato alla menta fresca
Per la fonduta di fiori di zucchina: - 20 g di olio extra vergine d'oliva
- 10 g di cipollotto fresco - 3 g di aglio - 100 g di cuore di zucchina (solo la parte bianca) - 50 g di fiori di zucchina - 50 g di stracciatella - sale - pepe
- 4 ciuffi di menta per decorazione

Amalgamare tutti gli ingredienti per la farcia e trasferirli in una sacca da pasticceria, lasciare in frigo. Impastare tutti gli ingredienti per la pasta, tirare la sfoglia e ricavare i raviolini farciti con il caprino. Scaldare l'olio in un pentolino, stufare l'aglio e la cipolla, unire la zucchina, i fiori di zucchina puliti e strizzati, la stracciatella, sale e pepe. Portare a temperatura di circa 70°, frullare il composto, filtrarlo su un colino e tenere a bagnomaria.
Lessare la pasta in abbondante acqua salata, dopo 2 min sistemarli in 4 piatti con la salsa di fiori posta al centro di ogni piatto. Decorare con la menta e un filo d'olio.

Millefoglie di cuore di verza e melanzana ai funghi cardoncelli

INGREDIENTI PER 4 PERSONE:
- 500 g di verza (solo il cuore) - 600 g di melanzane a fette
- 750 g di cappelle di funghi cardoncelli della Murgia - 100 g di crema di patate
- 150 g di scamorza a cubetti - 0,25 lt di olio d'oliva per friggere - 50 g di farina 0
- 2 uova - aglio - sale, pepe, peperoncino - cipollotto fresco - erbe aromatiche
- 12 ciuffi di basilico - staccante per gli stampini
- 0,25 lt di olio extra vergine d'oliva Brindisi dop
- 12 stampini in silpat circolari del diametro di 8 cm e 6 cm di altezza
Per la crema di burrata:
- 250 g di burrata
- 0,25 lt di latte
- 0,25 lt di panna fresca
- noce moscata
- sale e pepe
- 200 g di frullato di pomodorini invernali (Regina)

Sfogliare le verze, lavarle e sbollentarle, poche per volta, in abbondante acqua e raffreddarle in acqua e ghiaccio. Privarle della parte centrale, che ridurremo a cubetti, tagliarle in 4 e disporle su di un canovaccio ad asciugare.
Friggere le fette di melanzane in abbondante olio d'oliva a 170°, passandole prima nella farina e poi nell'uovo battuto. Lasciarle sgocciolare su carta assorbente. Pulire i funghi e tagliarli a cubetti, scaldare 300 g di olio extra vergine d'oliva e lasciare stufare 500 g di cipollotto fresco tagliato a julienne e 50 g di aglio, unire i funghi, un mazzetto di erbe aromatiche e cuocere per 5 min a fuoco moderato. Unire la crema di patate e cuocere ancora per 5 min, raffreddare in abbattitore .Quando i funghi saranno freddi, unire i cubetti di scamorza e in trito di coste di verze, abbiamo ottenuto la farcia che trasferiremo in una sac a' poche.
Ungere gli stampini e disporre prima la foglia di verza poi la farcia e in fine la sfoglia di melanzana,continuare fino a completamento dello stampo. Cuocere in forno a 180° per 15 min.
Per la fonduta di burrata:
Scaldare il latte con la panna e unire poca noce moscata e il pepe nero, aggiungere la burrata frullata e cuocere ad 80° per circa 20 min. Frullare la crema ottenuta e passarla al setaccio.
Per il pane nero:
Disporre le fette di pane su teglie da forno e lasciarle seccare per 30 min in forno a 100°.
Assemblaggio:
Sformare gli stampi in piatti rettangolari e condirli con un mestolo di fonduta di burrata, decorare con il frullato caldo di pomodoro, unire la fetta croccante di pane nero e completare con un filo d'olio extra nuovo e un ciuffo di basilico.

Condimento consigliato Vincotto al Carrube
Seasoning suggested Vincotto with Carob

Filettino di maiale in camicia di bietole

Pork fillet poached in swiss chard

INGREDIENTI PER 4 PERSONE:
- 4 filetti di maiale spessi circa 5 centimetri - 8 foglie di bietola private della costa centrale
- 4 fette di pancetta semistagionata - 10 g di sale aromatizzato alle erbe
- 10 g di olio e.v. d'oliva Brindisi Dop
Per la salsa di coste: - 150 g di patate lesse setacciate - 5 semi di finocchio selvatico
- 8 coste di bietole e 2 foglie intere - 10 g di cipollotto fresco - 5 g di aglio tritato
- 15 g di olio e.v. d'oliva - 100 g di brodo vegetale - sale e pepe
Per la decorazione: - 15 g di riduzione di mosto cotto di primitivo - la buccia di 2 patate (lavate e lasciate in acqua e ghiaccio per 20 minuti) - olio e.v. per friggere

INGREDIENTS FOR 4 SERVINGS:
- 4 pork fillets (about 5 cm thick) - 8 Swiss chard leaves (without the stem)
4 slices of smoked bacon - 10 g of herb salt - 10 g of extra virgin olive oil from Brindisi Dop
Sauce for the sauce: - 150 g of mashed boiled potatoes - 5 wild fennel seeds
- 8 swiss chard stems - 2 whole leaves of swiss chard - 10 g of fresh cipollotto onion
- 5 g of chopped garlic - 15 g of extra virgin olive oil - 100 g of vegetable broth salt and pepper
For decoration: - 15 grams of Primitivo wine cooked must
- 2 potatoes peels (washed and left in water and ice for 20 minutes)
- Extra virgin olive oil for frying

Arrotolare la pancetta intorno al perimetro dei 4 filettini, scaldare l'olio in una padella e rosolarli dai due lati e intorno, togliere dal fuoco, lasciare sgocciolare su carta assorbente.

Salare con sale aromatico e avvolgerli con le foglie di bietole precedentemente sbollentate, passate in acqua e ghiaccio ed infine asciugate con un canovaccio.
Trasferire i fagottini così ottenuti in una teglia e cuocere in forno a 180° per circa 8/10 min.

Per la salsa: Stufare il cipollotto e l'aglio nell'olio, aggiungere le coste lesse, unire la patata setacciata, i semi di finocchio, il brodo vegetale, sale e pepe e cuocere per 15 minuti a fuoco moderato. Frullare la salsa e setacciarla.

Friggere le bucce di patate in olio 1 minuto prima di comporre il piatto. Sistemare il filetto nel piatto con la salsa di coste e le patate fritte. Servire con una riduzione di mosto cotto e un ciuffo di finocchio selvatico fresco.

Wrap the bacon around the 4 pork fillets and brown them on both sides and all around them in a frying pan with some oil. Then remove the pan from the heat and leave the fillets to drain on absorbent paper.

Season with the herb salt and wrap the swiss chard leaves (previously scalded and then put in water and ice and dried) around them.
Now bake the rolls on a baking tray for about 8 / 10 min at 180°.

For the sauce: Brown the onion and garlic in oil, add the boiled stems, then add the mashed potato, the fennel seeds, the vegetable broth, salt and pepper and cook on medium heat for 15 minutes. Mix it all together and blend it.

Fry the potato peels in oil 1 minute before serving.
Lay the fillet in the serving dish with the stem sauce and the potatoes peel crisps. Serve with Primitivo wine cooked must and a sprig of fresh wild fennel.

NEGROAMARO Salento IGT Rosato
CANTELE / Guagnano (LE)

L'essenza di rosa e geranio rosso abbraccia la frutta, con la fragola e la ciliegia. L'impatto olfattivo è dolciastro e variegato, notevolmente tenace. In bocca il buon grado alcolico è assecondato e mitigato dalla morbidezza nonché dalla leggera e vivace freschezza. Il gusto è intenso con elegante persistenza.

Essence of geranium and rose combined with strawberry and cherry. Sweet and nuanced on the nose, with noteworthy tenacity. he wine's impressive alcohol is balanced by its delicate flavors and light, bright freshness, elegance, and persistence.

AL TRABUCCO

Titolare › Mario e Carlo Ottaviano ○ **Chef** › Mario e Carlo Ottaviano

PESCHICI (Foggia) ○ Localitá Punta San Nicola ○ +39 0884 962556 ○ **www.altrabucco.it**

Chiuso / *Closed* › Sempre aperto dal 15/03 al 15/10 ○ *Always open from 15/03 to 15/10*

Un ruvido gioiello del recupero, incastonato sul costone roccioso di San Nicola. Le verande esterne fatte di travi dei vecchi trabucchi, pali portati dalle mareggiate invernali, tronchi contorti e scultorei; e ancora boe, nasse, reti, e una sala interna pari a un piccolo museo del mare: ricca di cimeli, vecchi arnesi e foto di fortunate pescate. Un'ambiente rustico ed accogliente per una cucina ricca di tradizione ma innovativa nelle tecniche: cottura a basse temperature e in sottovuoto, o, ancora, l'abbattimento del pesce crudo secondo le normative. Dal mare alla tavola, seguendo le ricette di sempre. Alla costante ricerca di materié prime di qualità e secondo la stagionalità. Al trabucco anche il vino acquista l'importanza che gli si deve: una fornita cantina di soli vini pugliesi accompagna infatti i piatti del locale. Una cena al tramonto, qui, è davvero imperdibile.

A rescued materials jewel, set in the cliff-tops of San Nicola. The outdoor patio is made of old trabucco beams, poles carried by winter storms, and twisted and sculptor-like trunks. You can also admire buoys, pots, nets, and a small indoor sea museum, full of relics, old tools and photos of lucky catches. A rustic and welcoming ambiance for a cuisine rich in tradition but with innovative techniques like the low temperature and vacuum cooking, or even the blast chiller for raw fish according to regulations. From the sea to the table, following the all time recipes, and constantly searching for good quality fresh produce depending on the season. At the Al Trabucco even wine gets its deserved recognition with a well-stocked cellar of wines only from Puglia that accompany each dish. A sunset dinner here, is a must.

Carta dei Vini › Wine List	Cucina › Cuisine	Tipologia › Tipology	Prezzo Medio › Average Price
30 etichette › labels	**Pesce** › Fish	**Trabucco**	35 €

Spaghettoni Cavalieri con scampi e tartufo

Cavalieri spaghettoni with scampi and truffle

INGREDIENTI PER 4 PERSONE:
- 400 grammi di Spaghettoni Cavalieri - 8 scampi freschi di medie dimensioni
- 3 tartufi scorzone nero - 300 g di pomodorini - olio extravergine d'oliva
- 1 spicchio d'aglio - prezzemolo - sale qb

INGREDIENTS FOR 4 SERVINGS:
- 400 g of Spaghettoni Cavalieri pasta - 8 fresh medium-sized scampi
- 3 black scorzone truffles - 300 g of small tomatoes - extra virgin olive oil
- 1 garlic clove - parsley - salt to taste

Pulire gli scampi, tenendo da parte le teste. Riscaldare l'olio e far soffriggere lo spicchio d'aglio in camicia con l'olio extravergine e i pomodorini. Eliminare l'aglio, aggiungere le teste degli scampi e un mestolo di acqua di cottura della pasta. Aggiustare di sale e aggiungere qualche fetta di scorzone. Utilizzare un chinoise per setacciare il sugo dai pomodori e dalle teste, aggiungere infine dello scorzone e la polpa degli scampi.
Cuocere gli spaghettoni in acqua bollente per 13 minuti, quindi scolarli nella padella e farli saltare con gli scampi. Aggiungere del prezzemolo e servire. Qualche scaglia di scorzone a crudo andrà a finire il piatto.

Clean the scampi and keep their heads aside. Heat some oil and fry the garlic clove with the tomatoes.
Remove the garlic, add the scampi heads and a ladle of cooking water from the pasta. Season with salt and add a few slices of the scorzone truffle. Use a chinoise to sieve the sauce from the tomatoes and the heads, then add the scorzone and the scampi pulp.
Cook the spaghettoni in boiling water for 13 minutes, then drain and add it to the pan with the scampi and sauté. Add the parsley and serve.
Add a few flakes of raw scorzone truffle on the serving dish to garnish.

Cefalo spaccato del Trabucco

INGREDIENTI PER 4 PERSONE:
- 4 cefali medi pescati in mare - origano marino qb
- peperoncino secco qb - 2 spicchi d'aglio
- olio extravergine d'oliva- prezzemolo qb - aceto di vino bianco

La qualità del pesce acquistato è la prima accortezza da avere per la riuscita di questo tipico piatto del trabucchista. Aprire dal dorso i cefali in due, servendosi di un coltello a seghetto per tagliare in due parti la testa. Eviscerare e lavare quindi i cefali. Ungere in precedenza il pesce con una veloce emulsione preparata con olio extravergine d'oliva, aceto di vino bianco e origano. Quindi posizionare su delle braci ardenti i cefali aperti verso la fiamma viva. Dopo qualche minuto girare i pesci verso l'alto assicurandosi che la carne si sia adeguatamente dorata. Condire così con aglio tritato, olio extravergine, origano marino e peperoncino secco in quantità desiderate e terminare la cottura. Servire con una spolverata di prezzemolo e un filo d'olio extravergine.

Torta di fichi

INGREDIENTI PER 4 PERSONE:
- 200 g farina per dolci
- 200g zucchero
- 40 g di burro
- 6 uova
- 6 fichi maturi
- mosto di fichi
- zucchero a velo

Preparare il forno a 180°C e lavorare lo zucchero e le uova a bagnomaria in una casseruola fino al raggiungimento del classico aspetto montato. Setacciare a parte la farina e incorporarla alla crema amalgamando il composto dall'alto verso il basso. Versare il composto finale in una teglia alta imburrata ed infarinata ed aggiungere sulla superficie i fichi precedentemente tagliati a rondelle. infornare per circa 30 minuti. Togliere la torta dallo stampo, lasciarla raffreddare e spolverare la torta di zucchero a velo. Servire a fette decorando con il mosto di fichi.

ALL'OMBRA DEL BAROCCO

Titolare › Dipalma Maria e Maurizio Guagnano ○ **Chef** › Simone Ghionda *(in foto)* e Gabriele Spedicato

LECCE ○ Corte dei Cicala, 9 ○ +39 0832 245524 ○ **www.allombradelbarocco.it**
Chiuso / *Closed* › Sempre aperto ○ *Always open*

 Uno dei posti preferiti dai leccesi: un'idea dei proprietari della libreria Liberrima, che dopo aver dato vita a "Liberrima nel Cortile" (enolibrogastronomia) e al bar in piazza "All'ombra del barocco", hanno pensato di chiudere il cerchio con questo ristorante-caffé che riesce ad essere al tempo stesso elegante e informale. Un luogo dove si può consumare un pasto velocemente, sfogliando un giornale o un libro, oppure pranzare o cenare all'insegna dello slow food e della cucina tipica locale rivisitata in chiave moderna, con spunti davvero sorprendenti. È un luogo magico, dove si respira cultura gastronomica, enologica, del territorio.

One of the Lecce local's favourite places: the Liberrima library owner's latest idea after creating "Liberrima nel Cortile" (in the Courtyard) and the bar in the square "All'Ombra del Barocco". They completed their circle with this café-restaurant that is both elegant and informal. A place where you can have a quick meal, whilst looking through a newspaper or a book, or have lunch or dinner in the traditional "slow food" manner, eating local cuisine with a modern twist that's truly surprising. This is a magical place, where you can breathe in the culture of food, of wine and of the territory.

Carta dei Vini › Wine List	Cucina › Cuisine	Tipologia › Tipology	Prezzo Medio › Average Price
150 etichette › labels	**Pugliese** › Apulian	**Trendy**	**25 €**

Cartoccio di dentice ai profumi mediterranei

Insalata di polpo tiepido con misticanza e agrumi

Warm octopus salad with herb misticanza and citrus fruits

INGREDIENTI PER 4 PERSONE:
- 1 polpo verace locale (1/1,5 kg)
- 2 arance
- 1 limone verde
- olio extravergine di oliva
- sesamo - pepe in grani - gambi di prezzemolo

INGREDIENTS FOR 4 SERVINGS:
- 1 local octopus verace (1/1, 5 kg)
- 2 oranges
- 1 green lemon
- Extra virgin olive oil
- sesame - peppercorns - parsley stems

Dopo aver pulito il polpo, sbollentarlo in acqua aromatizzata (pepe in grani, gambi di prezzemolo, scorza di limone) e cucinarlo a vapore per 20/30 minuti a seconda della dimensione. Una volta raffreddato, tagliarlo a pezzi e passarlo sulla griglia ben calda. Preparare a parte una citronette agli agrumi (200 cl succo d'arancia, 100 cl succo limone, 200 cl olio extravergine di oliva) e incorporare del sesamo tostato in padella; lasciare in infusione il polpo nel composto per un'oretta circa.
Servire il polpo adagiandolo su una misticanza e guarnirlo con arancia tagliata a vivo, zeste di arancia e una riduzione di vincotto.

After cleaning the octopus, blanch it in flavoured water (peppercorns, parsley stems, lemon peel) and steam cook for 20/30 minutes depending on the size. Once cooled, cut into pieces and put it on a hot grill.
Prepare a citrus citronette (200 cl of orange juice, 100 cl of lemon juice, 200 cl of extra virgin olive oil) and incorporate some toasted (in a pan) sesame seeds. Leave the octopus to infuse in this mixture for about an hour. Serve the octopus on a herb misticanza and garnish with chopped orange, orange zest and a reduction of cooked wine.

TINAIA Salice Salentino Bianco DOP
CANTINE DUE PALME / Cellino San Marco (BR)

Colore giallo dorato, profumi intensi e complessi. Si evidenziano note di frutta matura come ananas, albicocca e banana. Lungo e corposo, si slancia al palato con un finale di miele e vaniglia.

Golden yellow color, intense aromas and complex. Notes of ripe fruit such as pineapple, apricot and banana. Long and full-bodied, leaps on the palate with a finish of honey and vanilla.

INGREDIENTI PER 4 PERSONE:
- 4 tranci di dentice da 200 g cadauno - 300 g pomodori ciliegino
- 1 porro - 30 g capperi - 30 g olive taggiasche denocciolate
- vino bianco - erbe aromatiche fresche (origano, timo, finocchietto selvatico) - olio extravergine di oliva - sale - carta fata

Disporre su piatti fondi la carta fata. Inserire al centro di ognuna i pomodori a spicchi e il porro a rondelle. Adagiare il trancio di dentice e condire con capperi, olive taggiasche, erbe aromatiche, sale, olio e vino bianco. Chiudere i cartocci con spago da cucina e infornare per 22/25 minuti a 180°.
Servire il cartoccio appoggiato sul piatto da portata.

Condimento consigliato Vincotto all'Arancia
Seasoning suggested Vincotto with Orange

Fettucine al nero di seppia
Cuttlefish ink fettuccine

INGREDIENTI PER 4 PERSONE:
- 400 g fettucine al nero di seppia "Del Duca"
- 600 g calamari
- 1 zucchina
- 1 carota
- 3 pomodori ciliegino
- aglio
- vino bianco
- prezzemolo riccio
- pane aromatizzato (tostato in forno a 150° per 1 minuto, condito con prezzemolo, pomodori secchi, acciughe e olive e frullato)

INGREDIENTS FOR 4 SERVINGS:
- 400 g of fettucine pasta with cuttlefish ink "Del Duca"
- 600 g of squid
- 1 courgette
- 1 carrot
- 3 cherry tomatoes
- garlic
- White wine
- Curly parsley
- Flavoured bread (bread seasoned with parsley, dried tomatoes, anchovies and olives, blended and toasted in the oven at 150°C for 1 minute)

Tagliare la parte verde della zucchina e la carota a julienne, pulire il calamaro e tagliare anch'esso a julienne. Rosolare le verdure in olio e aglio, aggiungere il calamaro e successivamente sfumare con vino bianco. Aggiungere i pomodori tagliati a spicchi e allungare con brodo di pesce o acqua di cottura della pasta. Cuocere la pasta in acqua bollente salata e scolarla al dente; completare la cottura in padella insieme al condimento. Impiattare guarnendo con prezzemolo riccio e pane aromatizzato.

Julienne cut the green part of the courgette, the carrot and the squid after cleaning it. Brown the vegetables in oil and garlic, add the squid and drizzle with white wine. Then add the tomatoes cut into wedges and some fish broth or some of the pasta water. Cook the pasta in boiling salted water, drain it when al dente and finish cooking it in the pan with the sauce. Serve the dish garnished with curly parsley and flavoured bread.

Mousse di ricotta e canditi con croccante di pistacchi

INGREDIENTI PER 4 PERSONE:
- 300 g ricotta di pecora
- 50 g zucchero a velo
- ½ Arancia
- 50 g panna montata
- 100 g zucchero semolato
- 80 g pistacchi sgusciati
- scorzette di arancia candite
- cannella in polvere

Lavorare la ricotta con lo zucchero a velo, aggiungere scorza d'arancia grattugiata e un pizzico di cannella. Alleggerire il composto con 50 gr di panna montata. Caramellizzare in padella lo zucchero insieme ai pistacchi, appiattire con una spatola e lasciare raffreddare su carta forno.
Riempire 4 coppe "Martini" con la mousse e decorare con il croccante ai pistacchi tagliato grossolanamente e i canditi a piacere.

BOTRUS

Titolare › Evelyn Fanelli ○ **Chef** › Francesco Nacci

CEGLIE MESSAPICA (Brindisi) ○ Via Muri, 26 ○ +39 0831 377817 ○ **www.botrus.it**
Chiuso / *Closed* › Lunedì ○ *Monday*

 Botrus divino ristorante è un nuovo spazio cibo-vino dedicato ai gourmet e agli appassionati di cose buone. È però anche un viaggio a ritroso nel tempo che parte dal futuro con l'ambizione di voler interpretare e anticipare il domani delle evoluzioni della cucina di qualità, della ricerca delle materie prime di eccellenza e dei grandi vini, senza mai scordare di guardare indietro, alle tradizioni della cucina di Puglia, e di questo luogo in particolare. Il locale è anche una chicca del design moderno: piccolo, elegante e incantevole, con la cucina a vista e comode poltroncine in pelle. Il tutto in un vecchio stabile del centro storico di Ceglie Messapica: un tesoro nel tesoro.

Botrus divine restaurant is a new food and wine space dedicated to gourmets and to the lovers of all good things. It is also a journey back in time, starting from the future, with the ambition to interpret and anticipate the evolution of quality cuisine, researching excellent fresh produce and great wines, but never forgetting to look back at the cuisine traditions from Puglia, and from this area in particular. The restaurant is also a gem of modern design: small, elegant and charming, with an open kitchen and comfortable leather chairs. Located in an ancient building in the historical centre of Ceglie Messapica, it's a treasure in the treasure.

Carta dei Vini › Wine List	**Cucina** › Cuisine	**Tipologia** › Tipology	**Prezzo Medio** › Average Price
1500 etichette › labels	**Mediterranea Innovativa** › Mediterranean Innovative	**Moderno / Elegante** › Modern / Elegant	**40/50 €** *(20/25 € pranzo › lunch)*

Giardino di frutta e verdura
Fruit and vegetable garden

INGREDIENTI PER 4 PERSONE:
- 250 g panna fresca - 25 g di uova - 30 g di tuorli - 60 g di zucchero semolato
- 10 gdi kirsch - 135 g di zucchero - 100 g di acqua - zucchero di canna qb
- 8 piccoli pezzi di cuore di sedano, carota, zucchine e fagiolini (2 a testa) - frutta di stagione

INGREDIENTS FOR 4 SERVINGS:
- 250 g of fresh cream - 25 g of eggs - 30 g of egg yolks - 60 g of caster sugar
- 10 g of kirsch - 135 g of sugar - 100 g of water - brown sugar to taste
- 8 small pieces of celery, carrot, courgette and green beans (2 of each) - seasonal fruit

In una bastardella mescolare con una frusta panna, uova, tuorli, zucchero semolato e kirsch. Dividere il composto ottenuto in 4 piatti e impellicolarli in modo ermetico per non far penetrare l'acqua dal bagnomaria all'interno del piatto. Cuocere in forno a bagnomaria misto vapore 80% a 140° C per 30 minuti circa. (Creme Brulee). Sbianchire le verdure e raffreddarle in acqua e ghiaccio separatamente. Realizzare uno sciroppo con 135 gr di zucchero e 100 gr d' acqua nel quale saranno versate le verdure. Mondare e tagliare la frutta di stagione. Cospargere lo zucchero di canna sulla superficie della creme brulee e fiammeggiare con un cannello. Adagiare la frutta e la verdura alternando la tipologia tra frutta e verdura in base ai colori e i sapori.

Whisk the cream with the eggs, the yolks, the sugar and the kirsch in a bowl. Divide the mixture into 4 plates and cover them tightly with plastic wrap to ensure no water will penetrate from the bain-marie pot. Cook bain-marie with 80% steam in the oven at 140°C for about 30 minutes. (Crème brulée). Blanch the vegetables and cool them separately in ice and water. Make a syrup with 135 g of sugar and 100 g of water and add the vegetables. Peel and cut the fruit. Sprinkle brown sugar on the surface of the crème brulée and use a torch to caramelize. Add the fruit and vegetables alternating between the different types of fruits and vegetables based on the colours and flavours.

NOCINO
QUINTESSENZA ROSOLI / Polignano a Mare (BA)

Rosolio di noci perfetto per fine pasto come digestivo Inimitabile per il sua aroma e sapore. Vol.30°

Perfect liqueur of walnut-trees ad after dinner drink, inimitable for its aroma and taste. Vol. 30°

www.quintessenzarosoli.it

Le tre tartare di Botrus

INGREDIENTI PER 4 PERSONE:
- 200 g costata di mucca podolica - 200 g costata di cavallo -100 g cosciotto di capretto - 150 g carote tagliate a brunoise - 150 g brodo vegetale - sedano - carote - cipolle - 80 g lampascioni - 80 g di legumi misti (lenticchie, fagioli, grano saraceno, ceci bianchi e neri) - 4 uova campestre - sale, pepe nero, menta, scorzette di limone, olio extra vergine di oliva, aceto di vino bianco qb

Mettere a bagno 24 ore prima dell'utilizzo i legumi scelti; lessare i legumi in un' acqua profumata con sedano, carote, cipolle, sale e pepe fino a ottenere una consistenza "al dente". Condire con olio, sale e pepe. Mondare i lampascioni e lasciarli spurgare sotto acqua corrente per mezz'ora circa. Scottare i lampascioni per 2 volte in acqua bollente e una terza in acqua e aceto di vino bianco fino a cottura. Condire con olio, sale, pepe e menta. Mondare e tagliare le carote a brunoise; rosolarle in un pentolino alto con l 'olio extra vergine d' oliva, sale e pepe, sfumare con il brodo vegetale portando il tutto a cottura. Frullare il tutto aiutandosi, se necessario, con del brodo vegetale ottenendo un crema vellutata. Tagliare separatamente la carne a tartare (cubi molto piccoli) e condirle con olio, sale, pepe e scorza di limone, solo per la carne di agnellino aumentare il limone per riequilibrare il sapore più intenso. Cuocere in un padellino con un po' d'olio extravergine d'oliva le uova condendo con sale e pepe.

Tagliolini di grano arso con crema di caciocavallo podolico

INGREDIENTI PER 4 PERSONE:
- 400 g farina di grano arso - 200 g semola
- 3 uova - 3 tuorli - acqua qb
- 300 g crema di latte fresca - 50 g latte intero
- 50 g caciocavallo podolico stagionato (8 mesi)
- 40 g caciocavallo podolico semi-stagionato (2 mesi)
- 1 zucchina - 8 fiori di zucca - sale e pepe qb - brodo vegetale qb
- cipollotto qb - polvere di caffè

Impastare la farina di grano arso, la semola, le uova ,i tuorli con l'acqua tiepida fino ad ottenere un impasto liscio. Lasciar riposare l'impasto avvolto da una pellicola per alimenti in frigorifero per 24 ore. Formare il tagliolino aiutandosi con molta semola e lasciar riposare.
In un pentolino alto lasciar ridurre la crema di latte con il latte fino ad ottenere una salsa densa. Frullare il tutto con il caciocavallo podolico ed eventualmente correggere di sale e pepe. In una padella mettere una noce di burro e fare imbiondire il cipollotto tritato, aggiungere le zucchine e far rosolare correggendo di sale e pepe.
Sfumare con il brodo vegetale e aggiungere la fonduta precedentemente ottenuta.
Lessare i tagliolini in acqua bollente e sale fino a trequarti di cottura, successivamente trasferire il tutto in padella per ultimare la cottura.
Impiattare come segue la foto facendo attenzione a cospargere il bordo del piatto con la polvere di caffè e aggiungere un fiore di zucca mondato come decorazione.

Burnt wheat tagliolini with caciocavallo podolico cheese cream

INGREDIENTS FOR 4 SERVINGS:
- 400 g of burnt wheat flour - 200 g of semolina
- 3 eggs - 3 egg yolks - water
- 300 g of fresh cream - 50 g of whole fresh cream
- 50 g of Caciocavallo Podolico mature cheese (8 months)
- 40 g of Caciocavallo Podolico semi-mature cheese (2 months)
- 1 courgette - 8 pumpkin flowers - salt and pepper to taste
- vegetable broth to taste - spring onion to taste - coffee powder

Mix the burnt wheat flour, the semolina, the eggs and the egg yolks with warm water until you obtain a smooth dough. Allow it to rest in the refrigerator for 24 hours wrapped in plastic food wrap. Make the tagliolino shaped pasta using a lot of semolina and leave to rest. Reduce the cream and the milk in a tall saucepan until it's a thick sauce. Then blend the sauce with the Caciocavallo podolico cheeses and season with salt and pepper if necessary. Put a knob of butter in a pan and brown the chopped spring onion, add the courgette and leave to simmer whilst seasoning with salt and pepper.
Add some vegetable broth and then add the cheese fondue. Cook the Tagliolini three-quarters of the cooking time in salted boiling water, then transfer them in the pan with the sauce to finish cooking. Serve as shown in the photo below, making sure to sprinkle the edge of the dish with coffee powder and to add a clean pumpkin flower as decoration.

GRÈCÌA ROSÈ Grecìa Rosè Negroamaro
PAOLO LEO / San Donaci (BR)

Colore rosato vivace con riflessi vibranti, intenso il profumo di frutto di lampone e fragola, gusto fresco al palato, buona la pienezza e la lunghezza. Retrogusto piacevolmente fruttato.

Vibrant pink color with vibrant reflections, intense aroma of raspberry and strawberry fruit, fresh taste on the palate, good fullness and length. Pleasant fruity aftertaste.

CAFÈ DÒ MAR

Titolare › Michele Schirinzi e Gabriele Cordella ◦ **Chef** › Riccardo De Nuccio

SANTA MARIA DI LEUCA (Lecce) ◦ Via Bolzano, 7 ◦ +39 0833 758238 ◦ **www.cafedomarleuca.it**
Chiuso / *Closed* › Sempre aperto ◦ *Always open*

Cafè dò Mar, a dispetto del suo nome, è un ottimo ristorante di pesce. Si trova al termine del lungomare di Leuca, in una stradina che sbuca sul mare. Il locale è carino e si può cenare all'aperto. La cosa che più ci ha sorpreso è la ricerca di abbinamenti nuovi e mai scontati, cosa alquanto rara (ed anche difficile) per un ristorante che fa della cucina marinara il suo punto di forza. E invece gli chef Gabriele Cordella e Riccardo De Nuccio hanno trovato degli accostamenti che danno al pesce fresco sapori e profumi ancora più particolari e seducenti. Il servizio è ottimo e sempre puntuale, il conto, considerando la qualità delle materie prime, è sorprendente (in positivo).

Cafè dò Mar, in spite of its name, is a great seafood restaurant. It is located at the end of the Leuca promenade, in a narrow street that terminates overlooking the sea. The location is nice and you can dine outdoors. The thing that surprised us is the research for new and unpredictable combinations, which is rare (and difficult) for a restaurant that has seafood as its strong point. The chefs Gabriele Cordella and Riccardo De Nuccio have found the right combinations that give fresh fish an even more special and attractive flavour and aroma. The service is great and always on time, and considering the quality of fresh produce, the bill is impressive (in a positive way).

Carta dei Vini › Wine List	**Cucina** › Cuisine	**Tipologia** › Tipology	**Prezzo Medio** › Average Price
40 etichette › labels	**Pesce** › Fish	**Marinaro** › Sea restaurant	30-35 €

Triglia in crosta di patate con spinaci

Panzerotti ripieni di pescatrice ai gamberi

INGREDIENTI PER 4 PERSONE:
- 400 gr di ravioli - 1 uovo - 1 spicchio aglio
- 50 g parmigiano - 700 g di pescatrice - 300 g di gamberi
- 10 pomodorini - 2 bicchieri di vino bianco - brodo di pesce
- sale, pepe, olio, prezzemolo (o basilico) qb

Per i fagottini: preparare l'impasto come solitamente si fa per qualsiasi pasta all'uovo e successivamente lasciarlo riposare. Tirare la sfoglia.
In una pentola versare dell'olio, uno spicchio d'aglio, i pezzi di pescatrice sfilettata a cubettini e parte dei gamberi, far soffriggere per qualche minuto, sfumare con il vino bianco, aggiungere i pomodorini e del brodo di pesce. Cucinare per 10-15 minuti. Passare il tutto al colino, aggiungere il parmigiano, il prezzemolo, l'uovo, sale e pepe, amalgamate il tutto e otterrete la farcia con cui riempire i fagottini.
Per il condimento: soffriggere uno spicchio di aglio nell'olio e aggiungere la restante parte dei gamberi, sfumare con vino bianco, sale, pepe e pomodorini, far cuocere per qualche minuto e poi condire i fagottini.

INGREDIENTI PER 4 PERSONE:
- 400 g di spinaci - 4 triglie di medie dimensioni - 1 spicchio di aglio
- 4 patate - 50 g di burro - rosmarino, olio, sale qb

Lavare e pulire gli spinaci, farli saltare in olio con uno spicchio di aglio in camicia, salare e pepare, cucinare per cinque minuti con coperchio.
Pulire le triglie e ricavarne 8 filetti, privarli delle spine.
Preparare 4 patate grattugiate con rosmarino tritato, sale e pepe.
Lavorare con le mani fino ad ottenere un impasto che poggerete sulla superficie della triglia (sulla parte interna).
Mettere in padella antiaderente un filo di olio extravergine, riscaldare bene, poggiare le triglie prima dalla parte delle patate, poi dalla parte della pelle. Appena sono pronte adagiarle sugli spinaci (che volendo potrete rendere più saporiti con del peperoncino).
Irrorare con del burro fuso e rosmarino.

Carpaccio e tartare di gamberi e orata

INGREDIENTI PER 4 PERSONE:
- 200 g di ricciola - 200 g di gamberi - succo d'arancia
- olio extravergine di oliva qb - sale, pepe e prezzemolo qb

Tartare: tagliare finemente la ricciola e i gamberi, poi condirla con olio, sale, pepe, prezzemolo e spremuta di un'arancia
Carpaccio: tagliare la ricciola a fettine sottili.

Carpaccio and tartare of prawn and sea bream

INGREDIENTS FOR 4 SERVINGS:
- 200 g of amberjack - 200 g of shrimp - orange juice
- extra virgin olive oil to taste - salt, pepper and parsley to taste

Tartare preparation: finely cut the amberjack and the shrimp and then season with olive oil, salt, pepper, parsley and add the juice of an orange.
Carpaccio preparation: cut the amberjack into thin slices.

Condimento consigliato Vincotto al Limone Dolce
Seasoning suggested Vincotto Sweet Lemon

CASA NOVA
Titolari e Chef › Ignazio Spinetti e Martino Convertino

ALBEROBELLO (Bari) ○ Via Monte San Marco, 13 - Via Monte San Gabriele, 16/28 ○ +39 080 4323292 ○ **www.casanovailristorante.it**
Chiuso / *Closed* › Martedì ○ *Tuesday*

Nasce nel 2003 tra le antiche mura di un frantoio ipogeo del 1700, una costruzione seminterrata che si sviluppa su una superficie di circa 400 metri quadri ed un pavimento tutto in chianche antiche (tipo di pavimento in pietra dura): il frantoio "a 'cucchiaredd" (piccolo cucchiaio), questo il nome originario. Era uno dei frantoi più grandi della zona e per questo raccoglieva e lavorava le olive delle campagne e di paesi vicini per la trasformazione in olio a partire dal mese di novembre per finire al mese di marzo. Oggi tra queste mura così suggestive si possono degustare piatti di antica tradizione e di innovazione, offerti con grande professionalità e con abbinamento dei migliori vini pugliesi. Il venerdì, menù a base di pesce e frutti di mare. Ignazio Spinetti, uno dei proprietari del ristorante, è davvero un cultore della gastronomia pugliese, della quale, come si suol dire, conosce "vita, morte e miracoli".

Established in 2003 in the ancient walls of an underground 1700s oil mill, this restaurant is in a basement, spread over an area of about 400 square metres, with ancient Chianca floors (type of floor made of hard stone). The oil mill's original name was "a 'cucchiaredd" (small spoon). It was one of the largest mills in the area and it gathered and pressed olives from the neighbouring lands and villages to make oil from the month of November until March. Today, among these evocative walls you can taste traditional and innovative dishes, offered with great competence and combined with the best wines from Puglia. On Fridays you can also enjoy a seafood menu. Ignazio Spinetti, one of the owners of the restaurant, is a real expert of the Puglia cuisine who knows "life, death and miracles." about it.

Carta dei Vini › Wine List	**Cucina** › Cuisine	**Tipologia** › Tipology	**Prezzo Medio** › Average Price
160 etichette › labels	**Pugliese** › Apulian	**Vecchio Frantoio** › Old Mill	25/45 €

Filetto al vino Primitivo di Puglia

INGREDIENTI PER 4 PERSONE:
- 4 filetti di vitello da 200 g - 200 g di farina - olio di oliva
- ½ lt di vino Primitivo - sale qb

Prendere il filetto di vitello, infarinare abbondantemente e farlo dorare in una padella con olio di oliva.

Raggiunta la doratura desiderata eliminare una parte di olio e liquido venuto fuori durante la cottura ed affogare con primitivo di puglia (di quello nero bello corposo e grasso al palato) e far cuocere e restringere la salsa per circa 10 minuti.

Se il filetto piace più o meno cotto spostarlo dalla padella e far restringere la salsa ed aggiungere il filetto l'ultimo minuto da far in modo che la il filetto resti al sangue o della cottura desiderata. Salare a piacimento.

Si accompagna con patate di Polignano al forno o con altre verdure di stagione.

Fave e cicorie n'crapiate
Fava beans and chicory "n'crapiate"

INGREDIENTI PER 4 PERSONE:
- 1 kg di cicorielle
- 1 cipolla
- olio extra vergine di oliva
- 500 g di fave secche
- 1 patata

INGREDIENTS FOR 4 SERVINGS:
- 1 kg of chicory
- 1 onion
- Extra virgin olive oil
- 500 g of dried Fava beans
- 1 potato

Lessate in abbondante acqua salata le cicorielle.
Preparazione del purea di fave: mettere in una pentola le fave la patata tagliata a fette e coprire di acqua e mettere a cuocere a fuoco lento per 2 ore circa, a cottura ultimata passare le fave aiutandosi con un robot da cucina fino ad ottenere una crema omogenea.
Preparazione della "n'crapiata": coprire il fondo di una pentola con l'olio riscaldare e aggiungere la cipolla e farla appassire poi agginungere il purea di fave e le cicorielle lessate e con un cucchiaio di legno mischiare il tutto, servire accompagnato da pane tostato.

Stew the chicory in plenty salted water.
Bean purée preparation: Place the beans and the potato cut into slices in a pot, cover with water and cook for about 2 hours on low heat. When ready, blend the beans and potato with a food processor until creamy.
In'crapiate preparation: Brown the onion in olive oil in a pot, then add the bean purée and the chicory stew and mix well with a wooden spoon. Serve with toast.

MAVRO Salento IGT Rosso
PALAMÀ / Cutrofiano (LE)

Ottenuto da uve Negroamaro e Malvasia Nera di modesti appezzamenti, coltivate secondo antiche tradizioni che conferiscono al Mavro sapore ricco dai tannini vellutati. Affinato in Barriques.

Obtained by Negroamaro and Black Malvasia grapes of modest plots cultivated according to the old traditions which confer Mavro a rich taste with velvety tannins. Refined in Barriques.

Orecchiette alle cime di rape
Orecchiette with turnip tops

INGREDIENTI PER 4 PERSONE:
- 500 g di strascinate integrali o di farina di grosso
- 1 kg di cime di rape
- 1 spicchio d'aglio
- 2 acciughe sotto sale sfilettate
- mollica di pane tostato
- olio extra vergine di oliva qb
- sale e pepe qb

INGREDIENTS FOR 4 SERVINGS:
- 500 g of Strascinate or whole wheat Orecchiette Pasta
- 1 kg of turnip tops
- 1 garlic clove
- 2 filleted salted anchovies
- Toasted breadcrumbs
- Extra virgin olive oil to taste
- Salt and pepper to taste

Pulite le rape e realizzate tante piccole cimette. Prendere una pentola e mettere a bollire circa 6/7 litri d'acqua con sale a sufficienza, quando comincia a bollire immergere le cime di rape e far cuocere per circa 10 minuti.
Dopodiché aggiungere le strascinate nella stessa pentola insieme alle cime di rape e ultimare la cottura per 5 minuti ancora.
In una padella fare un fondo con abbondante olio di oliva far dorare uno spicchio d'aglio ed aggiungere i filetti di acciughe salate, mentre si prepara questo fondo far scolare bene le strascinate e cime di rape e saltare il tutto insieme, una volta realizzati i piatti cospargere la mollica di pane, che avete tostato precedentemente, come se fosse formaggio.

Peel the turnips and create lots of small tops. Boil about 6/7 litres of water in a pot with enough salt, add the turnip tops when boiling and cook them for about 10 minutes.
Then add the Orecchiette Strascinate pasta to the same pot and finish cooking for 5 more minutes. Fry the garlic clove with a lot of olive oil until golden and add the filleted anchovies whilst draining the pasta and turnip tops. Sauté it all together and prepare the dishes. Then sprinkle with the toasted bread crumbs, as you would do with grated cheese.

Gnocchi di pane e olive

INGREDIENTI PER 4 PERSONE:
- 300 g mollica di pane raffermo da sbriciolare - 200 g olive denocciolate
- 1 uovo fresco - 100 g di farina - pomodoro fresco - cipolla
- basilico - sale qb

Impastare il pane, le olive, l'uovo e la farina da utilizzare nella preparazione degli gnocchi per non far attaccare il composto sul banco di preparazione, aggiungendo del sale se serve.
Dopo aver impastato il tutto, lasciare riposare per una mezzora in frigo, quindi realizzare gli gnocchetti con l'aiuto di un coltello.
Preparare a parte del pomodoro fresco con cipolla e molto basilico. Sbollentare gli gnocchi e saltarli con la salsa di pomodoro e basilico preparata in precedenza.

DA TUCCINO

Titolare › Pasquale Centrone ○ **Chef ›** Enzo Florio - Giuseppe Aversa - Vito Aversa

POLIGNANO A MARE (Bari) ○ Via Santa Caterina, 69/F ○ +39 080 4241560 / +39 393 5478180 ○ **www.tuccino.it**
Chiuso / *Closed* › Lunedì ○ *Monday*

Il ristorante "da Tuccino", è il luogo, dove si esalta la poesia del cibo con la professionalità e la ricerca della migliore materia prima che il mare e la terra possa offrire, pronta ad essere composta in rima per il palato, sempre affiancata ad un'accurata selezione di vini sia nazionali che esteri. L'intreccio, di sapore, gusto e tradizione, è sapientemente composto dalla famiglia Centrone arrivata alla sua terza generazione, che cura ogni singolo dettaglio del ristorante: primo tra tutti l'altissima professionalità dello staff che da decenni contribuisce a rendere il ristorante "da Tuccino" meritevole della fama raggiunta. Le specialità di carpacci di pesce e le varie proposte di frutti di mare e crostacei, fanno del ristorante "da Tuccino" la meta ambita da tutti i cultori del gusto. L'ampia terrazza panoramica, resa accogliente per apprezzare i colori del mare che si fondono col cielo, regala emozioni indimenticabili. La strategica posizione sul nuovo porto turistico di Polignano a Mare consente di raggiungere il ristorante anche in barca.

The restaurant "Da Tuccino", is where the food poetry is enhanced with the professionalism and the research for the best fresh produce that land and sea have to offer, ready to be composed in rhyme for the palate, always paired with a fine selection of national and foreign wines. The Centrone family, now in its third generation, skilfully creates a mix of flavour, taste and tradition, taking care of every single detail: first of all, the highly professional staff, who for decades have contributed in making "Da Tuccino" worthy of the fame achieved. The fish carpaccio specialities and the various seafood and shellfish dishes make this restaurant a target destination for all food enthusiasts. The spacious panoramic terrace, made welcoming for customers to admire the colours of the sea that blend with the sky, offers an unforgettable experience. The strategic location in the new port of Polignano a Mare also allows you to reach the restaurant by boat.

Carta dei Vini › Wine List	**Cucina** › Cuisine	**Tipologia** › Tipology	**Prezzo Medio** › Average Price
1.000 etichette › labels	**Pesce** › Fish	**Marinaro** › Fish Restaurant	80 €

Scorfano in croccante di patate
Rockfish in crispy potatoes

INGREDIENTI PER 4 PERSONE:
- 1 kg filetto di scorfano - 700 g di patate - olio extra vergine di oliva - dragoncello - sale - pepe
Per il tortino di verdure: - 100 g di sedano
- 300 g di peperone giallo, rosso e verde - 100 g di carote - 100 g di zucchine - 100 g di pomodoro - 30 g di pinoli - olio extravergine d'oliva - sale - pepe

INGREDIENTS FOR 4 SERVINGS:
- 1 kg of rockfish fillet - 700 g of potatoes - extra virgin olive oil - tarragon - salt - pepper
For vegetable pie: - 100 g of celery - 300 g of yellow, red and green pepper - 100 g of carrots - 100 g of courgettes 100 g of tomatoes - 30 g of pine nuts - extra virgin olive oil - salt - pepper

Dividere il filetto di scorfano in quattro, irrorare con olio, sale, pepe e dragoncello avvolgere il tutto in sottili fette di patate, infornare a 200°C per 20 min. Mondare tutte le verdure e saltarle in padella con olio, pepe e sale.

Divide the rockfish fillet into four, drizzle with olive oil, then add salt, pepper and tarragon and wrap the fillets up with thin slices of potatoes. Bake at 200°C for 20 minutes. Clean and peel all the vegetables and sauté in a pan with olive oil, pepper and salt.

SERENO Salento IGP Bianco
PRODUTTORI VINI MANDURIA / Manduria (TA)

Colore giallo paglierino, con riflessi verdolini, cristallino. Profumo intenso e complesso, esprime un delicato floreale di fiori d'arancio. Sapore secco, di buona struttura, fresco, giustamente sapido, richiama appieno le sensazioni olfattive.

Color in steel vats. Perfume intense and complex of white sweet fruit (apple and pear) with a soft orange's flowers scent. Flavor dry, well structered, fresh, fairly sapid; its taste recalls its bouquet.

Condimento consigliato Vincotto al Limone
Seasoning suggested Vincotto with Lemon

Spaghetto alla chitarra con gamberi
Spaghetti alla chitarra with shrimp

Trancio di pescatrice al pepe rosa e mousse di melanzana

INGREDIENTI PER 4 PERSONE:
- 320 g di spaghetti alla chitarra - 8 gamberi viola di Gallipoli - 150 g di cardoncelli
- 50 g di porcini - 1 spicchio di aglio - olio extravergine di oliva
- clorofilla di pezzemolo qb - brandy

INGREDIENTS FOR 4 SERVINGS:
- 320 g of Spaghetti alla Chitarra - 8 purple shrimp from Gallipoli - 150 g of cardoncelli mushrooms - 50 g of porcini mushrooms - 1 garlic clove - Extra virgin olive oil
- Parsley chlorophyll to taste - brandy

Far rosolare aglio e olio, aggiungere i funghi e sfumare con brandy, infine mettere i gamberi, saltare il tutto con la pasta e decorare a piacere con la clorofilla.

Cook the garlic in olive oil, then add the mushrooms and cook with some brandy, and then add the shrimp. Sauté this sauce with the pasta and garnish the dish with the parsley chlorophyll.

INGREDIENTI PER 4 PERSONE:
- 600 g di pescatrice divisa in 4 tranci - pepe rosa qb
- olio extravergine di oliva - 2 melanzane di media misura
- 1 pomodoro maturo - basilico - sale qb - 1 uovo

Prendere i tranci di pescatrice e spolverare con pepe rosa e cuocerli alla griglia (cottura media).
Per la mousse di melanzana: far cuocere a 180°c per 20/25 minuti, cottura ultimata, privarle della buccia, mettere nel boccale con basilico, pomodoro, sale e uovo. Ridurre il tutto in una mousse ed è pronto per l'utilizzo.
Utilizzare le bucce della melanzana per decorazioni a piacimento.

DONNA LALLA
Titolare e Chef › Anna Laura Manco

TAVIANO (Lecce) ◦ Via P.M. Curie Z.I. ◦ +39 0833 914862 / +39 347 0979665 ◦ **www.donnalalla.it**
Chiuso / *Closed* › Lunedì ◦ *Monday*

Il ristorante ha aperto nell'estate del 2010 ed è stato subito boom. Perché la titolare, Anna Laura Manco, ha saputo ricreare l'ambiente della vecchia osteria dove poter gustare i sapori di una volta, quelli della cucina tipica salentina. Ogni pranzo (o cena) inizia con una carrellata infinita di antipasti: una ventina di portate tra cui spiccano il purè di fave bianche, le pettole, la crema di zucca, la salsiccia al sugo, i pezzetti di carne al sugo, i filetti di zucca, la frittata di zucchine e la pizza di patate. La scelta di primi e secondi è per fortuna limitata (perché gli antipasti già vi sazieranno) ed anche in questo caso c'è il massimo rispetto della tradizione. Doveroso chiudere con le pettoline con zucchero e cioccolato, accompagnate da uno dei liquori fatti in casa dalla proprietaria-chef: mirto, limoncello, nocino, alloro, finocchietto selvatico. Il conto, incredibilmente, non supera i 25/30 euro. Ma spesso resta anche al di sotto di questa cifra.

The restaurant opened in the summer of 2010 and was an instant success. The owner, Anna Laura Monaco, has recreated the ambience of an old tavern where you can taste the flavours from the past, those of the typical Salento cuisine. Every lunch (or dinner) starts with an endless parade of appetizers: about twenty courses including white bean purée, pettole, pumpkin cream, sausages in sauce, chopped meat in sauce, pumpkin fillets, courgette omelet and potato pizza. The choice of main and second courses is limited fortunately (because you will be feeling full with the starters only) and traditional recipes are followed for these courses too. Finish off with the sugar and chocolate pettoline, accompanied by one of the owner-chef's homemade liquors: Mirto (myrtle), Limoncello (lemon), Nocino (walnut), Alloro (laurel) or wild Finocchietto (fennel). The bill, incredibly, does not exceed 25 to 30 €. Often it's even cheaper.

Carta dei Vini › Wine List	**Cucina** › Cuisine	**Tipologia** › Tipology	**Prezzo Medio** › Average Price
50 etichette › labels	**Tipica** › Typical	**Trattoria**	25 €

Involtini di melanzane e di speck

Salame al cioccolato
Chocolate salami

INGREDIENTI PER 4 PERSONE:
- 150 g di zucchero - 150 g di biscotti secchi - 50 g di cacao amaro
- 1 bicchierino di San Marzano / cognac - 50 g di burro
- 50 g di mandorle tostate - 1 uovo intero

INGREDIENTS FOR 4 SERVINGS:
- 150 g sugar - 150 g of dry biscuits - 50g cocoa powder
- 1 shot of San Marzano / cognac - 50 g butter
- 50 g of roasted almonds - 1 egg

Unire zucchero, uova, cacao e burro preventivamente sciolto. Mantecare zucchero, cacao, uova, e burro ed aggiungere successivamente mandorle e biscotti sminuzzati e poi alla fine aggiungere il bicchierino di cognac o San Marzano. Impastare il tutto, dare una forma di salame, avvolgere in carta forno e mettere in freezer. Una volta congelato, affettare e servire.

Mix the sugar, the eggs, the cocoa and the previously melted butter. Then add the crumbled almonds and biscuits and then add the small glass of cognac or San Marzano. Mix all the ingredients well giving them a salami shape, then wrap it in baking paper and put it in the freezer. Once frozen, slice and serve.

INGREDIENTI PER 6 PERSONE:
Per gli involtini di melanzane:
- 1 melanzana - 1 etto di insalata verde
- 80 g di tonno - 20 g di capperi - 100 g di acetelli
Per gli involtini di speck:
- 6 fette di speck
- 70 g di noci
- 70 g di Philadelphia

Involtini di melanzane: Affettare le melanzane per lungo. Cuocerle su griglia. **La salsa per ripieno:** Tagliare in modo sottile l'insalata ed aggiungere tonno, capperi e gli acetelli, infine la maionese e di impastare il tutto. Posizionare l'impasto al centro delle melanzane e arrotolarle su se stesse.
Involtini di speck: Macinare le noci. Unire alla Philadelphia mantecando leggermente. Posizionare una noce dell'impasto al centro della fetta di speck ed arrotolarla su se stessa. Ricordarsi di tenere da parte del macinato di noci per spolverare l'involtino da servire.

Sagne n'cannulate
"Sagne n'cannulate"

INGREDIENTI PER 4 PERSONE:
- 400 g sagne ncannulate - 1 cipolla intera - 100 cl di olio extravergine di oliva
- un pizzico di sale - 1 lt di polpa di pomodoro

INGREDIENTS FOR 4 SERVINGS:
- 400 g of Sagne Ncannulate pasta - 1 whole onion - 100 cl of olive oil
- A pinch of salt - 1 litre of tomato pulp

Impastare la farina con l'acqua e lavorarla fino a quando diventerà liscia ed omogenea; con il matterello tirare una sfoglia sottile ma non troppo, sempre infarinando sia sotto che sopra la sfoglia per non far attaccare la pasta; infarinare ancora una volta e piegare la sgoglia in due su se stessa ; con un coltello ben affilato tagliare a striscioline larghe circa un centimetro e mezzo; prendere ad una ad una le striscette ed attorcigliarle su se stesse tenendone ferma una parte; con il palmo dell'altra mano girare la pasta su se stessa. Lasciare riposare qualche ora le sagne su un vassoio di cartone infarinato.

Mettere nel tegame olio e soffriggere la cipolla. Aggiungere la polpa di pomodoro e far cuocere per 20/25 minuti. Il sugo può essere arricchito da pezzi di carne e polpette (come quello in foto). Lessare la pasta per 10 minuti scolare bene e condire la pasta con il sugo.

Mix the flour with water and knead until it becomes smooth. Roll out the dough thinly with a rolling pin, being careful to not make it too thin, always sprinkling with flour both below and above the dough to ensure it doesn't stick. Sprinkle with flour again and then fold the pastry in half, then cut into strips, about a centimetre and a half wide, with a sharp knife. Twist the strips of pastry one by one holding one end still and turning with the palm of the hand the other end. Leave the pasta to rest for a few hours on a floured cardboard tray. Put the olive oil in a pan and fry the onion. Add the tomato pulp and cook for 20/25 minutes. Boil the pasta for 10 minutes, drain well and serve with the tomato sauce.

IL FALCONE Castel del Monte DOC Riserva
RIVERA / Andria (BT)

Colore rosso granato fitto; bouquet complesso con note di frutta matura, cuoio, tabacco e spezie; palato pieno, austero, corposo di grande struttura, molto lungo ed equilibrato.

Dense garnet red in hue; complex nose offering ripe fruit, leather, tobacco leaf, and spice; dry and austere but very generous in the mouth, displaying an absolutely magisterial structure and a lingering, well-balanced finish.

DUE CAMINI (Borgo Egnazia)

Titolare › Famiglia Melpignano ○ **Chef** › Andrea Ribaldone

SAVELLETRI DI FASANO (Brindisi) ○ +39 080 2255000 ○ **www.borgoegnazia.com**
Chiuso / *Closed* › Sempre aperto ○ *Always open*

Due Camini è il ristorante più sofisticato e gourmande di Borgo Egnazia, una struttura incantevole, che vi immerge in un mondo di sogni. Basta varcare il cancello d'ingresso per sentirsi "altrove": la quiete, il bianco della pietra, l'arredamento curato in ogni particolare, l'eleganza quasi naturale dei luoghi e delle cose, mai esibita e mai ostentata, donano a questo resort una atmosfera davvero magica e indimenticabile. E il ristorante non poteva che essere all'altezza di un posto del genere: al "Due Camini" inizia il viaggio tra i sapori pugliesi. L'ambiente è anche qui raffinato e ricercato: al suo interno gli ospiti più esigenti possono gratificare il loro fine palato con rivisitazioni di alta cucina, rigorosamente concepite e realizzate con ingredienti pugliesi. L'abbigliamento richiesto è conforme all'eleganza dell'ambiente: non si ammettono clienti in pantaloncini corti. Il viaggio tra i sapori pugliesi merita una mise consona.

Due Camini is the most sophisticated gourmet restaurant at Borgo Egnazia. The atmosphere is elegant and refined: connoisseurs can experience high cuisine carefully prepared with the finest Apulian ingredients. The dress code is in line with the ambience and therefore, no short trousers and open shoes for men. The Colonnato is a dedicated area for our family guests and is located inside the Due Camini restaurant. Your trip through the Apulian flavors at Borgo Egnazia starts here.

Carta dei Vini › Wine List	**Cucina** › Cuisine	**Tipologia** › Tipology	**Prezzo Medio** › Average Price
300 etichette › labels	**Pugliese Gourmet** › Apulian Gourmet	**Masseria**	70 €

Spaghetto Cavalieri con scorfano e zucchine

INGREDIENTI PER 4 PERSONE:
- 300 g di spaghetti Cavaliere
- 160 g di filetto di scorfano deliscato
- 2 zucchine
- olio extra vergine di oliva
- sale qb

Cuocete gli spaghetti in acqua salata bollente. In padella, con olio extra vergine di oliva, saltate i filetti di scorfano fatti in dadolata. Scolate la pasta al dente e finite la cottura in padella con il pesce. A parte, pelate le zucchine,e con la sola buccia fate una julienne fine. Servite gli spaghetti allo scorfano e decorate ogni porzione con la julienne di zucchine.

Cavalieri spaghetti with rockfish and courgettes

INGREDIENTS FOR 4 SERVINGS:
- 300 g of Cavaliere spaghetti
- 160 g of boned rockfish fillets
- 2 courgettes
- extra virgin olive oil
- salt to taste

Cook the spaghetti in boiling salted water. Sauté the diced Rockfish fillets in a pan with extra virgin olive oil. Drain the pasta when al dente and finish cooking it in the pan with the fish. Peel the courgettes separately and julienne cut the peel finely. Serve the spaghetti with Rockfish and decorate each portion with the courgette julienne.

Burratina con caponata di melanzane e pomodoro
Burratina with eggplant caponata and tomato

INGREDIENTI PER 4 PERSONE:
- 4 burratine - 2 melanzane - 1 cipolla rossa - 2 pomodori verdi
- aceto di vino rosso - olio extra vergine di oliva - sale

INGREDIENTS FOR 4 SERVINGS:
- 4 burratina cheese - 2 aubergines - 1 red onion - 2 green tomatoes
- red wine vinegar - extra virgin olive oil - salt

Fate le melanzane e la cipolla in dadolata, saltatele in olio extra vergine di oliva. Sfumate con poco aceto di vino rosso. Tagliate i pomodori sottile e conditeli con olio e sale. Impiattate i pomodori la caponata e finite con la burratina.

Dice the aubergines and onion and sauté in extra virgin olive oil. Add a drizzle of red wine vinegar. Cut the tomatoes thinly and season with oil and salt. Serve the tomatoes, then the caponata and the burratina cheese on top.

Baccalà cotto in tiella con purea di patate e olive leccine

INGREDIENTI PER 4 PERSONE:
- 600 g baccalà ammollato e deliscato
- 4 patate medie
- 100 g olive leccine
- 100 g yogourt naturale non zuccherato
- olio extra vergine di oliva

Tranciate il baccalà in quattro e cuocetelo in tiella coperto con poco olio extra vergine di oliva per 5/6 minuti.
Bollite le patate in acqua, passatele al setaccio e amalgamate con olio e acqua di cottura. Passate al forno le olive leccine finché risultino croccanti. Snocciolate le olive e frullatene la polpa con olio extra vergine di oliva ad ottenere una salsa densa. Nel piatto di servizio ponete la purea di patate lo yogourt e la crema di olive.

FOUR SEASONS
Titolare e Chef › Cosimo Guarino

SAN GIORGIO JONICO (Taranto) ○ Via Lecce, 151 ○ +39 099 5925125 ○ **www.four-seasons.it**
Chiuso / *Closed* › Sabato a pranzo - Domenica a cena - Lunedì ○ *Saturday for lunch - Sunday for dinner - Monday*

Il ristorante Fuor Seasons è il posto ideale per cene speciali, piccoli ricevimenti e colazioni di lavoro. Qui stile, eleganza, sobrietà e passione si fondono nella continua ricercatezza delle migliori materie prime per esaltare al massimo il gusto delle stagioni. Il connubio tra gusto e charme rendono questo posto davvero interessante: propone una cucina del territorio con la rivisitazione di alcuni piatti della tradizione, per entusiasmare i palati più fini. L'atmosfera del locale, le luci soffuse, i piatti curati nei minimi dettagli, fanno del Four Seasons un ristorante per gourmet. Grande la scelta dei vini e dei distillati, ma anche delle acque (le migliori da tutto il mondo), dei caffè e del cioccolato, cosa che rende questo posto ancora più interessante. Da non perdere le "sciccherie d'autunno": funghi porcini, cardoncelli, ovuli, tartufo bianco d'alba, salumi pregiati.

The restaurant Four Seasons is the ideal place for special dinners, small receptions and business lunches. Style, elegance, simplicity and passion come together in this ongoing fresh produce research to bring out the best tastes of each season. The combination of taste and charm make this place really fascinating: it offers regional cuisine with some renewed traditional dishes, to impress even the most discerning palates. The atmosphere, the dim lights and the details of each dish, make the Four Seasons a gourmet restaurant. Great choice of wines and spirits, but also of water (the best from around the world), of coffee and chocolate, which makes this place even more interesting. Do not miss the "Autumn Chic": porcini and cardoncelli mushrooms, eggs, Alba white truffle and fine cured meats.

Carta dei Vini › Wine List	Cucina › Cuisine	Tipologia › Tipology	Prezzo Medio › Average Price
200 etichette › labels	**Innovativa** › Innovative	**Gourmet**	**35/40 €**

Semifreddo con ricotta nostrana e pere

INGREDIENTI PER 4 PERSONE:
- 200 g di ricotta mista
- 50 g di mascarpone
- 150 g di panna montata
- 250 g di zucchero
- 3 pere conferenza
- 250 g di lamponi freschi
- 50 g di biscotti secchi (digestive)
- 1 bicchierino di cognach
- 1 stecca di cannella
- 4 stampini per creme caramel

Sbucciare le pere e cuocerle con ½ litro d'acqua 100 g di zucchero, la stecca di cannella e il cognach finchè non saranno cotte ma non sfatte. Tagliare due pere a cubetti la restante pera la utilizzeremo per guarnire il piatto finale. In una casseruola mettere la ricotta passata al setaccio, aggiungere 100 g di zucchero, il mascarpone ed infine la panna montata ben soda, amalgamare gli ingredienti con l'aggiunta delle pere cotte tagliate a cubetti e rivestire i quattro stampini con del burro morbido e i biscotti sbriciolati.
Farcire con il composto di ricotta gli stampini e metterli in freezer per un'ora circa a -15°.
Nel frattempo preparate la coluis frullando i lamponi con il rimanente zucchero, passarla al setaccio ottenendo così una salsa liscia che verseremo sul nostro semifreddo guarnendolo a piacere con lamponi freschi, la pera cotta, qualche fogliolina di menta e se vogliamo della crema inglese.

Petto di faraona dorato
Golden guinea fowl breast

INGREDIENTI PER 4 PERSONE:
- 4 petti di faraona da 120-150 g - 4 tuorli d'uovo - 100 g parmigiano reggiano
- 2 dl brodo vegetale - 1 mazzo di asparagi selvatici
- olio extra vergine d'oliva
- sale e pepe q.b. - germogli di sakura o altri tipi di germogli

INGREDIENTS FOR 4 SERVINGS:
- 4 guinea fowl breasts of 120-150 g - 4 egg yolks - 100 g of parmesan cheese
- 2 dl of vegetable broth - 1 bunch of wild asparagus
- extra virgin olive oil
- salt and pepper to taste - sprouts sakura or other types of sprouts

Mondare gli asparagi e lessarli in acqua salata tenendoli in caldo. Prendere una casseruola capace, dove con l'aiuto di una frusta sbatteremo i tuorli con il parmigiano un pizzico di sale e del brodo vegetale tiepido. Cuocere lo zabaione a bagnomaria a 90° per 10 minuti quando si sarà addensato lo terremo sottocontrollo per non farlo smontare. In una padella bassa anti aderente mettere dell'olio e a fuoco vivo scottare i petti di faraona precedentemente salati e pepati da entrambi i lati. Mettere i petti in una placca da forno e passarli in forno ben caldo a 220° per 8-10 minuti, nel frattempo in un piatto di portata caldo sistemare sul fondo gli asparagi, il petto di faraona e salsare con lo zabaione a piacere aggiungere dei germogli di sakura o altri germogli. Servire ben caldo.

Peel and blanch the asparagus in salted water and keep warm. Whisk the egg yolks with the Parmesan cheese in a saucepan, add a pinch of salt and some warm vegetable broth. Cook the zabaglione in a bain-marie at 90°C for 10 minutes taking care when it has thickened to net let it over cook. Season both sides of the guinea fowl breasts and cook in olive oil in a non-stick pan over high heat. Place the breasts in a baking tray in a hot oven at 220°C for 8-10 minutes. Meanwhile prepare a warm serving dish by laying the asparagus on the bottom, then add the guinea fowl breasts with the zabaglione and some sakura buds or other sprouts.
Serve hot.

NEGROAMARO ROSATO Salento IGT
TENUTE RUBINO / Brindisi

Colore rosa intenso limpido e brillante. Fresco, sapido, morbido e piacevole. Attrae la tonalità del colore a cui poi segue un riscontro gustativo morbido e fresco con un retrogusto lungo e persistente

Colour clear, intense and brilliant pink. Fresh, sapid, soft and pleasant. Its attractive colour is validated by a soft, fresh taste and rounded off by a long and persistent finish.

Condimento consigliato Vincotto Originale
Seasoning suggested Vincotto Original

Nastri di verdure con burratina
Vegetable strips with burratina cheese

INGREDIENTI PER 4 PERSONE:
- 4 burratine da 80-100 g - 2 zucchine
- 2 carote di Polignano - 1 peperone giallo
- 1 peperone rosso - 200 g di pomodori fiaschetto o datterini
- 50 g di basilico- 50 cl d'olio extravergine d'oliva - sale qb

INGREDIENTS FOR 4 SERVINGS:
- 4 burratina cheese of 80/100 g - 2 courgettes
- 2 Polignano carrots - 1 yellow pepper
- 1 red pepper - 200 g of fiaschetto or datterini tomatoes
- 50 g of basil - 50 cl of extra virgin olive oil - salt to taste

Tagliare le zucchine, carote i peperoni utilizzando una affettatrice o una mandolina affetta verdure per la lunghezza possibilmente a fettine sottili. In una casseruola far bollire dell'acqua leggermente salata versare in ordine prima le zucchine, carote, i peperoni far sbollentare le verdure per 2/3 minuti quindi scolarle e metterle in un recipiente con acqua e ghiaccio facendole raffreddare immediatamente in modo che conservino i loro colori. Stendere su di un piano da lavoro le fette delle verdure sovrapponendole, arrotolare i nastri intorno alla burratina che sistemeremo al centro di un piatto di portata condendo il tutto con cubetti di pomodorini e olio precedentemente frullato con il basilico. Guarnire a piacere il piatto con foglioline di basilico e rombi di verdure.

Vertically cut the courgettes, the carrots and the peppers into thin strips using a vegetable slicer or a mandolin cutter. Boil some slightly salted water in a saucepan, and add the courgettes, then the carrots and then the peppers last. Leave to blanch for 2/3 minutes, then drain and immediately place in a container with water and ice in order to preserve their colours. Place the slices of vegetables on a work surface on top of each other and them roll them around the burratina. Place the burratina in the centre of a serving plate, add the diced tomato and season with some basil olive oil (previously made by blending the basil with the oil). Garnish the dish with basil leaves and diamond shaped vegetables.

Spaghettoni di kamut alla chitarra con cimette di rape

INGREDIENTI PER 4 PERSONE:
Per la pasta al kamut:
- 300 g di farina di kamut - 3 uova intere
- 1 cucchiaio di olio extravergine d'oliva
Per il condimento:
- 500 g di cime di rape martinese
- 80 g di bottarga di muggine - 1 pomodoro tagliato a filetti
- 1 spicchio d'aglio - olio extravergine d'oliva q.b - sale e pepe q.b.

Per la pasta: Impastare le uova con la farina, aggiungere un cucchiaio d'olio e creare un impasto ben omogeneo facendolo riposare in frigo per 1 ora circa. Con l'aiuto di una macchina per la pasta stendere delle sfoglie lunghe almeno 40 cm. Utilizzando una (chitarra taglia pasta) otterrete degli spaghettoni . In una casseruola portare ad ebollizione dell'acqua salata dove verseremo le cime di rape dopo un paio di minuti, aggiungeremo gli spaghettoni. Nel frattempo in una padella aggiungere dell'olio uno spicchio d'aglio in camicia facendolo leggermente dorare, versare 2 cucchiai di bottarga grattugiata circa 40 g. Scolare la pasta e saltare con il condimento ottenuto aggiungendo la restante bottarga, ma tagliuzzata più grossolanamente. Servire in un piatto di portata ben caldo.

GAONAS

Titolare › Gianfranco Palmisano ○ **Chef** › Gianfranco Palmisano

MARTINA FRANCA (Taranto) ○ Via Arco Valente, 17 ○ +39 080 4834886 / +39 329 3093665 ○ **www.ristorantegaonas.it**
Chiuso / *Closed* › Giovedì ○ *Thursday*

Locale caratteristico nel centro storico della bellissima Martina Franca, in provincia di Taranto, il ristorante Gaonas offre piatti della tradizione locale e molte sorprese. Il nome Gaonas, fortemente voluto dal titolare Gianfranco Palmisano, deriva da un illustre concittadino, padre Bonaventura Gaona, vissuto in concetto di umiltà e povertà evangelica e morto nel 1643. Accogliente e curato nei particolari, offre alcuni piatti molto interessanti come il carpaccio di vitello, lo sformatino croccante murgese, gli arancini al tartufo e caciocavallo. Eccezionali gli spaghettoni di grano arso con pancetta tesa martinese, battuto di cipolla rossa di Tropea in agrodolce, ed i tortelloni saraceni al formaggio pere noci con ragù di camoscio selvatico. La carne pregiata (il Kobe giapponese o i tagli neozelandesi) sono serviti su blocchi di sale rosa dell'Himalaya. Da provare la frittura di paranza (con triglie, zanchetti, alici e merluzzi) e la panna cotta al latte di mandorla.

This characteristic restaurant in the historical centre of beautiful Martina Franca, in the province of Taranto, offers traditional local dishes and many surprises. The name Gaonas, wanted strongly by the owner Gianfranco Palmisano, comes from an illustrious fellow citizen, Father Bonaventura Gaona, who lived in the concept of humility and evangelical poverty and died in 1643. Welcoming and with attention to detail, it offers some very interesting dishes such as the veal carpaccio, the crispy Murgese pie and the truffle and caciocavallo cheese arancini. The burnt wheat spaghettoni with local bacon, the chopped red onion in sweet and sour sauce and the cheese pear and nut Saracen tortelloni with wild chamois sauce are exceptional. The precious meats (the Japanese Kobe or the New Zealand cuts) are served on blocks of Himalayan pink salt. We suggest the fried fish paranza (with red mullet, zanchetti fish, anchovies and cod) and the almond milk panna cotta.

Carta dei Vini › Wine List	**Cucina** › Cuisine	**Tipologia** › Tipology	**Prezzo Medio** › Average Price
180 etichette › labels	**Mediterranea innovativa** › Mediterranean innovative	**Caratteristico** › Typical	30/35 €

Bocconotto della tradizione Martinese

INGREDIENTI PER 4 PERSONE:
Per la frolla - 500 g farina 00 - 200 g burro- bucce di limone
- 3 uova - 250 g zucchero - lievito chimico
Per la crema: - 1 lt latte - bucce di limone - 250 g zucchero
- 90 g farina - 2 uova

La frolla: incorporare la farina, lo zucchero, le uova, il burro, la buccia di limone e il lievito finchè non si ottiene un impasto morbido, lavorarlo molto delicatamente.
La crema: far bollire il latte, a parte incorporare farina, zucchero, uova e limone e poi portare in ebollizione col latte stendere la frolla di un diametro di circa 1 cm e tagliarla col coppapasta tondo inserire il disco in un pirottino e riempirlo di crema pasticcera e amarene, coprirlo e infornarlo per circa 15 min a 200°.

Rustico murgese
Rustico murgese

INGREDIENTI PER 4 PERSONE:
- 500 g pasta sfoglia - 250 g stracciatella - 2 pomodori pelati
- origano - olio extra vergine d'oliva qb

INGREDIENTS FOR 4 SERVINGS:
- 500 g of flaky pastry - 250 g of stracciatella cheese - 2 peeled tomatoes
- oregano - extra virgin olive oil to taste

Stendere la sfoglia facendole raggiungere circa 1 cm di spessore; ricavarne con un coppapasta tondo dei dischi da inserire in un pirottino di alluminio in modo da far aderire il disco di sfoglia alle pareti del pirottino; riempire quindi il tutto con la stracciatella, il pelato, l'origano e un filo d'olio extra vergine; chiudere il tutto con un disco di sfoglia più piccolo ed infornare a 200° per circa 10'; sformare e servire.

Roll out the pastry until about 1 cm thick and use a round cutter to create some discs. Place the disks in foil ramekins ensuring they adhere to the sides, then place the stracciatella cheese, a peeled tomato, some oregano and a drizzle of extra virgin olive oil in the centre and cover with a smaller disk of pastry. Bake at 200°C for about 10 minutes then remove the foil ramekins and serve.

Troccolo di grano arso
Burnt wheat troccolo

INGREDIENTI PER 4 PERSONE:
- 100 g farina di grano arso - 200 g farina di grano 00 - sale - acqua
- 2 cipolle di Acquaviva - aceto - zucchero - amido di mais
- olio extra vergine d'oliva - 2 fette di pancetta tesa cruda affumicata
- menta fresca - 4 pomodori pelati - vino bianco

INGREDIENTS FOR 4 SERVINGS:
- 100 g of burnt wheat flour - 200 g of wheat flour 00 - salt - water
- 2 Acquaviva onions - vinegar - sugar - corn starch
- extra virgin olive oil - 2 slices of raw smoked bacon
- fresh mint - 4 peeled tomatoes - white wine

Per la pasta: miscelare le due farine, sale e acqua e impastare energeticamente finchè non si ottiene un impasto omogeneo e non molto elastico, far riposare un paio d'ore e poi formare la pasta a piacere.

Per le cipolle: pulire le cipolle e lavarle in abbondante acqua, metterle a bollire per circa 2 min in acqua, aceto e sale. Passarle al tritacarne e continuarle a cuocere con olio extra vergine, sale, zucchero e un po' di aceto per altre 2 ore a fuoco basso, alla fine incorporare dell'amido di mais alla cipolla ancora calda senza far formare grumi.

La salsa: tagliare la pancetta a striscioline spesse e soffriggerle lentamente a fuoco basso bagnando leggermente con po' dì vino bianco, far evaporare aggiungere la cipolla, la menta, un pelato, un po' d'acqua di cottura, aggiustare di sale e pepe ed è pronto da mantecare con la pasta.

Pasta preparation: Mix the flours with salt and water and knead energetically until homogeneous and not very elastic. Leave it to rest for a couple of hours and then make the pasta shape as you prefer.

Onion preparation: Clean the onions and wash them in plenty of water, then boil them for about 2 minutes in water, vinegar and salt. Pass them through the mincer and continue to cook them with extra virgin olive oil, salt, sugar and a drizzle of vinegar for 2 more hours over low heat. Incorporate some corn starch whilst the onions are still hot without making any lumps.

Sauce preparation: Cut the bacon into thick strips and fry slowly over low heat with a drizzle of white wine. Let the wine evaporate, then add the onion, the mint a tomato and some of the pasta water. Season with salt and pepper and add it to the pasta.

CALAFURIA Negroamaro Rosato IGT Salento
TORMARESCA / San Pietro V.co (BR) - Minervino Murge (BT)

Colore rosa pesco. Caratterizzato da piacevoli profumi fruttati (fragola, lampone) e floreali che ricordano la viola e la peonia. Fresco ed equilibrato, è sostenuto da un'ottima persistenza, acidità e piacevolezza.

Colour peach colour, pink. Pleasant fruit aromas (strawberry, raspberry) and floral notes that remind you of violet and peony. Fresh and balanced, this pleasant wine presents a good persistence and acidity.

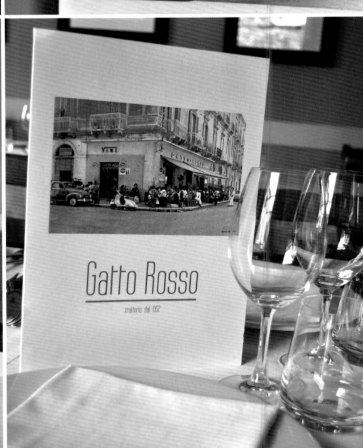

Gatto Rosso

trattoria dal 1952

GATTO ROSSO
Titolare e Chef › Agostino Bartoli

TARANTO ○ Via Cavour, 2 ○ +39 099 4529875 ○ **www.ristorantegattorosso.com**
Chiuso /*Closed* › Domenica a pranzo - Lunedì ○ *Sunday for lunch - Monday*

La trattoria Gatto Rosso, situata di fronte al Mar Piccolo, è gestita da tre generazioni dalla famiglia Bartoli. L'ambiente è semplice, familiare, rustico e recentemente ristrutturato. La cucina è tradizionale e tipica locale, che propone le cozze (il prodotto tarantino per eccellenza) in numerose portate: in forma di sautè con crostini di pane di Laterza, oppure con riso verdure e gamberetti, o con i tiberri di farro, o ancora come ripieno dei fiori di zucca in pastella. Tra le specialità anche i ravioli di pesce spada ed il filetto di ricciola con caponata di melanzane. La trattoria dispone inoltre di una cantina ben assortita, con selezione curata di circa 340 etichette regionali, nazionali ed estere. Ottima la linea di dolci ideata dal patròn Agostino Bartoli.

The Gatto Rosso trattoria restaurant, located in front of the Mar Piccolo bay, has been managed by the Bartoli family for three generations. The ambiance is simple, homely, rustic and has recently been renovated. The cuisine is traditional and typical form this area, serving mussels (the product from Taranto par excellence) in various dishes: sautéed with toasted Laterza bread, with rice vegetables and shrimp, with hulled wheat, or as a filling for pumpkin flowers in batter. Among the other specialities there are the swordfish ravioli and the amberjack fillet with aubergine caponata. This trattoria has also a well-stocked wine cellar, with a selection of about 340 types of regional, national and foreign wines. There is also an excellent selection of desserts created by the patron Agostino Bartoli.

Carta dei Vini › Wine List	**Cucina** › Cuisine	**Tipologia** › Tipology	**Prezzo Medio** › Average Price
340 etichette › labels	**Pugliese** › Apulian	**Trattoria**	**30/40 €**

Polipetti al negroamaro su passata di fave

INGREDIENTI PER 6 PERSONE:
- 1 kg di polipetti - 1 scalogno
- olio extravergine di oliva qb
- sale - 2 bicchieri di vino negroamaro di Puglia
- 500 g di fave bianche secche - 2 patate medie

Preparare una classica purea di fave pugliesi. Lavare le fave, disporle in un tegame con le patate pelate ed aggiungere un filo di olio. Portare a cottura e una volta pronte omogeneizzare con un mixer ad immersione fino ad ottenere una crema liscia e vellutata. In un tegame versare dell'olio e aggiungere lo scalogno tritato, far rosolare e aggiungere i polipetti. Appena questi ultimi si saranno arricciati, coprire con il vino e cuocere a fiamma bassa per almeno 30 minuti. Regolare la sapidità con l'aggiunta - se opportuna - di sale. Disporre al centro del piatto la purea di fave e adagiare i polipetti sopra. Servire aggiungendo un filo di olio a crudo.

Negroamaro wine octopus with fava bean purée

INGREDIENTS FOR 6 SERVINGS:
- 1 kg of small octopuses - 1 shallot
- Extra virgin olive oil to taste
- Salt - 2 glasses of Negroamaro wine from Puglia
- 500 g of dried white fava beans - 2 medium potatoes

Prepare a classic Puglia fava bean puree. Wash the beans, place them in a saucepan with the peeled potatoes and add a drizzle of oil. Cook them and when ready blend with an immersion blender until the cream is smooth and velvety. Cook the chopped shallot in a pan with some oil and then add the small octopuses. When the tentacles are curled, cover with the wine and cook over low heat for at least 30 minutes. Adjust the flavour by adding salt if needed. Place the bean purée in the centre of the serving dish and arrange the octopus on top. Add a drizzle of olive oil and serve.

Laganari freschi con seppioline vongole e gamberi

INGREDIENTI PER 4 PERSONE:
- 200 g vongole - 150 g di gamberi viola - 100 g seppioline
- 400 g di laganari freschi - prezzemolo qb
- 1 spicchio d'aglio - olio extravergine di oliva qb
- pomodorini fiaschetto - 1 bicchiere di vino bianco

Sgusciare i gamberi viola mantenendo la coda attaccata la coda alla testa del gambero, lavare le vongole e tagliare a strisce le seppioline precedentemente pulite. In una padella mettere olio e aglio tritato, far rosolare e aggiungere i pomodorini tagliati a metà, le seppie, le vongole e i gamberi: far cuocere per qualche minuto e sfumare col vino. Nel frattempo portare ad ebollizione l'acqua e salare. Cuocere la pasta. A tre quarti del tempo di cottura scolare e mettere nella padella con il condimento. Saltare il tutto fino alla cottura desiderata.

Fresh laganari with cuttlefish clams and shrimp

INGREDIENTIS FOR 4 SERVINGS:
- 200 g of clams - 150 g of purple shrimp - 100 g of cuttlefish
- 400 g of fresh Laganari pasta - parsley to taste
- 1 garlic clove - extra virgin olive oil to taste
- fiaschetto tomatoes - 1 glass of white wine

Shell the purple shrimp keeping the tail and the head attached, clean the clams and cut the cuttlefish into strips after cleaning it. Fry the chopped garlic in a saucepan with olive oil, then add the tomatoes cut in half, the cuttlefish, the clams and the shrimp: cook for a few minutes and then leave to simmer with the wine. Meanwhile, boil some water and add salt. Cook the pasta until it's three quarters ready, then drain it and put into the saucepan with the fish. Sauté until it's ready.

GIAMPÀ

Titolare › Nico De Tullio ○ **Metre** › Antonello Barracane

BARI ○ Via Lucarelli, 82 ○ +39 080 5668097 ○ **www.pizzeriagiampa.com** - Via De Giosa, 7 ○ +39 080 5217965 ○ **www.ristorantegiampa.eu**
Chiuso / *Closed* › Sempre aperto ○ *Always open*

I ristoranti Giampà a Bari sono due, uno si trova di fronte al Teatro Petruzzelli, massimo contenitore culturale della città di Bari e quarto teatro italiano per dimensioni, l'altro invece è situato al quartiere Poggiofranco, in zona universitaria. Entrambi sono delle piacevoli novità della gastronomia cittadina e regionale degli ultimi anni. Caratterizzati da ampi e scenografici saloni e da un design moderno, elegante quanto informale, i locali propongono una raffinata cucina italiana che affonda le radici nelle tradizioni locali, e dunque nell'ottimo crudo di mare: ricci, tartare, carpacci e frutti di mare a volontà, sempre freschissimi. Tra le cose da degustare: pasta con tonno fresco e melanzane, tagliata di tonno, tortino di pane di Altamura con crema chantilly e cioccolato. Servizio veloce e garbato. Prezzi ottimi. Giampà propone anche delle ottime pizze.

There are two Giampà restaurants in Bari, one is located in front of the Teatro Petruzzelli, the greatest cultural exponent of the city of Bari and the fourth Italian theatre for size, and the other is located in the Poggiofranco district, a university area. In the last few years they have both been a pleasant novelty for the city and regional cuisine scene. Characterized by large and spectacular halls with a modern design, these elegant but informal places propose a fine Italian cuisine that is rooted in its local traditions, and therefore it has excellent raw seafood: urchins, tartare, carpaccios, and other seafood to your hearts content, that is always fresh. Among the dishes to try we suggest the pasta with fresh tuna and aubergine, the tuna steak and the Altamura bread cake with Chantilly cream and chocolate. Fast and polite service. Great prices. Giampà also offers excellent pizzas.

Carta dei Vini › Wine List	**Cucina** › Cuisine	**Tipologia** › Tipology	**Prezzo Medio** › Average Price
150 etichette › labels	**Pesce** › Fish	**Moderno** › Modern	30 €

Grigliata di pesce
Grilled fish

Tortino di pane di Altamura al cioccolato
Chocolate Altamura bread pie

INGREDIENTI PER 4 PERSONE:
- 80 g di tuorlo d'uovo - ½ lt di panna - 100 g di zucchero, vaniglia qb
- 500 g di pane di Altamura (o simile) tagliato a cubetti - 50 g di gocce di cioccolato

INGREDIENTS FOR 4 SERVINGS:
- 80 g of egg yolk - ½ litre of fresh cream - 100 g of sugar - vanilla to taste
- 500 g of diced Altamura bread (or similar) - 50 g of chocolate chips

Ottenere un composto cremoso unendo l'uovo, la panna, lo zucchero e la vaniglia: fate cuocere a bagno maria per 25 minuti a 170°.
Riempite mezza pirottina con il composto, aggiungere i pezzi di pane e cioccolato fino a riempirla, poi versare un altro poco di crema affinché il tortino prende forma. Servire ancora tiepido.

Mix the egg with the cream, the sugar and the vanilla until it's creamy, then cook in a bain-marie for 25 minutes at 170°C.
Half fill a ramekin with this mixture, then add the pieces of bread and chocolate to fill the ramekin up. Pour more cream on top to form a pie. Serve whilst warm.

INGREDIENTI PER 4 PERSONE:
- 4 gamberi - 300 g di polpo - 4 filetti di triglia (dimensioni medie)
- 300 g di filetti di sarago (in 4 pezzi) - 300 g di spinaci (o altro tipo di verdura)
- 4 cucchiai di olio - 1 spicchio di aglio

INGREDIENTS FOR 4 SERVINGS:
- 4 shrimp - 300 g of octopus - 4 Red Mullet fillets (average size)
- 300 g of white bream fillets (in 4 pieces) - 300 g of spinach (or other vegetable)
- 4 tablespoons of oil - 1 garlic clove

Pulire il pesce e cuocerlo sulla griglia. A fine cottura mettere il tutto sul letto di verdure che nel frattempo avrete spadellato in olio e aglio. Guarnire con un filo d'olio.

Clean the fish and cook it on the grill. Sauté the vegetables in olive oil and garlic. Lay the fish on top of the vegetables and garnish with a drizzle of olive oil.

Paccheri ai frutti di mare
Seafood paccheri

INGREDIENTI PER 4 PERSONE:
- 500 g di misto mare
- 400 g di paccheri
- 100 g di pomodorini
- 4 cucchiai di olio
- 1 spicchio di aglio

INGREDIENTS FOR 4 SERVINGS:
- 500 g of mixed seafood
- 400 g of paccheri pasta
- 100 g of small tomatoes
- 4 tablespoons of olive oil
- 1 garlic clove

Soffriggere l'aglio nell'olio, poi versarci i frutti di mare e allungare con tre mestoli di acqua.
Aggiungere i pomodorini e lasciar cuocere a fuoco basso per circa 10 minuti.
Cuocere i pacchi e ultimarne la cottura nella padella con i il condimento, mantecando per qualche minuto.

Fry the garlic in the oil, then add the seafood and three spoonfuls of water.
Add the tomatoes and cook over low heat for about 10 minutes.
Cook the pasta al dente, then complete the cooking process by putting it in the pan with the sauce and stirring for a few minutes.

MARE MOSSO Puglia IGT
TORREVENTO / Corato (BA)

Vino dal colore giallo paglierino con leggeri riflessi verdognoli. Bouquet fine e delicato, con sentori di fiori di campo. Gusto fresco lievemente acidulo con sentori fruttati.

Straw yellow with slight greenish glints. Fine and delicate bouquet with notes of wild flowers. Fresh, slightly acidulous with fruity notes.

GIANNINO

Titolari › Famiglia Ressa ○ **Chef** › Leonardo Ressa e Maria Ardito

TORRE A MARE (Bari) ○ Via Leopardi, 36/38 ○ +39 080 5430448 ○ **www.ristorantegiannino.com**
Chiuso / *Closed* › Mercoledì e Domenica sera ○ *Wednesday and Sunday evening*

Ha aperto da 5 anni ed è già un punto fermo della ristorazione barese. Locale raffinato, con sala-giardino moderna è davvero romantica ed un servizio puntuale garantito dalla conduzione familiare: ai fornelli Maria, alla pescheria interna il marito Giannangelo, ai dolci il figlio Angelo, in sala l'altro figlio Leonardo. Cucina barese nella sua massima espressione, questo è il posto giusto. Pesce freschissimo che la chef trasforma in piatti spettacolari. Antipasti quasi tutti votati al crudo di mare: ricci, allievi, polipetti, sushimy di salmone, tartare di tonno aromatizzato al sale di vaniglia con germogli di verdure e fiori di capperi, tartare di salmone di Balik. I primi più interessanti sono i tagliolini al barolo con crema di carciofi e vongole, e gli agnolotti ripieni di aragosta con porcini. Per secondo consigliamo l'ottimo pesce San Pietro, oppure le triglie, la zuppa di pesce o il granchio reale. I dolci sono tutti da applauso, ma tra tutti consigliamo il croccante di mandorle.

This restaurant has been open for 5 years and it's already a milestone in the Bari food scene. Sophisticated, with a modern and very romantic dining-garden, and with an accurate service guaranteed by the family management: Maria in the kitchen, her husband Giannangelo for the internal fish shop, their son Angelo for desserts, and their other son Leonardo for the service. This is the place to go to for Bari's cuisine at its best and eat fresh fish that the chef has turned into spectacular dishes. Almost all the appetizers include raw seafood, like urchins, allievi cuttlefish, octopus, salmon sushimy, tuna tartare with vanilla salt and vegetable buds and caper flowers, and Balik salmon tartare. The most interesting main dishes are the Barolo wine Tagliolini with artichoke cream and clams, and the agnolotti stuffed with lobster and porcini mushrooms. As a second course we recommend the excellent San Pietro fish or the the red mullet, the fish soup or the royal crab. The desserts are all worthy of applause, but among all, we recommend the almond brittle.

Carta dei Vini › Wine List	**Cucina** › Cuisine	**Tipologia** › Tipology	**Prezzo Medio** › Average Price
300 etichette › labels	**Pesce** › Fish	**Moderno** › Modern	40/60 €

Tagliolino impastato al nero di seppia con spuma di ricotta di bufala

INGREDIENTI PER 4 PERSONE:
Per la preparazione dei tagliolini:
- 500 g farina di grano duro - 16 g nero di seppie - 6 uova - 1 pizzico di sale
Per il procedimento:
- 50 g di fiore di cappero - 300 g di seppioline - 4 cucchiai di olio extra vergine
- 1 spicchio d'aglio - prezzemolo tritato - polpa di riccio (4 ricci)
- 100 g di ricotta di bufala - Martini Bianco - fumetto di pesce

Per la preparazione dei tagliolini:

Introdurre tutti gli ingredienti in una ciotola capiente e impastate con le mani fino ad ottenere un composto liscio ed omogeneo.
Stendete la pasta con un matterello fino ad ottenere una sfoglia spessa 1 mm, poi infarinatela, arrotolatela e tagliatela formando dei tagliolini della larghezza di 2-3 mm.

Procedimento:

Soffrigere aglio, olio, prezzemolo e seppiolina. Dopo di che sfumare con Martini bianco. Aggiungere 1 mestolo di fumetto di pesce e bollire la pasta per 5 min.
Tirarla e metterla nella padella e amalgamare per 10 min con tutti gli ingredienti. Dividere i tagliolini e adagiarli in 4 piatti
decorare con un cucchiaino di ricotta e uno di polpa di riccio ultimando con un filo di olio extravergine di oliva.

Cuttlefish ink tagliolini with bufala ricotta mousse

INGREDIENTS FOR 4 SERVINGS:
Tagliolini pasta ingredients:
- 500 g of wheat flour - 16 g of cuttlefish ink - 6 eggs - a pinch of salt
Other ingredients:
- 50 g of caper flowers - 300 g of cuttlefish - 4 tablespoons of extra virgin olive oil - 1 garlic clove - chopped parsley - sea urchin pulp (4 sea urchin)
- 100 g of bufala ricotta cheese - Martini Bianco - fish stock

Tagliolini preparation:

Place all the ingredients into a large bowl and knead with your hands until the mixture is smooth and homogeneous.
Roll out the dough with a rolling pin until 1 mm thick, then sprinkle it with flour, roll it up and cut it forming 2-3 mm wide tagliolini.

Dish preparation:

Fry the garlic in olive oil with the parsley and the cuttlefish. Then add a drizzle of "Martini Bianco" and a ladle of fish stock. Boil the pasta for 5 minutes. Then drain it and put it in the pan with the sauce and stir for 10 minutes with the rest of the ingredients.
Divide the tagliolini into 4 plates and garnish with a teaspoon of ricotta and one of the sea urchin pulp, finishing off with a drizzle of extra virgin olive oil.

TERESAMANARA Chardonnay Salento IGT
CANTELE / Guagnano (LE)

Colore paglierino intenso attraversato tono su tono da nuance verdi e dorate.. Il profumo inizialmente speziato, si apre a ventaglio fornendo una gamma olfattiva traboccante di odori floreali e fruttati. L'acacia, il fior di vite affiancano i frutti nostrani ed esotici maturi. Al gusto è setoso, vellutato al tempo stesso mellifluo, complice la vena fresca e la speziatura dolce dei legni utilizzati.

Color intense straw yellow with nuanced golden and green tones. Spicy aromas emerge immediately on the nose, giving way to a rainbow of overflowing floral and fruit aromas. Acacia and vine flowers together with local and exotic, ripe fruit. Silky in the mouth, velvety and mellifluous, with freshness and sweet spices imparted by selected wood used during aging.

Croccante di mandorle con crema chantilly

INGREDIENTI PER 4 PERSONE:
- 150 g di burro - 150 g di zucchero di canna - 50 g di latte intero
- 50 g di sciroppo di glucosio - 200 g di mandorle a lamelle

Per la crema chantilly alla vaniglia:
- 0,500 g di panna fresca pastorizzata - 0,250 g di crema pasticcera
- 20 g di gelatina in soluzione

Usare un pentolino di rame. Unite tutti gli ingredienti mescolate a fuoco dolcissimo continuamente fino ad ottenere una temperatura di 110 gradi. Dopo di che spegnere e adagiare l'impasto su un foglio di carta da forno. Dare una forma circolare e ricoprire con un altro foglio di carta da forno stendendo con un matterello.
Riporre nel congelatore per circa 15 min. Successivamente estrarre la teglia e infornare a 200° in forno ventilato gia pre riscaldato per 8/10 minuti fino a che non vedrete un colore dorato. Estrarre dal forno attendere che si solidifichi un po' e con una spatola adagiare su una forma da budino capovolta e far raffreddare .

Per la crema chantilly alla vaniglia:
Stemperare la crema pasticcera fredda di frigorifero con una frusta fino a ottenere un composto liscio e omogeneo.
Prelevarne circa la metà e scaldatela nel forno a microonde, quindi unitevi la gelatina in soluzione e fatela sciogliere. Aggiungete la metà, conservata a parte, della crema pasticcera fredda.
Incorporate delicatamente la panna precedentemente montata, con un movimento della spatola dal basso verso l'alto ,in modo da ottenere una crema chantilly areata e leggera.

Presentazione del piatto:
Mettere una noce di chantilly sul piatto, adagiare il croccante e decorare con chantilly servendosi di una sach a poche e completare con frutti di bosco freschi e zucchero a velo.

Battuto di gambero
Beaten shrimp

INGREDIENTI PER 4 PERSONE:
- 1 kg di gamberi di Gallipoli o gambero rosso
- olio extravergine di oliva qb - arlecchino ai 5 pepi qb

INGREDIENTS FOR 4 SERVINGS:
- 1 kg of shrimp from Gallipoli or red shrimp
- Extra virgin olive oil to taste – 5 pepper arlecchino to taste

Sgusciare i gamberi ed eliminare il fegato rosso che hanno alll'interno. Prendere 4 fogli di pellicola e dividere in 4 porzioni. Adagiare su ogni foglio un altro strato di pellicola e pressare molto dolcemente con un batti carne, dopo di che sollevare delicatamente lo strato superiore e stendere il gambero su ogni piatto decorarlo con un filo di olio e arlecchino ai 5 pepi

Shell the shrimp and remove the red liver from the inside. Take 4 sheets of plastic wrap and divide the shrimp into 4 portions. Lay another plastic wrap sheet on to each portion and gently press with a meat beater. Then delicately lift the top layer off and place the shrimp on each plate and garnish with a drop of olive oil and the 5 peppers arlecchino.

Condimento consigliato Vincotto ai Frutti di Bosco
Seasoning suggested Vincotto with Berries

GIARDINO MONSIGNORE

Titolari › Matteo, Piero, Ciccio e Pasquale ○ **Chef** › Franco Cota

MATTINATA (Foggia) ○ Contrada Torre del Porto ○ +39 0884 559934 ○ **www.monsignore.it**
Chiuso / *Closed* › Always open in summer ○ *Always open in summer*

Al ristorante Giardino Monsignore ieri, come oggi, tutte le scelte sono effettuate con la propensione all'eccellenza. Ogni decisione, ogni particolare, tutto ha inizio e viene portato a termine con l'attenzione che ha dato al Giardino Monsignore il ruolo di spicco nella ristorazione in tutto il Gargano (e non solo). Gli ambienti eleganti e spaziosi, il servizio attento e di qualità, il comfort degli ambienti comuni, l'eccezionale e prestigiosa posizione, rendono questo ristorante un vero punto di riferimento per chi cerca cortesia e qualità. Affacciato direttamente sulla spiaggia di Mattinata, si possono gustare piatti semplici e delicati, preparati con svariati tipi di pasta fresca e prodotti genuini. Una cucina rapida e gustosa che esalta i sapori mediterranei con rivisitazioni ed indovinati abbinamenti di sapori. Antipasti con cotti o crudi di mare, caserecci del Monsignore e grigliate di pesce appena pescato delizieranno il vostro palato in indimenticabili pranzi e cene, il tutto accompagnato dal prezioso nettare di Bacco, il meglio della produzione enologica pugliese, italiana e straniera, per soddifare i clienti più esigenti.

From the past, and as for now, at the Giardino Monsignore restaurant all choices are made aiming for excellence. Every decision, every detail, everything is started and completed with the attention that ensures the Giardino Monsignore to stand out among all the restaurants across the Gargano (and not only). The elegant and spacious interiors, the attentive service, the comfort of the common areas and the exceptional and prestigious location, make this restaurant a true landmark for those looking for courtesy and quality. Directly overlooking the beach in Mattinata, you can enjoy simple and delicate dishes, prepared with different types of fresh pasta and fresh products. A quick and tasty cuisine that highlights the Mediterranean flavours with inventive new food combinations. Cooked or raw seafood appetizers, Monsignore caserecci and grilled freshly caught fish will delight your taste buds in an unforgettable meal, all accompanied by the best selection of wine from Puglia, Italy or abroad, in order to satisfy even the most demanding customers.

Carta dei Vini › Wine List	**Cucina** › Cuisine	**Tipologia** › Tipology	**Prezzo Medio** › Average Price
200 etichette › labels	**Pesce** › Fish	**Romantico** › Romantic	40 €

Spaghettoni ai gamberi

Spaghettoni with shrimps

INGREDIENTI PER 4 PERSONE:
- 350 g di spaghettoni - 400 g gamberi sgusciati - 200 g pomodorini ciliegino
- 4 fiori di zucca - 1 mazzetto basilico - aglio e prezzemolo qb - olio qb
- finocchietto selvatico qb - pane imbrunito (ottenuto con mollica di pane raffermo, condito con due acciughe, prezzemolo, capperi e aglio, e poi tostato in forno)

Fare imbiondire l'aglio nell'olio, immergete gamberi, aggiungete i pomodorini e i fiori di zucca, e infine basilico, prezzemolo e finocchietto. Cuocete gli spaghettoni in acqua bollente, poi mantecate con il condimento, aggiungete il pane e servite.

INGREDIENTS FOR 4 SERVINGS:
- 350 g of spaghettoni pasta - 400 g of peeled shrimp - 200 g of cherry tomatoes - 4 pumpkin flowers - 1 bunch of basil - garlic and parsley to taste - oil to taste - wild fennel to taste - browned bread (made with stale bread guts, toasted in the oven with two anchovies, parsley, capers and garlic)

Fry the garlic in oil until golden, add the shrimp, then the tomatoes and the pumpkin flowers, and then the basil, the parsley and the fennel for last. Cook the Spaghettoni in boiling water, then stir in with the sauce, add the bread and serve.

Trittico di mare su crema di fave

INGREDIENTI PER 4 PERSONE:
- 4 mezzi filetti di spigola - 4 gamberoni - 4 pezzi di pescatrice
- 1 kg di fave secche - 1 foglia di alloro - 2 spicchi di aglio - olio qb

Fritturelle

INGREDIENTI PER 4 PERSONE:
- 300 g di seppioline bianche già tagliate a julienne - 300 g di carote a julienne
- 10 g sedano a julienne - 200 g di farina - 2 bicchieri di acqua

INGREDIENTS FOR 4 SERVINGS:
- 300 g of julienne cut white cuttlefish - 300 g of julienne cut carrots
- 10 g of julienne cut celery - 200 g of flour - 2 cups of water

Mettere in una scodella la farina e l'acqua, lavorare con le mani finché non si ottiene un impasto omogeneo. Ricoprire seppie, carote e sedano con l'impasto e immergete il tutto nell'olio bollente a 180°, facendo poi sgocciolare l'olio aiutandosi con della carta assorbente.

Put the flour and the water in a bowl and knead with your hands until you get a smooth mixture. Coat the squid, the carrots and the celery with this dough and fry them in hot oil at 180°C. Drain away the oil in excess and use paper towels to help absorb the grease.

Condimento consigliato Vincotto ai Lamponi
Seasoning suggested Vincotto with Raspberries

Crema di fave: mettere a mollo le fave secche per una nottata. Bollirle con un po' di aglio, una foglia di alloro e olio di oliva, quindi frullare il tutto per ottenere la crema.
Scottare a parte un po' di rucola in una padella con uno spicchio di aglio e olio bollente.
In un'altra padella scottare a fuoco alto i filetti di pescatrice, di spigola e i gamberoni. Aromatizzare il pesce con olio e aglio.
Servite adagiando sul piatto prima la crema di fave, poi la rucola, infine i pezzi di pesce.

GIUDAMINO

Titolare › Famiglia Dipietrangelo ○ **Chef** › Maria Concetta Biscosi e Francesco Dipietrangelo

MESAGNE (Brindisi) ○ Via de Florenzia, 62 ○ +39 0831 738653 / +39 348 0585210 / +39 329 6605271
Chiuso / *Closed* › Lunedì ○ *Monday*

 Un ristorante caratteristico con una sala accogliente, che ospita 50 persone, fatta di muri bianchi, un camino che scoppietta durante le serate di inverno e un arredamento rustico ed essenziale. In estate si può mangiare all'aperto, nel cortiletto situato in pieno centro storico, per passare una piacevolissima serata in compagnia. Gestito da persone competenti e cordiali, gli chef Maria Concetta e suo figlio Francesco preparano piatti di cucina tipica, accostando tocchi di fantasia che rendono le portate uniche e originali. Insomma una cucina tutta da assaporare, partendo dagli innumeroveli antipasti, ai primi, ai secondi a base di pesce e carne. E per chi predilige cenare con taglieri di salumi e formaggi e un calice di vino, c'è l'enoteca Giudamino.

A characteristic restaurant with a welcoming hall with 50 seats, white walls and a fireplace that crackles during the winter evenings, and a rustic and essential décor. In the summer you can eat outside in the courtyard right in the city's historical centre and spend an enjoyable evening with friends. Managed by competent and friendly staff, the chef Maria Concetta and her son Francesco prepare dishes of the local cuisine, combining it with inventive touches that make each dish unique and original. In short, a cuisine to discover, starting with some of the countless appetizers, then a main course and then a fish or meat second course. And for those who prefer to dine with cold cuts and cheese and a glass of wine, there is the Giudamino wine bar.

Carta dei Vini › Wine List	**Cucina** › Cuisine	**Tipologia** › Tipology	**Prezzo Medio** › Average Price
100 etichette › labels	**Tipica** › Typical	**Trattoria**	35 €

Antipasto › Starter

Alici fritte

INGREDIENTI PER 2 PERSONE:
- 300 g di alici pulite e spinate - farina qb - 2 uova
- sale - pepe - prezzemolo - aglio - olio per friggere
- capperi - formaggio pecorino grattuggiato

Stendere le alici sul piano di lavoro a due a due, preparare un trito
di prezzemolo, aglio, sale, pepe, capperi e formaggio.
Distribuire il trito su ogni alice e chiudere l'una con l'altra
passandole nella farina e successivamente nell'uovo battuto.
Friggere le alici.

Primo › First Course

Paccheri ai pomodorini, melanzane, burrata e basilico
Paccheri with tomatoes aubergine burrata and basil

INGREDIENTI PER 2 PERSONE:
- 200 g di paccheri - 2 pomodori - 4 burrate - 1 melanzana piccola
- basilico - cipolla qb - olio d'oliva qb

INGREDIENTS FOR 2 SERVINGS:
- 200 g of paccheri pasta - 2 tomatoes - 4 burrata cheese - 1 small aubergine
- basil - onion to taste - olive oil to taste

Mettere a bollire i paccheri; nel frattempo preparare l'intingolo facendo saltare
i pomodorini insieme alla cipolla nell'olio d'oliva.
Friggere la melanzana dopo averla tagliata a tocchetti e fatta scolare
con il sale fino.
Aggiungere i paccheri nel pomodoro insieme al basilico, alle due burrate
spezzettate e alle melanzane fritte.
Saltare il tutto velocemente, impiattare e guarnire il piatto con il basilico
e le altre due burrate fresche.

Boil the paccheri and in the meantime prepare the sauce by sautéing
the tomatoes and the onion in olive oil.
Cut and drain the aubergine in salt and then fry it.
Put the paccheri in the pan with the tomatoes, add some basil,
two chopped burrata and the fried aubergine.
Sauté quickly, serve and garnish the dish with basil and the other
two fresh burrata.

ANTICAIA ROSATO Salice Salentino DOP
CANTINA SAN DONACI / San Donaci (BR)

Ottenuto dalla vinificazione tradizionale delle uve negroamaro e malvasia nera provenienti dall'area Anticaia. Vino di buona stoffa, asciutto e vinoso con sentore di fruttato.
Essendo un vino gradevole e disinvolto si abbina ad ogni pietanza.

Obtained by traditional vinification of the grapes negroamaro and malvasia nera coming
from Anticaia. Wine of good stuff, dry and vinous with fruity notes. Being a pleasant
and casual wine goes well with any dish.

Crostata di frutta fresca e crema pasticcera

Fresh fruit tart with custard

INGREDIENTI PER 2 PERSONE:
150 g di pasta frolla - ½ lt di latte - 5 cucchiai di zucchero
2 uova - vanillina - frutta a pezzetti (pesca, ananas, fragole e kiwi)

INGREDIENTS FOR 2 SERVINGS:
150 g of short crust pastry - ½ litre of milk - 5 tablespoons of sugar
2 eggs - vanillin - pieces of fruit (peach, pineapple, strawberries and kiwi)

Rivestire due stampi per crostatine con la pasta frolla e infornare a 170 ° per 15 minuti.
Nel frattempo preparare la crema pasticciera:
Far bollire 1/2 litro di latte con 3 cucchiai di zucchero e la vanillina, in una ciotola montare 2 tuorli con 2 cucchiai di zucchero e aggiungere a filo il latte caldo e rimettere sul fuoco continuando a rimestare finchè la crema non vela il cucchiaio.
Sformare le crostatine, cospargerle di crema, guarnirle con la frutta a disposizione a fantasia. Spennellare le crostatine con la gelatina a freddo.

Line two tart molds with the short crust pastry and bake at 170°C for 15 minutes.
Meanwhile, prepare the custard by boiling 1/2 a litre of milk with 3 tablespoons of sugar and vanillin. Whip 2 egg yolks with 2 tablespoons of sugar in a bowl and add the hot milk slowly. Put back on the heat and continue to stir until you can coat the back of a spoon. Remove the tarts from the molds, spread with custard and garnish with the fruit to your liking. Glaze the tart with cold gelatin.

LEMON
QUINTESSENZA ROSOLI / Polignano a Mare (BA)

Rosolio ottenuto dalla lavorazione di limoni locali. Servito freddo subito dopo pranzo è un ottimo digestivo. Vol. 30°

Our most popular liqueur, made it with a selection of the best local lemons. It is an excellent digestive to be served much cold. Vol. 30°

www.quintessenzarosoli.it

Tonno alla piastra con rosmarino e semi di sesamo

INGREDIENTI PER 2 PERSONE:
- 2 tranci di tonno rosso da 250 g
- semi di sesamo
- rametti di rosmarino
- limone
- olio di oliva
- sale
- pepe

Far riposare per circa mezz'ora i tranci di tonno in una marinata preparata con olio di oliva, sale, pepe, rosmarino e limone.
Scolare il tonno dalla marinata e passare i bordi delle fette in una ciotola contenente i semi di sesamo.
Scottarlo sulla brace per appena due minuti per lato lasciando che il tonno rimanga rosso all'interno.
Impiattare e guarnire il piatto con patate novelle arrosto e fiori di zucca fritti.

IL CAPRICCIO

Titolare e Chef › Pierino Semeraro

CISTERNINO (Brindisi) ○ Via Monte Cutetto, 25 ○ +39 080 4442553 ○ **www.ristorante-ilcapriccio.com**
Chiuso / *Closed* › Lunedì a pranzo e mercoledì ○ *Monday lunchtime and wednesday*

Un successo che dura da 20 anni. Questa, in sintesi, la storia del ristorante di Pierino Semeraro. Un locale ampio, in una contrada periferica di Cisternino (uno dei più bei borghi d'Italia). Per essere certi di trovare un tavolo è consigliata la prenotazione, soprattutto se siete intenzionati ad andarci di domenica (liste d'attesa di qualche settimana). Il Capriccio è famoso per i suoi primi piatti, in particolare per i tagliolini all'aragostella e per gli agnolotti di zucca con i funghi porcini. L'apertura, com'è d'uso da queste parti, è affidata però ad una sfilza di antipasti (15-20 portate). Per secondo, tradizione vuole che si prosegua con le ottime carni cotte alla brace. Su prenotazione è disponibile anche della selvaggina. Se invece preferite il pesce, vi consigliamo di non perdere la rana pescatrice con i funghi cardoncelli. Si chiude in grande con i dolci e i rosoli della casa. Il gelato con frutti di bosco e nocciole tostate è eccezionale.

20 years of success. This, in brief, is the story of the Pierino Semeraro's restaurant. It's spacious and in a peripheral district of Cisternino (one of the most beautiful villages in Italy). To be sure of getting a table it is recommended to get a reservation, especially if you intend on going on a Sunday (the waiting lists are a few weeks long). Il Capriccio is famous for its main courses, especially the tagliolini pasta with lobster and the pumpkin agnolotti with porcini mushrooms. In this area it is usual to start the meal with numerous appetizers (15-20 courses) and if you follow the local traditions, you should continue the meal with a second course of excellent grilled meat. Game is also available on request. If you prefer fish, you should not miss the monkfish with cardoncelli mushrooms. Finish in style with one of the desserts and liqueurs. The ice cream with berries and toasted hazelnuts is exceptional.

Carta dei Vini › Wine List	**Cucina** › Cuisine	**Tipologia** › Tipology	**Prezzo Medio** › Average Price
50 etichette › labels	**Tipica** › Typical	**Trattoria**	**25/30 €**

Sella di cervo con albicocche caramellate
Venison saddle with caramelized apricots

INGREDIENTI PER 1 PERSONA:
- 250 g di sella di cervo - 30 g di burro
- 1 cucchiaio di olio - 1 spicchio di aglio
- 1 bicchiere vino rosso - 4 albicocche
- 50 g di zucchero - sale, pepe qb - aromi freschi

INGREDIENTS FOR 1 SERVING:
- 250 g of saddle of venison - 30 g of butter
- 1 tablespoon of olive oil - 1 garlic clove
- 1 cup of red wine - 4 apricots
- 50 g of sugar - salt and pepper to taste - fresh aromas

Coppa Capriccio
Capriccio ice cream

INGREDIENTI PER 4 PERSONE:
- 100 g gelato alla vaniglia - 30 g di noccioline
- 70 g di frutti di bosco freschi sciroppati - 100 dl di acqua
- 30 g di zucchero

INGREDIENTS FOR 4 SERVINGS:
- 100 g vanilla ice-creams - 30 g peanuts
- 70 g fresh syrup forest fruit - 100 dl water
- 30 g sugar

Rosolare la sella in padella, da entrambi i lati, con burro, olio e aglio.
Bagnare con il vino rosso, aggiungere gli aromi e far cuocere per 10 minuti a fuoco lento.
Nel frattempo sciogliere in un padellino lo zucchero e adagiarvi le albicocche precedentemente lavate e tagliate a metà.
Cuocere a fuoco lento fino a che lo zucchero non diventa caramello. Impiattare.

Brown the saddle in a pan on both sides, with butter, olive oil and garlic.
Pour in the red wine, add the aromas and cook for 10 minutes on low heat.
Meanwhile melt the sugar in a pan and add the apricots after washing and cutting them in half.
Cook over low heat until the sugar becomes caramel. Serve.

In casa potete utilizzare del gelato fior di latte. Portate ad ebollizione l'acqua e lo zucchero fino a che non si formi uno sciroppo. Aggiungere i frutti di bosco (precedentemente lavati) e fate bollire per un minuto. Nel frattempo tostate le noccioline. Sistemate il gelato in una coppa e versateci le noccioline e lo sciroppo ai frutti di bosco.

If preparing at home you can use fior di latte ice-cream (literally milk's flower). Boil the water and the sugar until you obtain a syrup. Add the forest fruit (previously washed) and boil for one minute. In the mean time toast the peanuts. Put the ice cream in a bowl. Sprinkle with peanuts and syrup.

OTTO VIGNETI Rosso Puglia IGP
VIGNE&VINI / Leporano (TA)

Questo vino ha un profondo colore rubino con note di frutta. Al naso è ricco di aromi di frutti rossi maturi estratti dalle uve. La fragranza è intensa con un perfetto mix di frutta matura e spezie.

This wine is a deep ruby red color with hints of garnet. The nose is filled with aromas of ripe red fruit extracted from the grapes. The fragrance is intense with a perfect blend of mature fruit and spices. Recommended with grilled red meats and seasoned poultry dishes.

Condimento consigliato Vincotto al Peperoncino
Seasoning suggested Vincotto with Hot Pepper

Terrina di porcini e uova di quaglia
Mushrooms and quail eggs in a terrina

INGREDIENTI PER 1 PERSONA:
- 200 g di funghi porcini - 5 uova di quaglia fresche
- 20 g di burro - 1 cucchiaio di olio
- sale, pepe e prezzemolo qb

INGREDIENTS FOR 1 SERVING:
- 200 g of porcini mushrooms - 5 fresh quail eggs
- 20 g of butter - 1 tablespoon of olive oil
- salt, pepper and parsley to taste

Lavare i funghi e tagliarli a pezzettoni, cuocerli in padella con burro e olio, salare e pepare, tenere sul fuoco per due minuti, poi passarli nella terrina, aggiungere le uova intere e cuocere in forno per ¾ minuti, quindi aggiungere il prezzemolo.

Wash the mushrooms and cut them into large pieces. Cook them in a pan for a couple of minutes with butter and oil, season with salt and pepper and then put them into a terrina terracotta bowl. Add the eggs whole and cook in the oven for ¾ minutes and then add the parsley.

CENTOFUOCHI Primitivo di Manduria DOC Tenuta Bagnolo
SOLOPERTO / Manduria (TA)

Il cru proveniente dal vigneto centenario in località Bagnolo. Impenetrabile rosso granato. Sentori di frutta matura, fichi e cioccolato, accompagnati da spezie e liquirizia.

The élite-wine that comes from the hundred years old vineyard of Bagnolo. Garnet-red colour. Hints of ripe fruit, figs and chocolate, which go with the pleasant taste of spices and liquorice.

Tagliolini all'aragostella
Small lobster noodles

INGREDIENTI PER 4 PERSONE:
- 2 cucchiai di olio - 1 spicchio di aglio - 200 g polpa di aragostella (aragostine)
- 8 mezze aragostine - 2 pomodori rossi maturi - ½ bicchiere vino bianco
- ½ bicchiere panna fresca - prezzemolo tritato - 400 g di tagliolini

INGREDIENTS FOR 4 SERVINGS:
- 2 tablespoons of oil - 1 clove of garlic - 200 g of small lobster pulp (langoustine)
- 8 langoustine halves - 2 ripe red tomatoes - ½ cup of white wine
½ cup of fresh cream - chopped parsley - 400 g of noodles

Soffritto di olio e aglio, aggiungere la polpa di aragostella per 2 minuti, sfumare col vino bianco, aggiungere il pomodoro a pezzi, cuocere per 4-5 minuti, amalgamare con la panna e aggiungere il prezzemolo. Sbollentare le 8 aragostine e privarle della carapace. Cuocere la pasta in abbondante acqua salata, appena cotta, mantecare. Impiattare i tagliolini adagiandovi sopra le aragostine.

Fry the oil and garlic, add the small lobster pulp for 2 minutes, sprinkle with the white wine, add the chopped tomatoes and cook for 4-5 minutes, stir in the cream and add the parsley. Blanch the lobsters 8 and deprive them of the shell. Cook the pasta in abundant salted water, when cooked, stir. Place the noodles in the dish and above the lobsters.

IL CONTADINO

Titolare › Famiglia Merico ○ **Chef** › Bartolomeo Merico, Angelo Galati

OTRANTO (Lecce) ○ Località Frassanito ○ +39 0836 803065 ○ **www.ilcontadino.it**
Chiuso / *Closed* › Sempre aperto ○ *Always open*

L'azienda agrituristica si estende per 50 ettari tra frutteti, vigneti, oliveti : un'immensa produzione che arriva direttamente nella cucina del pregiatissimo ristorante. Il menù del Contadino è una vera tentazione al piacere: rispetta la tradizione ma nello stesso momento è attenta ai nuovi gusti. Si basa su alimenti semplici e sani, ovviamente di produzione propria. Ne viene fuori una "carta delle pietanze" in cui risaltano la freschezza degli gnocchi alle erbe aromatiche, il rosso deciso delle orecchiette al pomodoro, la delicatezza del capretto al forno, la tipicità delle fave e cicorie, l'antica tradizione dei "ciceri e tria". Il ristorante propone anche una fragrante "pizza doc", cotta nel forno a legna, preparata con abile maestria, realizzata e condita con ineguagliabili prodotti anch'essi di produzione propria.

This agritourism stretches for 50 hectares over orchards, vineyards and olive groves: a vast production that goes directly into the kitchen of the prestigious restaurant. The Contadino menu (the Farmers menu) is a real temptation: it respects tradition whilst paying attention to new tastes at the same time. It is based on simple and healthy food that is obviously home-made. The result is a menu in which dishes stand out like the gnocchi with herbs for its freshness, the orecchiette with tomato sauce for its deep red colour, the roast kid for its delicacy, the fava beans and chicory for the character and the "ciceri and tria" pasta for its ancient tradition. The restaurant also serves a fragrant "pizza doc", cooked in a wood oven, prepared skilfully with unbeatable home-grown fresh produce.

Carta dei Vini › Wine List	**Cucina** › Cuisine	**Tipologia** › Tipology	**Prezzo Medio** › Average Price
75 etichette › labels	**Tipica** › Typical	**Agriturismo**	30 €

Maccheroni d'orzo alle verdure

Barley maccheroni with vegetables

INGREDIENTI PER 4 PERSONE:
- 500 g maccheroni d'orzo
- 100 g di melanzane secche
- 100 g di peperoni rossi secchi
- 100 g di pomodori secchi
- 2 cipolle
- 100 g di zucchine secche
- 150 g di pomodorini gialli e rossi d'inverno ("da pendola")
- 80 g di pecorino
- 2 peperoni piccanti secchi
- olio extravergine di oliva
- prezzemolo

INGREDIENTS FOR 4 SERVINGS:
- 500 g of barley maccheroni
- 100 g of dried aubergines
- 100 g of dried red peppers
- 100 g of dried tomatoes
- 2 onions
- 100 g of dried courgettes
- 150 g of winter yellow and red tomatoes ("Da Pendola")
- 80 g of pecorino cheese
- 2 dried hot peppers
- extra virgin olive oil
- parsley

Mettere a mollo in acqua calda per 3 ore le melanzane secche, i peperoni rossi secchi, le zucchine secche, i pomodori secchi.
Passate le 3 ore, scolarli e soffriggerli separatamente.

In una padella preparare un soffritto con olio, cipolla e i pomodori freschi; a metà cottura aggiungere tutte le verdure soffritte, quindi far cuocere per mezz'ora.

Cuocere i maccheroni e saltarli con la salsa preparata, il pecorino e il prezzemolo.

Soak the dried aubergines, the dried red peppers, the dried courgettes and the dried tomatoes in hot water for 3 hours.

After waiting for 3 hours, drain and fry them separately. Fry the onion and the fresh tomatoes in a pan with olive oil. When half cooked, add all the fried vegetables and leave to simmer for half an hour.

Cook the maccheroni and sauté with the sauce, then add the pecorino cheese and some parsley.

ORFEO Negroamaro Puglia IGT
PAOLO LEO / San Donaci (BR)

Colore rosso rubino con tendenza al granato. Bouquet ampio e speziato, con sentori di frutti di bosco. Gusto rotondo, pieno, morbido ed equilibrato.

Ruby red tending to garnet. Expansive bouquet and spicy, with hints of berries. Taste round, full, smooth and balanced.

Condimento consigliato Vincotto alle More
Seasoning suggested Vincotto with Blackberries

Torta alle fragole
Strawberry cake

INGREDIENTI PER 4 PERSONE:
PER LA BASE: - 1 uovo - 75 g di zucchero - 150 g di farina - 75 g di burro - ½ bustina di lievito **PER LA CREMA** - ½ lt di latte - 100 g di zucchero - 50 g di farina - 3 uova (2 tuorli + 1 intero) - succo di limone

INGREDIENTS FOR 4 SERVINGS:
CAKE BASE INGREDIENTS: - 1 egg - 75 g of sugar - 150 g of flour - 75 g of butter - ½ packet of yeast **CREAM INGREDIENTS:** - ½ litre of milk - 100 g of sugar - 50 g of flour - 3 eggs (2 yolks + 1 whole) - lemon juice

Amalgamare gli ingredienti per la base e una volta ottenuto un composto omogeneo stendere e infornare per 15/20 minuti a 180°. Nel frattempo preparare la crema. Lasciare raffreddare il tutto. A questo punto spalmare la crema sulla base e decorare con le fragole condite precedentemente con zucchero e limone. Preparare una gelatina aggiungendo il succo delle fragole e spargere sul dolce. Conservare in frigo.

Combine the ingredients for the base and when the mixture is homogeneous, bake for 15/20 minutes at 180°C. Meanwhile, prepare the cream. Leave everything to cool. Spread the cream on the cake base and decorate it with the strawberries that were previously seasoned with sugar and lemon. Prepare some jelly using the leftover strawberry juice and spread it on the cake. Store in refrigerator.

Tagliata di manzo su letto di purea di piselli

INGREDIENTI PER 4 PERSONE:
- 4 fette di entrecote di manzo da 250 g ciascuna
- purea di piselli verdi (200 gr di piselli verdi)
- olio extravergine di oliva
- pinoli
- rucola
- grana
- riduzione di aceto balsamico

Cuocere l'entrecote sulla griglia; tagliarla a listarelle larghe.
Adagiare sul piatto la crema di piselli verdi preparata precedentemente e su di essa la carne.
Condire con pinoli, rucola, olio d'oliva, scaglie di grana e la riduzione d'aceto. Servire.

IL PORTO

Titolare › Compagnia del Mare ○ **Chef** › Michele D'Apolito

MATTINATA (Foggia) ○ SP 53 Litoranea per Vieste Km 1,5 da Mattinata ○ +39 0884 552550 / +39 0884 552511 ○ **www.ilporto.travel**
Chiuso / *Closed* › Sempre Aperto ○ *Always open*

Una new entry nel nostro libro: l'hotel-ristorante "Il Porto" è davvero un posto spettacolare, posizionato su una collinetta che domina la baia di Mattinata. D'estate si cena all'aperto, accanto alla piscina, con una vista mozzafiato su un panorama composto da un mare incantevole, un litorale stupendo e un entroterra selvaggio. La gestione della struttura è affidata ad una società di esperti del settore, e la cucina è davvero di alta qualità, sebbene i prezzi restino davvero interessanti. Tra le varie specialità da provare: gambero scottato su zuppetta di anguria e sedano, finissima di maialino con senape all'antica; mantecato di vialone con astice e lime, carrè di agnello con prugne e sesamo.

Perched on a splendid natural terrace 2 km from the village of Mattinata and just steps from the sea, the Hotel Il Porto opens toward the horizon in a unique triumph of maquis shrubland. Here the charm of a land of peerless beauty merges with the comforts of a modern 4 star hotel, in a corner of incomparable harmony between the sky and the sea, overlooking the harbor and in a strategic position to reach the main places of interest of the Gargano and Apulia. It's the perfect spot for those who want to combine nature and relax, sports and wellness, culture, art and gastronomy in all seasons. The two exclusive rooms of the Hotel Il Porto, La Grotta delle Colonne, large and bright, and Le Orchidee, elegant and quiet, both with sea view, welcome guests in a refined atmosphere that is perfect to taste the typical products of the territory.

Carta dei Vini › Wine List	**Cucina** › Cuisine	**Tipologia** › Tipology	**Prezzo Medio** › Average Price
150 etichette › labels	**Pesce** › Fish	**Gourmet**	40 €

Ombrina
Ombrina (fish)

INGREDIENTI PER 4 PERSONE:
- 1 ombrina da 1,5 kg - 700 g vongole veraci - 500 g pomodorini
- 1 bicchiere vino bianco - 1 mazzetto prezzemolo - 10 foglie di basilico
- 2 foglie alloro - 2 spicchi aglio

INGREDIENTS FOR 4 SERVINGS:
- 1 ombrina fish of 1.5 kg - 700 g of clams - 500 g of small tomatoes
- 1 glass of white wine - 1 bunch of parsley - 10 basil leaves
- 2 bay leaves - 2 garlic cloves

Eviscerare e sfilettare l'ombrina, cuocerla in forno a circa 180° per 10 minuti, condendola solo con sale e pepe. A parte preparare il guazzetto con aglio, olio, vongole spurgate: rosolare leggermente, bagnare con il vino e aggiungere i pomodorini, il prezzemolo e il basilico. Una volta aperte le vongole, servire l'ombrina sul guazzetto e decorare con prezzemolo tritato.

Clean and fillet the ombrina fish and bake it at about 180°C for 10 minutes after seasoning with salt and pepper only. Prepare the sauce with garlic, olive oil and the cleaned clams by leaving them to brown slightly and then adding the wine, the tomatoes, some parsley and the basil. Once the clams have opened, serve the ombrina on the fish sauce and garnish with some chopped parsley.

Sgombro marinato con panzanella di verdure

INGREDIENTI PER 4 PERSONE:
- 500 g di filetto di sgombro - 1 lt aceto bianco - 1 lt di succo di limone
- 5 foglie alloro - buccia di 5 limoni - 20 g pepe in grani - 100 g sale
- 2 rametti rosmarino - 2 spicchi di aglio in camicia

Per la panzanella:
- 200 g di pomodori maturi - 100 g di cipolla di Tropea
- 100 g di peperoni - 200 g di cetrioli
- 10 foglie di basilico - sale qb
- 2 cucchiai di olio - 2 cucchiai aceto - 50 g capperi

Preparare la marinata con limone, aceto, bucce di limone, rosmarino, aglio, pepe e sale, immergere del tutto i filetti di sgombro sfilettati e spinati e lasciarli marinare per 24 ore.
Per la panzanella: tagliare tutte le verdure dopo averle mondate e condirle con aceto, olio, sale e basilico. Impiattare adagiando sul piatto prima la panzanella e poi i filetti di sgombro.

Paccheri con scampi, verdure e burrata

Paccheri with scampi, vegetables and burrata

INGREDIENTI PER 4 PERSONE:
- 500 g di paccheri - 500 g di scampi
- 100 g zucchine - 50 g carote
- 50 g sedano - 200 g peperoni
- 300 g pomodorini - 70 g burrata
- 1 bicchiere brandy
- 2 spicchi aglio - sale, pepe, peperoncino qb

INGREDIENTS FOR 4 SERVINGS:
- 500 g of paccheri pasta - 500 g of scampi
- 100 g of courgettes - 50 g of carrots
- 50 g of celery - 200 g of peppers
- 300 g of small tomatoes - 70 g of burrata cheese
- 1 glass of brandy
- 2 garlic cloves - salt, pepper and hot pepper to taste

Cuocere i paccheri in abbondante acqua salata. Nel frattempo tagliare le verdurine a cubetti e sbollentarle in acqua salata. In una padella rosolare gli scampi con aglio tritato e peperoncino, sfumare con il brandy, aggiungere i pomodorini e subito dopo le verdurine.
Scolare i paccheri al dente e condirli con la salsa. Dopo averli impiattati condire con la burrata tagliata a cubetti.

Cook the paccheri pasta in salted water. Cut the vegetables into cubes and scald them in salted water. Fry the scampi with ground garlic and hot pepper, add a drizzle of brandy, then the tomatoes and the vegetables immediately after.
Drain the paccheri when al dente and add to the sauce. After serving, garnish the dishes with the burrata cheese cut into cubes.

IL SIFÀ
Titolare e Chef › Patrizio Mele

BARI ○ Via Bottalico, 34 ○ +39 080 9755019 / +39 347 6420392
Chiuso /*Closed* › Mercoledì ○ *Wednesday*

Ha aperto da quattro anni e si è imposto come uno dei ristoranti più interessanti del capoluogo. Il nome è nato dalle iniziali dei figli di Patrizio ed Emilia, Simona e Fabrizio. Lo chef ha una grande passione per il suo lavoro, e dimostra un forte attaccamento alla propria terra. Nei suoi piatti infatti si ritrovano pezzi di Puglia: le erbe, le verdure, i legumi accompagnano sia le specialità di pesce che di carne. Ecco allora il delicatissimo tortino di rape su crema di fagioli; lo spaghetto con fave e cicoria (sublime) o le mazzancolle con melanzane. Tra i primi segnaliamo anche gli gnocchi con vongole e crema di fave, la bavetta con gamberi e crema di zucchina, il tagliolino con vongole e bottarga di mugine e le orecchiette alla murgiana. Per dolce un bel semifreddo al rhum e croccantino, oppure l'assortimento di pasticceria secca (panzerottino ripieno di amarena, meringhe, babà...).

It has been open for four years and has emerged as one of the most interesting restaurants in the regional capital. The name is made from the initials of Patrizio and Emilia's children, Simona and Fabrizio. The chef has a great passion for his work, and demonstrates a strong attachment to his land. In fact you can find hints of Puglia in his dishes: herbs, vegetables and legumes accompany both fish and meat specialities. The delicate turnips with bean cream pie, the sublime spaghetti with fava beans and chicory or the Mazzancolle shrimp with aubergines. Among the main courses we would like to point out the gnocchi with clams and fava bean cream, the bavetta pasta with shrimp and courgette cream, the tagliolini pasta with clams and grey mullet roe and the Murgiana orecchiette pasta. For dessert a nice crunchy rum semifreddo, or an assortment of sweet pastries (black cherry panzerottino, meringues, babàs...).

Carta dei Vini › Wine List	**Cucina** › Cuisine	**Tipologia** › Tipology	**Prezzo Medio** › Average Price
100 etichette › labels	**Pugliese** › Apulian	**Elegante** › Elegant	35 €

Tortino di rape con crema di fagioli
Turnip pie with bean cream

Mazzancolle
Mazzancolle prawns

INGREDIENTI PER 4 PERSONE:
- 16 mazzancolle fresche - 1 melanzana - 100 g di olive nere snocciolate
- 1 bustina di pinoli - 200 g di pomodori pachino - olio, sale, pepe qb

INGREDIENTS FOR 4 SERVINGS:
- 16 fresh mazzancolle king prawns - 1 aubergine - 100 g of pitted black olives
- 1 packet of pine nuts - 200 g of pachino tomatoes - olive oil, salt and pepper to taste

Tagliare la melanzana a dadini e spadellarla in un po' di olio, aggiungendo i pomodorini, le olive e i pinoli. Scottare le mazzancolle al forno, salare e peparle. Fare un dischetto di melanzane e adagiarvi sopra le mazzancolle.

Cut the aubergine into cubes and sauté in a drizzle of oil, then add the tomatoes, the olives and the pine nuts. Oven sear the prawns and season with salt and pepper. Make an aubergine disk and lay the mazzancolle prawns on top.

INGREDIENTI PER 4 PERSONE:
- 500 cl latte - 70 g farina - 70 g di burro - 3 uova intere
- formaggio parmigiano o grana qb - sale qb - 200 g di rape
- 300 g di fagioli da ridurre a crema

INGREDIENTS FOR 4 SERVINGS:
- 500 cl of milk - 70 g of flour - 70 g of butter - 3 eggs
- Parmesan or Grana cheese to taste - salt to taste - 200 g of turnips
- 300 g of beans to reduce to cream

Stufare le rape e tagliarle a pezzettini. Far sciogliere il burro, unire la farina, aggiungere il latte caldo e le rape nel composto. Una volta che il composto sarà omogeneo unire le uova, il formaggio e il sale, versare negli stampi e infornare a 180° per 12 minuti.

Boil the turnips and cut them into small pieces. Melt the butter, add the flour, the turnips and the hot milk. Once the mixture is smooth add the eggs, the cheese and some salt. Pour into pie molds and bake at 180°C for 12 minutes.

Tortino di fragole
Strawberry pie

INGREDIENTI PER 4 PERSONE:
Per la pasta frolla: - 500 g di farina - 200 g di zucchero semolato - 2 uova intere - buccia di limone - latte qb
Per le fragole: - 100 g di burro - 80 g di zucchero - 500 g di fragole - brandy - crema pasticcera

INGREDIENTS FOR 4 SERVINGS:
For the short crust pastry: - 500 g of flour - 200 g of caster sugar - 2 eggs - lemon peel - milk to taste
For the strawberries: - 100 g of butter - 80 g of sugar - 500 g of strawberries - brandy - custard

Per la pasta frolla: Sciogliere il burro nella farina, aggiungere le uova, le bucce di limone e il latte: impastare il tutto, poi far riposare una ventina di minuti.
Per le fragole: Tagliare le fragole a metà. In un padellino far sciogliere il burro e lo zucchero, sfumare con del brandy o Gran Marnier e spadellare le fragole. Preparare il tortino adagiando la pasta frolla come base e su di esso le fragole. Per unire al meglio le due parti consigliamo uno strato di crema.

Short crust pastry preparation: Melt the butter into the flour, then add the eggs, the lemon peel and some milk and combine all the ingredients together. Then leave the pastry to rest for about twenty minutes.
Strawberries preparation: Cut the strawberries in half. Melt the butter and sugar in a pan, add the strawberries and sauté with some brandy or some Grand Marnier.
Prepare the pie by laying the pastry as a base and add strawberries on top. We recommend a layer of cream between the pastry and the strawberries to combine them.

CHOCOLATE CREAM
QUINTESSENZA ROSOLI / Polignano a Mare (BA)

Rosolio di cioccolato ottenuto dal cacao fondente con alcool e zucchero. Ottimo per accompagnare dolci. Vol. 17°

Dark chocolate liqueur, to be served with dessert. Vol. 17°

www.quintessenzarosoli.it

IL VICOLETTO

Titolare › Famiglia Volgarino ○ **Chef** › Lina Di Ianni

TORREMAGGIORE (Foggia) ○ Via Garibaldi, 49 ○ +39 0882 392615 ○ **www.ristoranteilvicoletto.it**
Chiuso / *Closed* › Lunedì ○ *Lunedì*

 Il ristorante si trova nel centro storico di Torremaggiore, piccolo comune nella provincia di Foggia. È un locale rustico con 40 posti dove si possono gustare piatti della cucina antica rivisitata, realizzati con prodotti genuini del territorio. Per garantire una qualità ottima dei prodotti, il ristorante lavora esclusivamente su prenotazione. Il menù fisso cambia tutti i giorni e comprende aperitivi con tartine e salsicce del luogo, antipasti di verdure, salumi della zona, 2 primi, 1 secondo, vino, bevande e dolce. Pasto completo dai 25 ai 35 euro. Tra i piatti segnaliamo i salumi locali, i cicatelli di grano arso con cime di rapa, salsiccia fresca e peperoncino, i fusilli con carne di maiale tritata e cicoria di prato, il reale di vitello al Primitivo di Manduria, il culatello di vitello ai mirtilli, il cosciotto di agnello al forno e, per finire, la crostata di ricotta e i biscottini con mandorle. La cantina offre una vasta scelta di vini nazionali e regionali. Servizio impeccabile.

This restaurant is located in the historical centre of Torremaggiore, a small town in the province of Foggia. It is a rustic restaurant with 40 seats where you can enjoy traditional but renewed dishes, made with healthy fresh produce from this territory. To ensure the excellent quality of food products, the restaurant works exclusively up on reservation. The fixed menu changes daily and includes appetizers with canapés and local sausages, vegetables, local cold cuts, 2 main courses, 1 second course, wine, drinks and dessert, all for 30 Euros. We recommend the local cold cuts, the burnt wheat cicatelli pasta with turnip tops, the fresh sausage with red peppers, the fusilli pasta with minced pork and chicory, the Primitivo di Manduria veal, the veal culatello with blueberries, the roast leg of lamb, and the ricotta tart and the almond biscuits for dessert. The wine cellar offers a wide selection of national and regional wines. The service is impeccable.

Carta dei Vini › Wine List	**Cucina** › Cuisine	**Tipologia** › Tipology	**Prezzo Medio** › Average Price
120 etichette › labels	**Pugliese** › Apulian	**Trattoria**	25/35 €

Antipasto "Il Vicoletto"
The "Il Vicoletto" appetizer

INGREDIENTI PER 4 PERSONE:
- 4 fettine di melanzana - 50 g di ricotta - una manciata di mandorle sbriciolate
- 1 zucchina - 100 g di tonno - 20 g di mascarpone - 4 capperi - 1 limone
- 4 peperoni piccoli - pane raffermo - mosto cotto -aceto balsamico - pinoli - uvetta
- 1 patata - 4 torcinelli - 50 g pane grattugiato

INGREDIENTS FOR 4 SERVINGS:
- 4 slices of aubergine - 50 g of ricotta cheese - a handful of crushed almonds
- 1 courgette - 100 g of tuna - 20 g of mascarpone cheese - 4 capers - 1 lemon
- 4 small peppers - stale bread - cooked must -balsamic vinegar - pine nuts - raisins
- 1 Potato - 4 torcinelli - 50 g of breadcrumbs

Grigliare le fette di melanzane, sistemarci sopra la ricotta e un po' di mandorle. Tagliare le zucchine sottilissime e marinarle a crudo con il limone. Unire il tonno al mascarpone ottenendone un involtino. Posizionare la farcia all'interno della zucchina e decorare con il cappero.
Pulire il peperone e svuotarlo. A parte fare un impasto con tutti gli altri ingredienti. Riempire i peperoni e cuocere 15 minuti in forno a 250°.
Tagliare la patata a fette e spolverare con pane grattugiato. Cuocere sia i torcinelli che le patate al forno. Quindi servire.

Grill the slices of aubergine, spread some ricotta on top and a sprinkle of almonds. Thinly cut the courgettes and leave raw to marinate in some lemon. Mix the mascarpone cheese with the tuna and make into rolls. Wrap the courgettes around this stuffing and garnish with capers.
Clean and empty the peppers. Make a mixture with all the other ingredients. Fill the peppers with this stuffing and bake for 15 minutes in the oven at 250°C.
Cut the potato into slices and sprinkle with breadcrumbs. Bake the torcinelli and the potatoes. Serve.

PUNGIROSA Castel del Monte Bombino Nero DOCG
RIVERA / Andria (BT)

Colore rosa buccia di cipolla con riflessi violacei; bouquet delicato e pulito con note di rosa canina e ciliegia; palato fresco e morbido ben bilanciato da una delicata acidità; finale lungo e succoso.

Beautiful red onions skin colour; crisp, fresh and delicate bouquet with notes of rose and cherry; fresh and fruity palate, well balanced by a lingering acidity.

Tiramisù al rhum
Rum tiramisù

INGREDIENTI PER 4 PERSONE:
- 500 g di mascarpone - 4 uova - 200 g di zucchero - 50 g di panna per dolci - ½ bicchiere di rhum - ½ bicchiere di acqua - 1 pacco di biscotti - savoiardi - cacao amaro

INGREDIENTS FOR 4 SERVINGS:
- 500 g of mascarpone cheese - 4 eggs - 200 g of sugar - 50 g of cream - ½ a cup of rum - ½ a cup of water - 1 pack of savoiardi (like ladyfingers) - biscuits - unsweetened cocoa

Far montare le uova con lo zucchero fino ad ottenerne un composto cremoso, quindi aggiungere il mascarpone e la panna per dolci. Versare in un bicchiere il rhum e l'acqua e bagnarci i savoiardi, quindi allinearli in un recipiente per dolci, versare la crema sullo strato di biscotti e cospargere di cacao amaro. Tenere in frigo per almeno 1 ora. Decorare il piatto con cioccolato fuso.

Whip the eggs with the sugar until creamy, then add the mascarpone cheese and the cream. Pour the rum and the water in a glass. Dip the savoiardi in the glass to wet them and then place them in a cake tray, pour the cream on top and sprinkle with cocoa powder. Place the cake tray in the refrigerator for at least 1 hour. Before serving the dish decorate it with melted chocolate.

Condimento consigliato Vincotto alla Melagrana
Seasoning suggested Vincotto with Pomegranate

Orecchiette, salsiccia e "marasciuli"

Orecchiette with sausages and "marasciuli"

INGREDIENTI PER 4 PERSONE:
- 400 g di orecchiette
- 100 g di salsiccia fresca "sbriciolata"
- 500 g di Marasciuli puliti (rape selvatiche)
- sale, olio e pepe qb

INGREDIENTS FOR 4 SERVINGS:
- 400 g of orecchiette pasta
- 100 g of fresh minced sausages
- 500 g of cleaned marasciuli (wild turnips)
- salt, olive oil and pepper to taste

Bollire la verdura in acqua salata, a metà cottura aggiungere le orecchiette.
Nel frattempo far soffriggere la salsiccia.
A cottura ultimata della pasta far saltare la stessa in padella con la salsiccia.

Boil the vegetables in salted water and when half cooked add the Orecchiette pasta.
Meanwhile, fry the meat. When the pasta is ready, sauté everything in the pan with the meat.

SERRE Susumaniello Salento IGP
CANTINE DUE PALME / Cellino San Marco (BR)

Colore rosso rubino cupo, profondo con riflessi blu intenso. I profumi esplodono in sentori di frutti rossi, confettura e leggera grafite. Di grande scheletro, con uno splendido equilibrio tra frutta matura e solidità minerale.

Deep ruby red color, with shades of deep blue. The aromas explode in hints of red fruits, jam and lightweight graphite. Large skeleton with a wonderful balance between ripe fruit and mineral solidity.

Filetto di maiale nero alle tre isole

(mirto di Sardegna, maiale dell'Isola d'Elba, passito di Pantelleria)

INGREDIENTI PER 4 PERSONE:
- 1 filetto di maiale nero di circa 500 g - 2 patate per il contorno
- 200 g di passito di Pantelleria - 1 ciuffo di mirto - olio, sale qb

Fare macerare in frigo il maiale in olio, vino, mirto e sale per quattro ore. Brasare in padella il maiale per qualche minuto con tutto il condimento e fare restringere il sughetto. Tagliare a fette il filetto e servirlo con le patate precedentemente cotte al forno.

L'ESCA

Titolare › Alessandro Tamburrano ◦ **Chef** › Solly Tomasone

SAN SEVERO (Foggia) ◦ Largo Carmine, 11 ◦ +39 0882 228416 / +39 340 4205351 ◦ **www.ristorantelesca.it**
Chiuso / *Closed* › Domenica sera e lunedì ◦ *Sunday evening and monday*

Un localino nato per volontà di Alessandro Tamburrano e Solly Tomasone, marito e moglie, accomunati anche dalla passione per il buon cibo e per il pesce in particolare. Dopo aver gestito un ristorante a Milano, hanno deciso di tornare a casa, nella loro Lucera, e di ripartire da zero con un nuovo localino a dimensione famigliare. Il locale si trova nel centro storico della città, e la sala presenta i classici archi realizzati con i mattoncini del posto. Una meraviglia! E quando si inizia a mangiare, il discorso non cambia: cozze, ostriche, carpacci, crudi di mare e pesce di qualità eccezionale sono il comune denominatore dei piatti in menù. A Solly piace improvvisare e proporre sempre nuove pietanze, e anche nei dolci riuscirà a stupirvi. Il conto, pur mangiando solo pesce, non è di quelli pesanti. L'Esca propone anche antipasti e aperitivi, ovviamente a base di mare!

This small restaurant was created by husband and wife Alessandro Tamburrano and Solly Tomasone, also united by their passion for good food and fish in particular. After running another restaurant in Milan, they decided to return home, to Lucera, and start from scratch with a new family business. It's located in the historical centre of the city, and the dining hall presents the classic arches made of local bricks. It's wonderful!. An adjective that can also be used when describing the food: mussels, oysters, carpaccio, raw fish and seafood of exceptional quality are the common denominator of the dishes on the menu. Solly likes to improvise and always proposes new dishes and she will amaze you with the desserts too. Even though you will be only eating fish, it isn't expensive. L'Esca also offers appetizers and aperitifs, obviously based on seafood!

Carta dei Vini › Wine List	**Cucina** › Cuisine	**Tipologia** › Tipology	**Prezzo Medio** › Average Price
180 etichette › labels	**Pesce** › Fish	**Tipico** › Tipico	50 €

Mousse fredda di tiramisù
Cold tiramisù mousse

INGREDIENTI PER 4 PERSONE:
- 100 g frollini al cacao - 40 g burro - 250 g mascarpone - 2 uova
- 4 cucchiai di zucchero - 2 fogli di colla di pesce - 1 tazzina di caffè
- cioccolato fondente a pezzi - sale

INGREDIENTS FOR 4 SERVINGS:
- 100 g of chocolate biscuits (frollini) - 40 g of butter - 250 g of mascarpone cheese - 2 eggs - 4 tablespoons sugar - 2 gelatin sheets - 1 cup of coffee
- dark chocolate pieces - salt

Preparare la base mettendo nel mixer i biscotti sbriciolarli e trasferirli in una terrina. Fare sciogliere il burro e versarlo sui biscotti sbriciolati, mescolando bene, poi dividere il composto in 8 bicchieri, livellando bene con un cucchiaino e riporre in frigo per circa 1 ora. Nel frattempo preparare la mousse: mettere i fogli di colla di pesce in una ciotola con poca acqua e lasciare ammorbidire; suddividere in 2 ciotole i tuorli e gli albumi e montare questi ultimi a neve ben ferma, aggiungendo un pizzico di sale. Nella ciotola con i tuorli versare lo zucchero e mescolare con lo sbattitore fino a che il composto non diventi spumoso. Aggiungere il mascarpone continuando a mescolare ed infine gli albumi montati a neve. Preparare una tazza di caffè, allungarlo con dell'acqua e metterlo a scaldare sul fuoco, aggiungere la colla di pesce ben strizzata e lasciare sciogliere del tutto. Infine, versare il caffè nella crema di tiramisù e dare un'ultima mescolata. Suddividere il composto nei bicchieri fino a riempirli più della metà e riporli in frigo per almeno 3 ore. Prima di servire, sciogliere del cioccolato fondente a bagnomaria, versarlo sul tiramisù e servire immediatamente.

Prepare the base by crumbling the biscuits in a food mixer and putting them in a bowl. Melt the butter and add it to the crushed biscuits and mix well, then divide the mixture into 8 glasses. Make the mixture level with a spoon and place the glasses in the refrigerator for about an hour. Meanwhile, prepare the mousse by putting the gelatin sheets in a bowl with a drop of water and leave to soften. Divide the egg yolks and egg whites in two bowls and whisk the whites until firm after adding a pinch of salt. Add the sugar to the egg yolks and whisk until the mixture becomes frothy. Add the mascarpone cheese to the yolks whilst still mixing and then add the egg whites. Prepare a cup of coffee, add some water and put it to heat on the fire. Add the gelatin after squeezing it and allow it to dissolve completely. Then pour the coffee into the tiramisù cream and give it a final mix. Divide the mixture into the glasses so that they are more than half-full and put them in the fridge for at least 3 hours. Before serving, melt the chocolate in a bain-marie, pour it on the tiramisù and serve immediately.

Risotto alle capesante con crema di zucchina e polvere di caffè

INGREDIENTI PER 4 PERSONE:
- 400 di riso Carnaroli - 200 g di capesante con il corallo - 2 zucchine medie - 1 bicchiere di vino bianco - 1 scalogno - brodo di pesce
- 50 g parmigiano - sale, pepe, olio qb - polvere di caffè

In una padella, con un po' di burro, far appassire lo scalogno, poi versare il riso e tostarlo. Sfumare con del vino bianco e lasciar cuocere, aggiungendo il fumetto di pesce e le capesante tritate grossolanamente. Nel frattempo cuocere le zucchine fino a che non si saranno ammorbidite (dipende da quanto le avete tagliate grandi, io le ho lasciate 15 minuti). Spegnere e frullare con un frullatore ad immersione. Servire il riso con le capesante, condito con la salsa di zucchine e decorare con la polvere di caffè.

LA BANCHINA

Titolare › Vincenzo Perna ◦ **Metre** › Genci Trashi

TRANI (BT) ◦ Via Banchina del Porto, 16/18 ◦ +39 0883 584747 ◦ **www.osterialabanchina.it**
Chiuso / *Closed* › Mercoledì e Domenica sera ◦ *Wednesday and Sunday evening*

Gentilezza ed ospitalità sono le principali caratteristiche che contraddistinguono l'osteria "La Banchina". I clienti vengono accolti da uno staff altamente specializzato nella efficienza, nella discrezione e nel servizio, abituati ad esaudire ogni vostro desiderio. Gestito direttamente dal patron Enzo, è situato sullo splendido porto di Trani, con una magnifica veranda che guarda direttamente lo specchio d'acqua del porto: che dire, una vista incantevole e romantica a tutte le ore del giorno. La cucina offre antipasti tradizionali, crudo di mare, primi a base di pesce, come le tagliatelle ai crostacei o le mitiche zuppe di pesce, grigliate di pesce fresco. Di tutto rispetto la fornitissima cantina con etichette regionali, nazionali ed estere.

Kindness and hospitality are the main characteristics of the La Banchina tavern. Customers are greeted by staff that's highly specialized in efficiency, discretion and service, used to fulfil your every desire. Managed directly by its owner Enzo, it is located on the beautiful harbour of Trani, with a magnificent veranda that overlooks the sea: a lovely and romantic view at every hour of the day. The cuisine offers traditional appetizers, raw seafood, seafood main courses, such as the shellfish tagliatelle pasta or the legendary fish soup, or the grilled fresh fish. Also a very respectful, well-stocked wine cellar with regional, local and foreign wines.

Carta dei Vini › Wine List	**Cucina** › Cuisine	**Tipologia** › Tipology	**Prezzo Medio** › Average Price
90 etichette › labels	**Pesce** › Fish	**Osteria**	**40 €**

Linguine di kamut ai calamaretti

Kamut linguine pasta with squid

INGREDIENTI PER 4 PERSONE:
- 350 g di linguine di kamut
- 500 g di calamaretti
- 8/10 pomodorini cotti al forno
- 1 spicchio di aglio
- peperoncino, sale, olio e pepe qb
- prezzemolo
- bottarga di muggine

INGREDIENTS FOR 4 SERVINGS:
- 350 g of Kamut linguine pasta
- 500 g of small squid
- 8/10 baked small tomatoes
- 1 clove of garlic
- hot pepper, oil, salt and pepper to taste
- parsley
- mullet roe

Far rosolare l'aglio in una casseruola, aggiungere i calamaretti, i pomodorini cotti al forno e prezzemolo. Allungare il tutto con acqua di cottura. Cuocere la pasta in abbondante acqua salata.

Dopo aver scolato la pasta, saltare il tutto in padella e impiattare.

A questo punto si può grattuggiare la bottarga di muggine.

Fry the garlic in a casserole, add the small squid, the baked tomatoes and the parsley. Cook the pasta in abundant salted water.

Add some of the pasta cooking water to the sauce to make it more liquid.

After draining the pasta, sauté with the sauce in a pan and serve. Grate the mullet roe on top.

METIUSCO Salento IGT Bianco
PALAMÀ / Cutrofiano (LE)

Vino bianco corposo, caldo, dal profumo intenso. Tipico delle calde terre salentine, è ricavato dalla vinificazione di uve verdeca e malvasia bianca. Servire freddo.

White full-bodied wine, warm and rich in its fragrance. Common in the Salento warm lands, obtained by the winemaking of verdeca and white malvasia grapes. Best served chilled.

Carpacci di pesce

Fish carpaccio

INGREDIENTI PER 8 PERSONE:
- 1 polpo fresco di medie dimensioni - 1 trancio di tonno - 1 spigola (o 1 sarago) - 500 g di pesce spada - 500 g di filetto di baccalà - fettine di arancia e di limone (per la decorazione) - sale, pepe, olio e limone qb

INGREDIENTS FOR 4 SERVINGS:
- 1 medium sized fresh octopus - 1 slice of tuna - 1 sea bass (or 1 sea bream) - 500 g of swordfish - 500 g of cod fillet - slices of orange and lemon (for decoration) - salt, pepper, olive oil and lemon to taste

La tradizione del pesce crudo è una delle più antiche e rinomate nella cucina pugliese, soprattutto nella zona della provincia di Bari. Ai frutti di mare, tra gli antipasti più richiesti nei ristoranti, si affiancano i carpacci, che si possono ottenere da diverse varietà di pesce: salmone, tonno, saraghi, spigole, polpo, pesce spada, baccalà.
La preparazione è semplicissima e richiede solo una certa maestria nel taglio del pesce. Poi, una volta ottenute le fettine, condire con olio, limone, sale, grani di pepe e rucola, decorando con fettine di limone e arancia.

The tradition of eating raw fish is one of the oldest and most renowned in Puglia's cuisine, especially in the province of Bari. After seafood, among the most popular appetizers in restaurants, there are the carpaccios, which can be made with different varieties of fish: salmon, tuna, sea bream, sea bass, octopus, swordfish, cod.
The preparation is simple and it only requires a certain skill in cutting the fish. Then, season the fish fillets with olive oil, lemon, salt, peppercorns and rocket and garnish with slices of lemon and orange.

LA BARCA

Titolari › Saverio Galeone e Pina Lorè ○ **Chef ›** Salvatore Carlucci

MARINA DI PULSANO (Taranto) ○ Litoranea Salentina ○ +39 099 5333335 / +39 329 5644381
Chiuso / *Closed* › Lunedì ○ *Monday*

Volete un posto dove si mangia in maniera eccezionale e diversa dal solito? Bene, dovete andare a Marina di Pulsano, al ristorante La Barca, di Saverio Galeone. Il locale esiste da una trentina d'anni ed è tra i più rinomati del tarantino. La cucina è affidata alle mani del giovane chef Salvatore Carlucci. L'intreccio di tradizione ed innovazione fa fuochi d'artificio fin dai primi piatti che vi verranno serviti. Il locale è rinomato per il crudo di mare, ma noi abbiamo assaggiato tante altre cose spettacolari, come, l'arancino di riso al pesce azzurro, le capesante col tartufo su schiacciatina di patate, il bignè al tonno, il sandwich con l'orata, il polpetto grigliato su burratina al limone, la cernia con pomodorini e olive. E ogni volta che ci andrete troverete sempre cose nuove. Insomma, è un ristorante da non perdere.

Are you looking for a place where you eat in an exceptional and different way from usual? Well, you have to go to Marina di Taranto, to Saverio Galeone's La Barca restaurant. It has been open for thirty years and it's among the most renowned restaurants in Taranto. In the kitchen there is the young talented chef Salvatore Carlucci. Tradition and innovation makes sparks from the first dishes to be served. The restaurant is known for its raw fish, but we have tasted many more spectacular dishes, such as the the blue fish rice arancino, the scallops and truffle on a bed of potatoes, the tuna bignè, the sea bream sandwich, the grilled octopus with lemon burratina and the grouper with tomatoes and olives. Every time you visit, you will find new things to try. In short, this is a restaurant that can't be missed.

Carta dei Vini › Wine List	**Cucina** › Cuisine	**Tipologia** › Tipology	**Prezzo Medio** › Average Price
800 etichette › labels	**Mediterranea innovativa** › Mediterranean innovative	**Ristorante sul mare** › Sea restaurant	**35/45 €**

Gamberi violetti su frappè di pesca e menta

INGREDIENTI PER 4 PERSONE:
- 16 gamberi violetti - 3 pesche - 50 g menta in foglie
- sale pepe olio qb - qualche cubetto di ghiaccio - il succo di un limone

Separare i gamberi dal carapace lasciando la testa attaccata e metterli a cuocere in vaporiera per 3 minuti. Nel frattempo sbucciare la pesca e tagliarla a tocchetti. Porre quest'ultima nel mixer con la menta, un filo d'olio, qualche cubetto di ghiaccio e un cucchiaino di succo di limone. Emulsionare ad ottenere così una crema ben soffice e fluida. Appena i gamberi saranno pronti disporre il frappè così ottenuto sul fondo di un piatto e sistemarvi sopra i gamberi precedentemente conditi di sale e pepe.

Trancetto di rombo su macedonia di verdure

INGREDIENTI PER 4 PERSONE:
- 1 rombo (1 kg circa) - 400 g di verdure miste a cubetti (5mm x 5mm) tra zucchine, melanzane e peperoni - ½ lt di crema di mandorle (ottenuta dalla cottura delle mandorle nel latte e dalla loro raffinazione poi)
- burro di cacao - 30 g di zucchero - 30 g di sale
- 1 lt di soluzione acida (30% di aceto) - sale e pepe qb

Condire le verdure con il sale e lo zucchero. Lasciar marinare per due ore e ricoprirle poi con la soluzione acida. Sfilettare il rombo ed ottenere 8 piccole trancette. Condirle con sale e pepe. Spadellare quest'ultime con burro di cacao. Sgocciolare le verdure della marinatura condirle appena con qualche goccia d'olio. Assemblare il piatto cominciando dalla crema di mandorle su cui verrà adagiata prima la macedonia di verdure e poi i filetti di rombo.

Lumaconi farciti al crudo di mare

Lumaconi pasta stuffed with raw seafood

INGREDIENTI PER 4 PERSONE:
- 8 lumaconi - 8 gamberi violetti - 12 noci di mare - 2 filetti di spigola
- 12 ricci di mare - 8 seppioline - 12 cozze nere - 2 zucchine- 3 limoni
- qualche foglia di basilico - olio extravergine - 500 g di burrata - sale e pepe qb

INGREDIENTS FOR 4 SERVINGS:
- 8 Lumaconi (snail shape) pasta - 8 purple shrimp - 12 cockles - 2 sea bass fillets - 12 sea urchins - 8 cuttlefish - 12 black mussels - 2 courgettes -3 lemons - A few basil leaves - olive oil - 500 g of burrata cheese - salt and pepper to taste

Pulire pesci e frutti di mare. Battere al coltello i filetti di spigola, le seppioline ed i gamberi. Mettere a marinare tutto il pesce(fatta eccezione dei ricci) in olio, il succo di limone , qualche foglia di basilico e una finissima dadolata di zucchine. Lessare i lumaconi e raffreddarli in acqua e ghiaccio. Farcire con pesce e zucchine. Emulzionare la burrata con la buccia grattugiata di un limone e qualche goccia di olio. Disporre sul piatto uno strato sottile di burrata e adagiarvi sopra i lumaconi, terminare il piatto decorando con scorza di limone, la polpa di riccio e qualche foglia di basilico.

Clean the fish and the seafood. Cut the sea bass fillets, the cuttlefish and the shrimps. Marinate all the fish (except the sea urchins) in oil, lemon juice, a few basil leaves and the finely diced courgettes. Boil the Lumaconi pasta and cool it in water and ice. Stuff the pasta with the fish and courgette filling. Blend the burrata cheese with some grated lemon zest and a few drops of oil. Put a thin layer of the burrata cream on the serving dish and lay the stuffed Lumaconi on top. Garnish the dish with lemon zest, sea urchins and a few basil leaves.

LA LOCANDA DEI CAMINI

Titolari › Oronzo Rizzello e Giuseppe Erriquez ○ **Chef** › Oronzo Rizzello

BOTRUGNO (Lecce) ○ Via Vittorio Emanuele, 36 ○ +39 0836 993733 / +39 347 1653012 ○ **www.lalocandadeicamini.it**
Chiuso / *Closed* › Sempre aperto solo a cena ○ *Always open only for dinner*

Che posto incredibile! Vi lascerà senza parole, e non solo per la cucina. La Locanda dei Camini è situata nel piccolo centro di Botrugno, nel cuore del Salento, all'interno di un vecchio palazzo di fine Ottocento con salette con volte a stella e tre bellissimi camini (sempre accesi nel periodo invernale). Alle pareti sono appesi quadri (dipinti da uno dei proprietari, lo chef Oronzo Rizzello) che trasformano il locale in una sorta di mostra d'arte permanente. In estate si cena all'aperto in uno splendido e ampio giardino arricchito da un colonnato di pietra, tipico degli antichi palazzi salentini. Per quanto riguarda il menù, vario ed assortito, varia in base al pescato del giorno. Non vi fate sfuggire i tagliolini al tartufo, la polenta con i porcini, le linguine ai gamberi rossi di Gallipoli, il filetto crudo di triglia o sarago e la parmigiana di pesce.

What an amazing place! It will leave you speechless, and not only for its cuisine. La Locanda dei Camini is located in the small town of Botrugno, in the heart of Salento, in an old building from the late nineteenth century with dining rooms with vaulted ceilings and three beautiful fireplaces (always lit during the winter). On the walls there are paintings (painted by one of the owners, chef Oronzo Rizzello) which transform this place into a sort of permanent art exhibition. In summer you can dine outside in a beautiful and spacious garden with a stone colonnade, typical of the antique houses in Salento. The various and assorted menu, changes according to the fish of the day. Don't miss the tagliolini pasta with truffle, the polenta with porcini mushrooms, the linguine pasta with red shrimps of Gallipoli, the raw red mullet fillet and the fish parmigiana.

Carta dei Vini › Wine List	**Cucina** › Cuisine	**Tipologia** › Tipology	**Prezzo Medio** › Average Price
75 etichette › labels	**Pugliese** › Apulian	**Trendy**	**35 €**

Sagne ai 5 cereali con asparagi e gamberi bianchi
5 cereals sagne with asparagus and white shrimp

INGREDIENTI PER 4 PERSONE:
- 300 g di sagne
- 100 g di asparagi
- 200 g di gamberetti bianchi
- olio extravergine di oliva qb
- pane abbrustolito
- sale e pepe

INGREDIENTS FOR 4 SERVINGS:
- 300 g of sagne pasta
- 100 g of asparagus
- 200 g of white shrimp
- extra virgin olive oil to taste
- toasted bread
- salt and pepper

Fate soffriggere il pane in una padella, non appena diventa dorato toglietelo dal fuoco. Cuocere in acqua salata gli asparagi per 10 minuti, unite le sagne ai 5 cereali.
A cottura ultimata mantecare in una padella con olio extra vergine di oliva i gamberetti e cospargere il tutto con del pane brustolito precedentemente.

Fry the bread in a pan until golden, then remove from the heat.
Cook the asparagus in salted water for 10 minutes, then add the 5 cereals sagne pasta.
When the pasta is cooked, stir it all into a pan with extra virgin olive oil and the shrimp. Sprinkle with some toasted bread.

Pescatrice legata al bacon

INGREDIENTI PER 4 PERSONE:
- 800 g di pescatrice - 200 g di bacon - sale e pepe qb - olio extravergine di oliva qb - vino bianco secco - 1 rametto di rosmarino - 1 spicchio di aglio

Spadellate il pesce per qualche minuto con olio extravergine di oliva, uno spicchio d'aglio e sfumare con il vino.
Toglietelo dalla padella, adagiate su ogni pesce qualche fiocco di rosmarino e avvolgete il tutto con le fette di bacon.
Mettete il pesce in forno per 10 minuti.

CHARDONNAY Chardonnay Puglia IGT
TORMARESCA / San Pietro V.co (BR) - Minervino Murge (BT)

Giallo paglierino con riflessi verdolini di grande lucentezza. Note fresche di fiori d'arancio, timo, rosa e lavanda. Ottima freschezza e mineralità, con un delicato retrogusto sapido e fruttato. Vino di grande equilibrio fra morbidezza e acidità.

Colour: Light yellow with very bright greenish hues. Scent: fresh notes of orange blossom, thyme, rose and lavender. Taste: fresh, snappy and mineral with a sea-salt tinged and fruity aftertaste. It maintains a very good balance between softness and acidity.

Torta di crespelle con crema pasticcera e panna fresca

INGREDIENTI PER 4 PERSONE:
Per le crespelle: - 250 g latte - 125 g farina - 30 g zucchero - 2 uova - 20 g burro - 1 pizzico di sale - 1 pizzico di cannella
Per la crema: - 65 g zucchero - 250 g latte - 2 tuorli - 20 g farina - ½ bustina di vanillina - buccia di limone qb - 250 g panna fresca da montare - nutella

Procedimento per crespelle:

Setacciare in una ciotola la farina a fontana aggiungere al centro lo zucchero ed un pizzico di sale, versate a filo il latte ed amalgamate gli ingredienti fino ad ottenere una pastella liscia e fluida senza grumi.
Sbattere a parte in una ciotola con la forchetta le uova, aggiungetele alla pastella incorporandole uniformemente, coprite la ciotola con la pellicola da cucina far riposare per 60 minuti.
Sciogliete il burro a bagnomaria, riprendete la pastella e incorporate il butto e la cannella in una padella antiaderente ben calda fate le crespelle.

Procedimento per la torta:

Intanto fate la crema pasticcera e lasciatela raffredare. Nel frattempo montate la panna, unitela alla crema e amalgamate il tutto. Mettete nel fondo del piatto un disco di crespella e cospargetela con la crema ottenuta e ripetere l'operazione per 5 dischi di crespelle.
Coprite con nutella e decorare con ciufetti di panna.

Insalata di polpo con cous cous friggitelli e rucola
Octopus salad with couscous friggitelli and rocket

INGREDIENTI PER 4 PERSONE:
- 300 g di polpo
- 100 g di cous cous
- 150 g di friggitelli
- rucola a piacere
- olio extravergine di oliva qb
- sale e pepe

INGREDIENTS FOR 4 SERVINGS:
- 300 g of octopus
- 100 g of couscous
- 150 g of friggitelli peppers
- rocket to taste
- extra virgin olive oil to taste
- salt and pepper

Lessare il polpo, tagliarlo a cubettini e unirlo al cous cous cotto al vapore insieme ai friggitelli gia precedentemente fritti. Passare con olio di oliva extravergine, sale e pepe ed ultimare con foglioline di rucola.

Boil the octopus, cut it into small cubes and add it to the steamed couscous and the fried friggitelli peppers. Drizzle with some extra virgin olive oil, add salt and pepper and finish off with some rocket leaves.

Condimento consigliato Vincotto ai Mirtilli
Seasoning suggested Vincotto with Blueberries

LA NASSA

Titolare › Famiglia Melpignano ○ **Chef** › Leonardo Di Biase

SAVELLETRI DI FASANO (Brindisi) ○ Strada Litoranea 379 ○ +39 080 4827769 ○ **www.masseriasandomenico.com**
Chiuso / *Closed* › Sempre aperto d'estate ○ *Always opne in summertime*

Un posto incantevole, situato proprio sullo splendido litorale di Savelletri di Fasano. È il secondo ristorante della Masseria San Domenico, pensato per i turisti che non vogliono lasciare l'ombrellone durante la pausa pranzo, ma anche per i non residenti nella struttura, che magari vogliono consumare un pranzo al San Domenico a Mare, oppure una cena a lume di candela in un posto elegante ma informale. La cucina è all'altezza della fama del San Domenico, e ovviamente privilegia i piatti di mare: lo chef Leonardo Di Biase predilige gli ingredienti del territorio e i suggerimenti dei ricettari di famiglia. Il menù, ovviamente, risente della vicinanza delle onde, e privilegia la cucina marinara. Se cercate un posto stupendo per passare un paio d'ore in completo relax, dimenticando tutti i problemi della vita quotidiana, La Nassa e il San Domenico a mare è ciò che fa per voi.

Four beautiful bedrooms "pied dans l'eau" where you will be lulled by the lapping of waves on the rocks. A scenario of natural beauty reserved for those who want to enjoy the sea breeze in complete relaxation, with the same welcoming spirit of the Masseria San Domenico. The happy hour will be a relaxing moment to enjoy the magnificent sunset, spoiled by the professionalism of our bartenders who will satisfy even the most exotic requests. For the most demanding tastes, a wide selection of champagne, caviar and vodka will be available to enjoy while having your feet on the rocks and the phone off, in order to pursue the philosophy that has always belonged to the Masseria San Domenico, where the only commitment of the guest, with the support of the staff, is to be spoiled and relax. At San Domenico a mare the restaurant La nassa promises a truly unforgettable experience, thanks to the skillful hands of Chef Leonardo Di Biase, who's passionate about seafood recipes of the local tradition with special attention to the freshness and quality of local ingredients.

Carta dei Vini › Wine List	**Cucina** › Cuisine	**Tipologia** › Tipology	**Prezzo Medio** › Average Price
200 etichette › labels	**Pugliese** › Apulian	**Elegant** › Elegant	70 €

Linguine all'aragosta

INGREDIENTI PER 4 PERSONE:
- 1 kg aragosta
- 300 g pomodoro "Pachino" spellato
- 350 g pasta formato linguine
- 2 spicchi di aglio
- sale qb
- pepe qb

Pulire l'aragosta e tagliarla a tranci. Mettere in padella olio e aglio ed appena l'olio è giunto a temperatura unire i tranci di aragosta e rosolarli da ambo i lati. Aggiungere i pomodori "Pachino" spellati e schiacciati, terminare la cottura con un pizzico di sale e pepe.

Una volta cotte le linguine "al dente" spadellarle e mantecarle con la salsa all'aragosta per due minuti e poi servire.

Semifreddo al limoncello

Carpaccio di scorfano
Rockfish carpaccio

INGREDIENTI PER 4 PERSONE:
- 600 g scorfano - 50 g succo di arancia - olio extravergine di oliva qb

INGREDIENTS FOR 4 SERVINGS:
600 g of rockfish - 50 g of orange juice - extra virgin olive oil to taste

Squamare ed eviscerare lo scorfano, successivamente sfilettarlo senza anneggiarne la carcassa ed eliminare la lisca. Tagliare finemente delle fettine dai filetti precedentemente ottenuti. Sistemare all'interno del piatto la carcassa dello scorfano e adagiare sull'apertura della carcassa le fettine dei filetti. Versare il succo d'arancia e un filo d'olio di extravergine d'oliva.

Scale and gut the rockfish, then fillet it without damaging its carcass and remove the fishbone. Cut the fillets into thin slices. Place the fish carcass on the serving dish and lay the fish slices on the open part of the carcass. Pour the orange juice and a drizzle of extra virgin olive oil over the fish.

INGREDIENTI PER 4 PERSONE:
- 1 lt di panna per dolci
- 6 albumi d'uovo
- 20 cl di limoncello
- pan di spagna

Montare la panna. Montare gli albumi d'uovo a neve ed incorporarli alla panna girando dal basso verso l'alto. Aggiungere il limoncello e continuare ad amalgamare. Sistemare il composto in stampini monodose e ricoprire con dei dischetti di pan di spagna dello spessore max 2 cm e delle dimensioni della base dello stampino .
Far rapprendere il tutto nel congelatore per 2 ore, sformare e servire con un cicchetto di limoncello.

LAMIOLA PICCOLA

Titolari › Caterina Valente e Leonardo Petrella ○ **Chef** › Tonino D'Amico

OSTUNI (Brindisi) ○ Contrada Lamiola Piccola ○ +39 0831 359972 / +39 339 2360791 ○ **www.lamiolapiccola.com**
Chiuso / *Closed* › Lunedì ○ *Monday*

La masseria, antico insediamento della splendida architettura rurale, risale al XVII secolo ed oggi ospita un agriturismo di charme nascosto tra gli ulivi secolari. Immersa in un affascinante paesaggio caratterizzato da macchia mediterranea, dalla collina domina un mare fitto di uliveti misurato da muretti a secco, da una terra rossa che si illumina di tonalità mutevoli secondo il trasformarsi della luce. Il restauro dell'antico corpo abitativo testimonia che lo spirito primitivo della masseria è ancora vivo. La cucina propone uno straordinario antipasto comprendente ben undici portate (salumi, formaggi, verdure, il classico "fave e cicorie"...). Per primo orecchiette con ragú di braciole e polpette, oppure i laganari con salsiccia e melanzane. Per secondo, se avrete ancora fame, agnello al forno. Chiusura in grande con dolci e liquori della casa.

This old manor farm with beautiful rural architecture dates back to the seventeenth century and is now a charming agritourism hidden among the centuries-old olive trees. Nestled in a beguiling landscape of Mediterranean shrubland, from the hill it overlooks a sea full of olive groves marked by dry-stone walls, and red earth that changes colour-tone according to the transformation of the light. The restoration of the main body of the building still shows that the primitive spirit of the farm is still alive. The cuisine offers an extraordinary eleven course appetizer (cold cuts, cheeses, vegetables, the traditional "fava beans and chicory"...). As a main course, the orecchiette pasta with pork and meatball Bolognese sauce, or the laganari with sausage and aubergines. As a second course, if you are still hungry, try the roasted lamb. Conclude with homemade desserts and liqueurs.

Carta dei Vini › Wine List	**Cucina** › Cuisine	**Tipologia** › Tipology	**Prezzo Medio** › Average Price
80 etichette › labels	**Tipica** › Typical	**Agriturismo**	35 €

Orecchiette alla crema di basilico e cacioricotta
Orecchiette with basil cream and cacioricotta

INGREDIENTI PER 4 PERSONE:
- 400 g di orecchiette - 100 g di pomodorini
- crema di basilico - cacioricotta - cipolla - olio qb

INGREDIENTS FOR 4 SERVINGS:
- 400 g of orecchiette pasta - 100 g of small tomatoes
- basil cream - cacioricotta cheese - onion - oil to taste

Per la crema di basilico: tritare in un mixer 1 cucchiaio di olio e un ciuffo di basilico. Soffriggere la cipolla, scottare i pomodorini, aggiungere la crema di basilico ed il cacioricotta in abbondanza. Cuocere le orecchiette e saltarle nella crema.

Make the basil cream by mixing a sprig of basil with a tablespoon of olive oil in a blender. Fry some onion, scald the tomatoes, add the basil cream and abundant cacioricotta cheese. Cook the orecchiette pasta and sauté with the cream.

Carpaccio di zucchine
Courgette carpaccio

INGREDIENTI PER 4 PERSONE:
- 1 zucchina tagliata sottilmente
- olio extravergine di oliva
- sale e pepe qb
- aceto
- scaglie di grana qb

INGREDIENTS FOR 4 SERVINGS:
- 1 thinly sliced courgette
- extra virgin olive oil
- salt and pepper to taste
- vinegar
- parmesan cheese flakes to taste

Lavare e tagliare le zucchine, disporle sul piatto e condirle a piacimento, con olio, sale, pepe e scaglie di parmigiano.

Wash and cut the courgette and place the slices on the serving dish. Season to taste with olive oil, salt. pepper and parmesan cheese.

Brasciola con patate

INGREDIENTI PER 4 PERSONE:
- 4 brasciole - 4 patate
- formaggio parmigiano qb - prezzemolo qb
- sale e pepe qb - 1 bicchiere di vino bianco
- rosmarino, alloro, cipolla, olio qb

Con le brasciole preparare gli involtini e riempirli col condimento (parmigiano, prezzemolo, sale e pepe). Cuocere le patate per 5 minuti in acqua bollente, quindi tagliarle a pezzettoni. Preparare il sugo per le brasciole: mettere in padella olio, cipolla, pomodorini, prezzemolo tritato, rosmarino e alloro, cuocere a fuoco basso e sfumare con 1 bicchiere di vino bianco. Aggiungere le brasciole precedentemente soffritte e le patate, quindi servire.

Brasciola with potatoes

INGREDIENTS FOR 4 SERVINGS:
- 4 brasciole - 4 potatoes
- Parmesan cheese to taste - parsley to taste
- Salt and pepper to taste - 1 cup of white wine
- Rosemary, laurel, onion, olive oil to taste

Prepare the brasciole rolls by filling the brasciole with the stuffing (made with parmesan cheese, parsley, salt and pepper). Cook the potatoes in boiling water for 5 minutes, then cut into big pieces. Prepare the sauce by putting some oil, onion, tomatoes, chopped parsley, rosemary and laurel in a pan. Cook over low heat and simmer with a glass of white wine. Add the previously fried brasciole and the potatoes, then serve.

LE ANTICHE SERE

Titolari e Chef › Nazario Biscotti e Lucia Schiavone

LESINA (Foggia) ○ Via Pietro Micca, 22 ○ +39 0882 991942 / +39 347 3551079 ○ **www.leantichesere.it**
Chiuso / *Closed* › Lunedì ○ *Monday*

Ispirata alla tradizione culinaria lesinese, con delle incursioni in quella del vicino Gargano, la cucina è caratterizzata dalla genuinità degli ingredienti, tutti di provenienza locale, e dall'innovazione, con accostamenti inusuali ma mai esasperati, frutto di una attenta ricerca e di una lunga esperienza. Regina incontrastata del menù è l'anguilla, ma non mancano altri prodotti tipici della tradizione lacustre: cefali, bottarga, crugnaletti. Le pietanze sono accompagnate da verdure spontanee locali con proposte che variano in base alle stagioni. Da non perdere: insalata di pane, alga salicornia e alice; ricottina alle erbe, cefalo agli agrumi; maltagliati al basilico e rapa, polpa di cefalo e bottarga; orata, velo di zucchine, cipolla di Zapponeta e riduzione di vino Nero di Troia; variazione di cioccolato.

Inspired by the culinary traditions of Lesina, with hints from the near Gargano, this cuisine is characterized by the all local ingredients of quality, and the innovation, of unusual but not exaggerated combinations, thanks to a careful research and a lot of experience. The undisputed queen of the menu is the eel, but there are many other typical lake fish, like the mullet, fish roe and the crugnaletti. The dishes are accompanied by local wild vegetables that vary according to the season. We recommend the bread salad and salicornia seaweed with anchovies; the ricotta cheese with herbs and the citrus mullet; the maltagliati pasta with basil and turnips and the mullet and fish roe pulp; the sea bream, courgettes, Zapponeta onion with a Nero di Troia wine reduction; and the chocolate mousse.

Carta dei Vini › Wine List	**Cucina** › Cuisine	**Tipologia** › Tipology	**Prezzo Medio** › Average Price
220 etichette › labels	Gourmet	Trattoria moderna	40 €

Anguilla in forno con patate e lampascione

INGREDIENTI PER 4 PERSONE:
- 4 anguille da 150 g - 4 patate medie - 4 pomodorini
- 2 foglie di alloro - 2 spicchi di aglio - prezzemolo tritato
- olio extravergine di oliva - sale qb

Eviscerare e tagliare le anguille in trancetti di circa 3 cm, lavarli bene e disporli in una teglia con l'aglio, abbondante olio, le patate tagliate grossolanamente, l'alloro, i pomodori, il prezzemolo e il sale. Mescolare con le mani, assicurandosi che i pomodori restino in superficie (per farli rosolare). Aggiungere acqua fino a coprire i 2/3 del contenuto. Cuocere a 220° per 35 minuti circa.

Tortino di ricotta vaccina con salsa agli agrumi

INGREDIENTI PER 4 PERSONE:
- 1 darna di cefalo di 3 etti - 200 g di ricotta
- 1 foglio di colla di pesce - 1 cucchiaio di panna
- sale, erbe aromatiche (menta e basilico)
Per la marinatura: - buccia di limone, buccia di arancia, zucchero di canna e sale grosso
Per la salsa: - polpa di arancia pelata al vivo

Sfilettare il cefalo, ricavarne dei carpacci piuttosto lunghi e metterli a marinare per una decina di minuti con lo zucchero, sale, pepe, olio, buccia di arancia e limone. Nel frattempo mettere in ammollo la colla di pesce in acqua fredda e scioglierla a caldo (a 60°) col cucchiaio di panna, aggiungendo la ricotta, il sale e le erbe tritate. Lavorare il tutto, asciugare il pesce messo a marinare e foderare una pirofila, versateci il composto di ricotta e lasciate in frigo per 3 ore.
Preparazione della salsa: emulsionare la polpa di arancia e limone con zucchero e sale, aggiungere un goccio d'olio. Affettare il cefalo e aggiungere un cucchiaino di salsa.

Tagliatelle alla rapa rossa
Tagliatelle with beetroot

INGREDIENTI PER 4 PERSONE:
Per l'impasto della pasta: - 1 rapa rossa lessa - 200 g di farina
- 300 g semola macinata - 3 uova intere - vino bianco
- 4 pomodori verdi - 12 gamberi (8 dei quali vanno lasciati interi)
- 100 g di scaglie di mandorle tostate - aglio - olio - cipolla - sale

INGREDIENTS FOR 4 SERVINGS:
For the pasta dough: - 1 boiled beetroot - 200 g of flour
- 300 g of ground semolina - 3 eggs - white wine
- 4 green tomatoes - 12 shrimp (8 of which must be left whole)
- 100 g of toasted almond flakes - garlic - olive oil - onion - salt

Per l'impasto della pasta: frullare in un robot la farina e la rapa, aggiungere le uova. Stendere la sfoglia e ottenere le tagliatelle.
Per la crema di pomodoro verde: colare i pomodori in acqua bollente, raffreddarli, sbucciarli e togliere i semi. In un tegame mettere la polpa dei pomodori, con olio, aglio e cipolla, salare e cuocere per 10 minuti, aggiungendo acqua (se necessario) per mantecare. Per rendere più densa la crema aggiungere mezza patata lessa. **Per il sughetto:** mettere in un tegamino 4 cucchiai di olio e le teste di 4 gamberi, un po' di sale, uno spicchio di aglio. Sfumare con vino bianco. Cuocere le tagliatelle in acqua salata e mantecarle nel sughetto. Saltare a parte (in olio) il pomodoro tagliato a cubetti, salare e pepare. Tostare le mandorle. Impiattare le tagliatelle, adagiate le code di gambero facendole mantenere in piedi, guarnire con i cubetti di pomodoro e le mandorle tostate.

Pasta preparation: mix the flour and the beetroot in a food processor and then add the eggs. Roll out the dough and make the tagliatelle. Green tomato cream preparation: Boil the tomatoes in water, leave them to cool, then peel and remove the seeds. Put the tomato pulp in a pan with olive oil, garlic, onion and salt and cook for 10 minutes, adding water (if necessary). To make the cream more dense add half a boiled potato.
Fish sauce preparation: Put 4 tablespoons of oil and 4 shrimp heads in a saucepan, add a pinch of salt and a garlic clove. Simmer with some white wine. Cook the Tagliatelle pasta in salted water and then put it in the fish sauce. In another pan, sauté a diced tomato in olive oil, and add salt and pepper. Toast the almonds. Serve the tagliatelle, put the shrimp tails on top keeping them standing upright, garnish with the diced tomato and the toasted almonds.

MOI Rosato del Salento IGP
VIGNE&VINI / Leporano (TA)

Profumo delicato, fresco, gradevole che ricorda la ciliegia ed il melograno. Al gusto à morbido, sapido, asciutto, leggermente tannico, fresco e giustamente persistente.

A delicate, fresh and pleasant scent that is reminiscent of cherry and pomegranate. Its taste is smooth, savoury, lightly tannic, fresh with a good persistence.

Le Macare
CAMBIO di
STAGIONI3
ESTATE
ARCOBELLI
ATTANASIO
PICCINNO

LE MACÀRE

Titolare › Daniela Montinaro e Annarita Merenda ○ **Chef ›** Daniela Montinaro

ALEZIO (Lecce) ○ Via Mariana Albina, 140 ○ +39 0833 282192 ○ **www.lemacare.it**

Chiuso / *Closed* › Martedì (mai d'estate) - Aperto solo a cena e la domenica a pranzo ○ *Tuesday (never in summer) - Open only for dinner (and sunday lunch)*

Ai confini di Alezio e della notte c'è un posto speciale, un'oasi di buongusto e pacatezza, di sorrisi e rilassatezza, di amici che si ritrovano e nuove amicizie che si formano, di una cucina che non è ansia da prestazione nè ingannevole salentinità. Le Macàre sono Daniela in cucina e Annarita in sala. Sono due amiche e socie che pensano che fare ristorazione non sia soltanto calcolo o un'alternativa alla mancanza di opportunità, ma una rete di relazioni con gente speciale, un'espressione creativa pari allo scrivere al dipingere e al suonare. La loro cucina non si piega né alle stranezze dei viaggiatori estivi né alla poca propensione al rischio degli autoctoni ma si esprime in piena autonomia anche sulle sabbie mobili della seduzione facile. Lo scontato successo della nudità di gambero "violetto" di Gallipoli avvolta dal velluto profumato dell'olio di Scupola convive con l'umile sgombro impreziosito da una superba e inedita "acqua pazza"; il godimento immediato e arcaico della "pitta" viaggia senza problemi con melanzane e peperoni e zucchine sublimate da interpretazioni insolite e raffinate; le canoniche cozze nere gratinate affiancano senza imbarazzo una morbida e sensuale insalata di mare. (www.lemacare.it)

At night, in the outskirts of Alezio there is a special place, an oasis of good taste, of calmness, of smiles and of relaxation, where friends meet and new friendships are made, where the cuisine has no fear of performance nor is deceiving to the Salento traditions. The Macàre are Daniela for the cuisine and Annarita for the service. They are friends and work partners who think that catering isn't only calculation or scarcity of other opportunities, but also a network of relationships with special people, a creative art expression equal to writing, painting and playing. Their cuisine does not vary for the odd requests from summer travellers nor for the lack of open mindedness of the locals, but it's expressed in full autonomy on the shifting sands of an easy seduction. The obvious success of the nakedness of the violet shrimp from Gallipoli wrapped in the velvety and fragrant Scupola oil combined with the humble mackerel enhanced by a superb and unusual "acqua pazza"; the immediate archaic enjoyment when tasting the "pitta" combined with aubergines, peppers and courgettes sublimated and refined by unusual interpretations; the canonical black mussels au gratin accompanied unembarrassed by a soft and sensual seafood salad. (www.lemacare.it)

Carta dei Vini › Wine List	**Cucina** › Cuisine	**Tipologia** › Tipology	**Prezzo Medio** › Average Price
25 etichette › labels	**Salentina**	**Trattoria**	**25/30 €**

Linguine ai ricci

INGREDIENTI PER 4 PERSONE:
- linguine di Gragnano - 200 gr di polpa di ricci freschissimi
- 1 spicchio di aglio tritato finemente - olio extravergine di oliva
- sale e pepe qb - prezzemolo tritato qb

Cuocere in abbondante acqua bollente le linguine , nel frattempo far scaldare appena e molto dolcemente (evitando di farli bruciare), l'aglio e il prezzemolo in una ampia saltiera. Togliere dal fuoco ed aggiungere la polpa dei ricci, salare e pepare a piacimento ed emulsionare con una forchetta. Versare le linguine nella saltiera, aggiungere un mestolo dell'acqua di cottura della pasta e rimettere sul fuoco e far saltare a fuoco vivo finché' non si ottiene un sughetto denso. Con l'aiuto di pinza e mestolo, creare un nido di linguine per commensale e deporre in un piatto caldo. nappare con il fondo e servire, spolverizzando con del prezzemolo tritato.

Linguine with sea urchins

INGREDIENTS FOR 4 SERVINGS:
- Linguine from Gragnano pasta - 200 g of fresh sea urchins
- 1 finely chopped garlic clove - extra virgin olive oil
- Salt and pepper - chopped parsley

Cook the linguine in plenty of boiling water, and in the meantime, gently cook (avoiding to burn) the garlic and parsley in a large saucepan. Remove from the heat and add the sea urchin pulp, salt and pepper to taste and emulsify using a fork. Pour the linguine into the saucepan, add a ladle of the pasta cooking water and put the pan back on the fire over high heat until the sauce has thickened. Create a linguine nest per person using some pliers and a ladle and place it in a hot dish. Glaze with the remaining sauce and serve with a sprinkle of chopped parsley.

Tortino di alici con bufala e finocchietto selvatico

INGREDIENTI PER 4 PERSONE:
- 800 g di alici freschissime - 1 mozzarella di bufala
- pangrattato - olio extraverfgine di oliva
- sale, pepe, finocchietto selvatico

Spinare le alici e disporle in uno strato su una teglia unta di olio, salare, pepare, sminuzzare il finocchietto e cospargerlo sulle alici, irrorare con un filo d'olio e disporre le fettine di mozzarella in uno strato compatto. Coprire con le restanti alici e nuovamente, salare, pepare e irrorare di olio. spolverizzare con pangrattato e infornare in forno caldo (170°) per una decina di minuti o finchè la superficie non sara' dorata.

Crostata di arance e cioccolato

INGREDIENTI PER 4 PERSONE:
Per al frolla: - 300 g di farina - 150 g di zucchero - 150 g di burro
- 2 tuorli - vaniglia
Per la farcia: - 100 g di marmellata d'arance
- 100 g di cioccolato fondente valrhona 55% (equatoriale) - 100 g di panna liquida

Mescolare farina e zucchero sulla spianatoia, fare la fontana e versare i tuorli, disporre il burro tagliato a pezzi, la vaniglia raschiata con la punta di un coltello. impastare velocemente, formare un palla, coprire con pellicola e far riposare in frigo per un'ora. Preparare la ganache facendo sciogliere dolcemente (potete usare anche il microonde) il cioccolato nella panna. Imburrare e infarinare uno stampo da crostata. stendere la pasta frolla in un disco sottile e ricoprire lo stampo. Versare la marmellata e, sulla marmellata, versare la ganache ancora tiepida. Stendere la restante pasta in un disco e ricavare delle strisce di pasta di circa 3/4cm con le quali coprirete la crostata, disponendole in parallelo ad una distanza di pochi millimetri l'una dall'altra. Infornare in forno caldo a 175° per mezz'ora circa, lasciar raffreddare completamente prima di servire spolverizzata di zucchero a velo.

LOCANDA DI FEDERICO

Titolare › Gianluca Spagnulo ○ **Chef** › Anna Maria Pellegrino

BARI ○ Piazza Mercantile, 63 ○ +39 080 5227705 ○ **www.lalocandadifederico.com**

Chiuso / *Closed* › Sempre Aperto ○ *Always open*

È situata in una delle piazze più belle di Bari vecchia. I tradizionali piatti caserecci, tipici della Puglia, la meticolosità nella scelta dei vini, quasi esclusivamente pugliesi, accompagnati dal garbo e dalla gentilezza che contraddistinguono lo staff, fanno sentire subito i commensali circondati di attenzioni e premure, sicchè ognuno si sente "come in casa propria" e subito nasce quella simpatia che al momento del commiato fa aggiungere "Ci rivedremo al più presto". Nel menù giornaliero ci sono sempre tanti buoni piatti da provare, ma quello assolutamente da non perdere, è lo stinco di maiale: una delizia che non ha eguali. In alternativa la stratosferica zuppa di pesce, perché qui, che si tratti di pesce o di carne, il risultato nel piatto è sempre eccellente. Meritano l'assaggio anche la strepitosa calamarata e i gustosissimi gnocchi con cozze e crema di melanzane.

This place is located in one of the most beautiful squares in the old part of Bari. The traditional homemade typical dishes from Puglia, the careful choice of the wines, almost all from Puglia, accompanied by the grace and kindness that distinguish the staff, immediately makes guests feel surrounded with attention and care, so that everyone feels "at home" and there is instantly that sympathy which makes one say "See you soon" before leaving. In the daily menu there are always many good dishes to try, but the one that must be tasted is the pork shank: a delight that has no equals. Alternatively, taste the stratospheric fish soup, because here, be it fish or meat, the result in the dishes is always excellent. The amazing calamarata squid and the delicious gnocchi with mussels and aubergine cream are worth trying too.

Carta dei Vini › Wine List	**Cucina** › Cuisine	**Tipologia** › Tipology	**Prezzo Medio** › Average Price
100 etichette › labels	**Pugliese rivisitata** › Apulian rivisited	**Trattoria**	30/35 €

Zuppa di pesce

INGREDIENTI PER 4 PERSONE:
- 1 kg di pomodori pelati
- 1 scorfano
- 1 calamaro grande
- ½ rombo
- ½ kg cozze
- ½ kg vongole
- 4 gamberoni o scampi grandi
- sale q.b.
- peperoncino secco q.b.
- 1 rametto di prezzemolo
- 1 spicchio di aglio
- olio extravergine di oliva

In una pentola capiente mettere olio e aglio, appena l'aglio è lievemente dorato eliminatelo e aggiungete i pomodori pelati tagliati in grossi pezzi, lasciar cucinare a fuoco dolce e a lungo, nel frattempo pulire tutto il pesce.

Aggiungere poco sale al pomodoro e per primi mettere gli anelli e i ciuffi del calamaro, dopo pochi minuti il rombo tagliato in grossi pezzi, a parte aprire i gusci, così che si possano eventualmente eliminare quelli non buoni. Intanto aggiungere alla zuppa i gamberoni o gli scampi dopo aver tagliato il carapace per agevolare i commensali, infine aggiungere i pezzi di scorfano e il peperoncino, i gusci già aperti e il loro sughetto, coprire e lasciar cuocere per pochi minuti a fiamma bassa. Servire la zuppa con dei crostini di pane confezionati con farina integrale e farina di farro, arricchite con semi di girasole e sesamo.

Riso venere e calamari
Black rice with squid

INGREDIENTI PER 4 PERSONE:
- 350 g di riso venere - 1 peperone rosso grande - 4 calamari freschi
- 1 rametto di menta - 1 limone - olio etravergine di oliva qb

INGREDIENTS FOR 4 SERVINGS:
- 350 g of black rice - 1 large red pepper - 4 fresh squid
- 1 sprig of mint - 1 lemon - extra virgin olive oil to taste

Lessare in acqua salata il riso venere e farlo raffreddare dopo averlo scolato e aperto su un vassoio, tagliare a rondelle sottilissime i calamari e i loro ciuffi e cuocerli in padella con un filo di olio extravergine, tagliare i peperoni rossi in piccoli cubetti uguali e soffriggerli dolcemente con poco olio extravergine, una volta raffreddati tutti gli ingredienti cosi preparati si devono unire in una ciotola, vanno infine conditi con succo di limone, pochissimo olio extravergine di oliva, foglie di menta tritate finissime e se gradita, la buccia del limone grattugiata.

Boil the black rice in salted water and leave it cool after draining and laying it on a tray. Cut the squid and their tentacles into thin rings and cook them in a pan with a drizzle of extra virgin olive oil. Cut the red peppers into small cubes and fry them gently with a drop of olive oil too. When the prepared ingredients have cooled, put them all in a bowl and season with lemon juice, a drop of extra virgin olive oil, finely chopped mint leaves and, if you like it, some grated lemon zest.

Cheesecake al pistacchio

INGREDIENTI PER UNA TORTA:
- 200 g di biscotti - 100 g di burro - 500 g di formaggio spalmabile
- 300 g di panna fresca - 200 g di zucchero - 4 fogli di colla di pesce
- 50 g di pasta di pistacchio di bronte - 1 stampo per torta con cerniera

Fondere il burro e unirvi i biscotti sbriciolati, creare così la base della torta direttamente nello stampo, lasciare in frigo. In una piccola planetaria con la frusta amalgamare 130 gr di zucchero, il formaggio e 170 gr di panna, quando la crema è ben amalgamata si devono unire i 2 fogli di colla di pesce precedentemente ammorbiditi e sciolti in poca acqua sul fuoco, farli incorporare per bene alla crema e metterla nella tortiera sul fondo di biscotti, lasciare in frigo. Adesso preparare il top della cheesecake con la panna rimasta, lo zucchero rimasto, la pasta di pistacchio e i 2 fogli di colla di pesce precedentemente ammollati in acqua fredda. Mettere tutti questi ingredienti in un pentolino e riscaldarli sino a quando non siano ben amalgamati tra loro, passarli nella ciotola della planetaria e farli montare leggermente per pochi minuti, farli quindi raffreddare prima di aggiungerli come ultimo strato alla cheesecake tenuta in frigo, lasciare il dolce almeno 4 ore in frigo prima di servirlo.

Locanda "Rivoli"
CUCINA TIPICA - BRACERIA

LOCANDA RIVOLI
Titolare e Chef › Antonella De Donno

LECCE ○ Via Augusto Imperatore, 13 ○ +39 0832 331678 ○ **www.locandarivoli.it**
Chiuso /*Closed* › Lunedì ○ *Monday*

 Il calore di questo luogo si percepisce subito. Dal sorriso di Antonella, donna dalla simpatia contagiosa, che con gesti semplici e accoglienza salentina vi farà sentire come a casa, per scoprire i sapori del Salento. La selezione dei prodotti, la freschezza degli alimenti, l'inconfondibile prodigio delle scelte di Antonella, vi accompagnerà in uno straordinario viaggio nella tradizione gastronomica leccese. Si parte dagli antipasti, una sequenza di prelibatezze come la "Taiedda" di riso, patate e cozze"; ma sono imperdibili i "ciceri e tria" e le "sagne 'ncannulate". Dalla carne al pesce, dalle verdure agli ortaggi, la materia prima è acquistata direttamente dai produttori per favorire il consumo consapevole, buono, pulito e giusto. La selezione dei vini premia le aziende del territorio, com'è giusto che sia in un locale del genere. Il finale è dolcissimo, con la torta pasticciotto, un cofanetto di pasta frolla con irresistibile crema.

One is immediately aware of the warmth of this place thanks to Antonella's smile, a woman with a contagious friendliness, who with simple gestures and a typical Salento welcome will make you feel at home, and discover the flavours from the area. The selection of products, the freshness of the food, the unmistakable wonder in Antonella's selections, will take you on an extraordinary journey through the culinary traditions of Lecce. Start with the appetizers, a sequence of delicacies such as the rice potatoes and mussels "Taiedda", but you also can't miss the "Ciceri e Tria" and the "sagne 'ncannulate". From meat to fish to vegetables, the fresh produce is purchased directly from the producers to promote responsible, good, clean and fair food consumption. The selection of wines rewards the local companies, just as it should be in a place like this. The pasticciotto cake, short pastry on the outside and full of irresistible cream inside, makes the finale very very sweet.

Carta dei Vini › Wine List	**Cucina** › Cuisine	**Tipologia** › Tipology	**Prezzo Medio** › Average Price
50 etichette › labels	**Pugliese** › Apulian	**Trattoria**	25 €

Tempura

Millefoglie di spada
Swordfish millefoglie

INGREDIENTI PER 4 PERSONE:
- 300 g farina -1 lt di birra - 4 gamberi - 1 albume - olio di semi
- ortaggi e frutta di stagione *(zucchine, melanzane, peperoni, carote, finocchi, cipolla, carciofi, ananas, banana, mela)*

INGREDIENTS FOR 4 SERVINGS:
- 300 g of flour - 1 l of beer - 4 shrimp - 1 egg white - seed oil
- Vegetables and fruits in season *(courgettes, aubergines, peppers, carrots, fennel, onion, artichokes, pineapple, banana, apple)*

In una terrina con la frusta lavorare l'albume aggiungerndo la farina e stemperando con la birra fino ad ottenere una pastella omogenea.
Tagliare la frutta e la verdura a pezzettoni passarla nella pastella e friggerrla in olio abbondante e ben caldo e fare altrettanto con i gamberi.

Whisk the egg white in a bowl whilst adding the flour and diluting with a drop of beer until it's a smooth batter.
Cut the fruit and vegetables into large pieces and dip them into the batter, then fry them in abundant hot oil. Do the same with the shrimp.

INGREDIENTI PER 4 PERSONE:
- 700 g melanzane - 450 g pesce spada - 800 g pomodori "ciliegini"
- grana Padano - pesto di basilico - olio extravergine d'oliva - sale e pepe q.b.

INGREDIENTS FOR 4 SERVINGS:
- 700 g of aubergines - 450 g of swordfish - 800 g of cherry tomatoes
- Grana Padano cheese - basil pesto - extra virgin olive oil - salt and pepper to taste

Sbucciare le melanzane tagliarle a fette sottili e grigliarle. Preparare il sugo di pomodoro. Affettare il pesce spada a fette sottili. Ungere una teglia con olio e sistemare le melanzane e il pesce spada a strati coprendo con il sugo di pomodoro, il pesto ed il formaggio aggisutando di sale. Infornare per 10 min. a 180°. Servire tiepido.

Peel and cut the aubergine into thin slices and then grill them. Make some tomato sauce. Slice the swordfish into thin slices. Grease a baking pan with oil and place the eggplant and swordfish in layers and cover them with the tomato sauce, the pesto and the cheese, and season with salt if needed. Bake for 10 minutes at 180°C. Serve warm.

Vula e vongule
Vula e Vongule

INGREDIENTI PER 4 PERSONE:
- 1 melanzana grande - ½ kg di vongole veraci
- 300 g di maccheroncini (pasta fresca) - pinoli
- basilico - pecorino - olio extravergine d'oliva
- sale - aglio - vino bianco - pesto

INGREDIENTS FOR 4 SERVINGS:
- 1 large aubergine - ½ kg of clams (Veraci)
- 300 g of maccheroni pasta - pine nuts
- basil - pecorino cheese - extra virgin olive oil
- salt - garlic - white wine - pesto

Per il pesto infornare la melanzana per 20 minuti ca. Privarla della buccia. Con un frullatore ad immersione frullare la melanzana aggiungendo il pecorino, il basilico, i pinoli, sale. In una padella saltare le vongole con aglio olio e sfumare con il vino bianco. Cuocere i maccheroncini. A metà cottura scolarli e passarli nella padella e saltare con le vongole aggiungendo il pesto.

To make the pesto, bake the aubergine for about 20 minutes and peel it. Blend the aubergine using an immersion blender and add cheese, basil, pine nuts and salt. Sauté the clams in a pan with oil and garlic and leave to simmer with some white wine. Half cook the Maccheroni pasta, then drain it and put it into the pan with the clams, add the pesto and sauté.

MARMORELLE Bianco IGT Salento
TENUTE RUBINO / Brindisi

Fresco e gioviale, è un vino dalla personalità decisa e dinamica, qualità che riesce a coniugare magnificamente con una fascinosa e fragrante complessità.

Fresh and jovial, it has a strong and dynamic personality, combined with a fascinating and fragrant complexity.

MISERIAENOBILTÀ

Titolare › Franco Lacatena ○ **Chef** › Massimiliano Nocera

ALBEROBELLO (Bari) ○ Piazza del Popolo, 28/29 ○ +39 080 4324082 / +39 349 1928933 ○ **www.miseriaenobiltaweb.it**
Chiuso / *Closed* › Sempre aperto ○ *Always open*

Situato nel Palazzo dei Conti di Conversano nel cuore di Alberobello, è un ritrovo del piacere gastronomico, mondano e musicale. Un vulcano di emozioni che ogni settimana si accende per regalare deliziose serate per chi ama la bella compagnia, la buona cucina e il buon vino. Franco, coniugando innovazione, atmosfera elegante e professionalità, è sempre pronto ad accogliere gli ospiti. Numerose le alternative culinarie messe a disposizione dei propri clienti, una cucina ricercata e un'attenzione particolare alle materie prime fanno del menu il vero fiore all'occhiello del locale. Molteplici le scelte, antipasti di salumi e formaggi tipici del territorio, primi piatti della tradizione rivisitati in chiave moderna, secondi piatti di carne e di pesce, per poi concludere con golosissimi dessert. Infine, una vastissima gamma di vini, circa 200 etichette italiane ed estere scelte tra le migliori cantine, per abbinamenti perfetti con le portate.
Nel ristorante e nello shop on-line (prodottitipicipugliesiweb.it) è possibile acquistare prodotti tipici locali.

Located in the Palazzo dei Conti of Conversano in the heart of Alberobello, this is a meeting place for gastronomic, mundane and music pleasures. A volcano of emotions that erupts every week to give charming evenings to those who love good company, good food and good wine. Combining innovation, elegant atmospheres and professionalism, Franco, is always ready to welcome his guests. There are many culinary alternatives available for the customers, a fine cuisine with particular attention to fresh produce, makes the menu the real highlight of this place. Multiple choices, appetizers with local cold cuts and cheeses, traditional dishes with a modern twist as main courses, meat and fish second courses, and the divine desserts to finish off. Also a wide range of wines, about 200 Italian and foreign labels, selected from the best wineries and perfect to match with the various dishes. In the restaurant and on the on-line shop (prodottitipicipugliesiweb.it) you can by local products.

Carta dei Vini › Wine List	**Cucina** › Cuisine	**Tipologia** › Tipology	**Prezzo Medio** › Average Price
200 etichette › labels	**Pugliese** › Apulian	**Design Restaurant**	18/35 €

Millefoglie di melanzane
Aubergine millefoglie

INGREDIENTI PER 4 PERSONE:
- 16 fette di melanzane grigliate
- 8 fette di pancetta tesa
- 8 fette di scamorza affumicata
- 20 pomodorini ciliegino
- olio extravergine di oliva qb

INGREDIENTS FOR 4 SERVINGS:
- 16 slices of grilled aubergine
- 8 slices of pancetta tesa bacon
- 8 slices of smoked scamorza cheese
- 20 cherry tomatoes
- extra virgin olive oil to taste

Grigliare la melanzana, quindi costruire il piatto alternando una fetta di melanzana, una di scamorza, melanzana, pancetta, scamorza e melanzana. Finire con lo stufatino caldo di pomodori.

Grill the aubergine, then prepare the dish by alternating a slice of aubergine, one of smoked scamorza cheese, then aubergine again, then one of pancetta, then another of cheese and one last one of aubergine. Finish off with a hot tomato stew.

OLTREMÈ Rosso IGT Salento
TENUTE RUBINO / Brindisi

Vino armonico ed avvolgente, dalla trama elegante e persistente, incanta per la sua armonia, per la persistenza e per eleganza.

A balanced and velvety wine, with an elegant and persistent texture; its harmony, persistence and elegance are truly enchanting.

Laganari, vongole e fagiolino
Laganari pasta with clams and green beans

INGREDIENTI PER 4 PERSONE:
- 360 g laganari - 400 g di vongole - 240 g fagiolini
- 16 pomodorini ciliegino - olio, sale qb

INGREDIENTS FOR 4 SERVINGS:
- 360 g of laganari pasta - 400 g of clams - 240 g of green beans
- 16 cherry tomatoes - oil, salt to taste

Riscaldare l'olio in padella con uno spicchio di aglio in camicia, quindi aggiungere i pomodorini e le vongole. Nella pentola con l'acqua calda per la cottura della pasta, cuocere sia i laganari che i fagiolini. Mantecare il tutto per un paio di minuti e servire.

Heat some oil in a pan with a garlic clove, then add the tomatoes and the clams. Cook the laganari and the green beans in the same pot with hot water. When ready, stir the pasta and the beans with the clam sauce for a couple of minutes and then serve.

Semifreddo al Cantalupo brindisino

INGREDIENTI PER 4 PERSONE:
- 8 albumi - 4 tuorlo d'uovo - 260 g di panna - 400 g di melone giallo Cantalupo
120 g di zucchero di semola - 120 g di zucchero a velo

Montare la panna a neve. A parte montare gli albumi a neve. Far riscaldare in un pentolino 50 g di acqua con lo di zucchero di semola. A parte battere il tuorlo a schiuma e aggiungere lo sciroppo caldo ottenuto dall'acqua e dallo zucchero. Tagliare il melone Cantalupo a dadini. Amalgamare il tutto in una ciotola, quindi adagiare l'impasto ottenuto negli stampini e conservare in freezer per almeno due ore prima di servire

NAUSIKAA

Titolari › Martino e Francesco Serio ○ **Chef** › Francesco Serio

MARTINA FRANCA (Taranto) ○ Via Arco Fumarola, 2 ○ +39 080 4858275 ○ **www.ristorantenausikaa.com**
Chiuso / *Closed* › Lunedì ○ *Monday*

Nel cuore barocco di Martina Franca, tra vicoli imbiancati a calce e balconi fioriti, si cela un piccolo gioiello della gastronomia locale: il Nausikaa. La storia del ristorante è la storia di due fratelli, Martino e Francesco che, dopo aver maturato un'esperienza decennale nel settore, hanno avviato con passione e professionalità questo locale, oggi meta affezionata di gourmet e appassionati del buon cibo. L'ambiente, elegante e confortevole, fa da cornice ad un'offerta enogastronomica emozionante e mai banale, che può iniziare con un delizioso purè di fave con padellata di gamberi, seguito da un tortino di verze con ripieno di patate e scorzone nero. Tra i primi consigliamo il cappellaccio ripieno di patate con baccalà e pomodorini, e le linguine di Gragnano con cicorielle di campo, pomodorini d'inverno, acciughe e briciole fritte. Buoni lo stinchetto di agnello e la salsiccia di Norcia al cartoccio profumata ai porcini. Molto invitanti e ben presentati i dolci della casa.

In the baroque heart of Martina Franca, between the whitewashed alleys and the balconies full of flowers, there is a little jewel of local cuisine: the Nausikaa. This restaurant's story is the story of two brothers, Martino and Francesco who, after ten years of experience in this industry, decided to open this new restaurant with passion and professionalism, and now it has become a known destination for gourmets and good food lovers. The elegant and comfortable ambiance is just the right setting for this exciting and never ordinary food and wine selection, which can start with a delicious fava bean purée with shrimp, followed by a savoy cabbage pie with potatoes and scorzone truffle. Among the main courses, we recommend the Cappellaccio pasta stuffed with potatoes, cod and tomatoes; and the Gragnano Linguine pasta with chicory, small winter tomatoes, anchovies and fried crumbs. The lamb shank and the baked sausage from Norcia with porcini mushrooms are very good too. The homemade desserts are very inviting and well-presented.

Carta dei Vini › Wine List	**Cucina** › Cuisine	**Tipologia** › Tipology	**Prezzo Medio** › Average Price
700 etichette › labels	**Tipica creativa** › Typical creative	**Bistrot moderno** › Modern bistrot	30/35 €

Tagliata di tonno rosso
Bluefin tuna tagliata

INGREDIENTI PER 4 PERSONE:
- 600 g filetto di tonno rosso - 100 g mandorle - zucchero
- 30 g mosto cotto - olio extra vergine di oliva
- sale grosso affumicato - pepe qb - salsa di soia

INGREDIENTS FOR 4 SERVINGS:
- 600 g of bluefin tuna fillet - 100 g of almonds - sugar
- 30 g of cooked must - extra virgin olive oil
- smoked coarse salt - pepper to taste - soy sauce

Ricavate 4 tranci uguali dal filetto e ungeteli con olio e salsa di soia e lasciate riposare. In un tegame aggiungete lo zucchero al mosto e lasciate ridurre di un terzo. Tostate le mandorle in forno a 140° per due minuti. Scottate i tranci di tonno 2 minuti per lato in modo che all'interno risultino rossi. Posizionate il trancio su un piatto di portata, salate con il sale grosso, poca salsa di mosto, un giro di olio, guarnendo con rucola selvatica, macinate abbondantemente del pepe fresco.

Cut the tuna fillet into four slices, grease them with oil and soy sauce and leave to rest. Put the sugar and the must in a pan and reduce by one third. Toast the almonds in the oven at 140°C for two minutes. Sear the tuna steaks 2 minutes per side leaving them red inside. Place the tuna on a serving dish, sprinkle with coarse salt, add a small amount of the must sauce, a drizzle of olive oil, plenty of fresh ground pepper and garnish with wild rocket.

Flan soffice di zucchine, pachino e cacio ricotta di capra

INGREDIENTI PER 4 PERSONE:
- 200 g zucchine - 50 g parmigiano - 3 uova intere
- 200 g pomodorini pachino - 1 cipolla - basilico
- sale e pepe qb - cacio ricotta
- olio extra vergine di oliva - vino bianco

Sbucciate e affettate finemente la cipolla e farla appassire in un tegame con olio extra vergine di oliva. Lavate e tagliate le zucchine e aggiungetele nel tegame e sfumate con il vino bianco e lasciare cuocere per venti minuti. Trasferite la purea in una coppa e aggiungete il parmigiano, le uova, sale e pepe, e frullate il tutto. Oleate 4 pirottini e riempiteli con la purea e fateli cuocere in forno a bagnomaria per 18 minuti a 180°.
In un tegame scaldate i pomodorini e aggiungete le foglie di basilico e regolate di sale.
Sformate il flan in un piatto di portata, adagiate sopra i pomodorini e grattugiate abbondante di cacio ricotta e un filo di olio extra vergine di oliva.

MARFI Chardonnay Puglia IGP
VIGNE&VINI / Leporano (TA)

Vino di colore giallo paglierino tenue, dal profumo elegante e da una buona complessità aromatica, che al gusto rivela gradevolissimi sentori di frutta esotica.

The color is pale yellow. Elegant fragrance and nice bouquet, the taste shows very pleasant notes of exotic fruit.

Cappellaci di ricotta e speak con salsa di funghi cardoncelli , pomodorini e cacio ricotta affumicato

INGREDIENTI PER 4 PERSONE:
Per la pasta: - 400 g di farina 00 - 5 uova
Per il ripieno: - 300 g ricotta di mucca - 70 g speach del trentino affumicato - parmigiano qb
Per la salsa: - 300 g funghi cardoncelli - 200 g pomodorini - purea di melanzane - aglio - olio extra vergine di oliva - vino bianco - prezzemolo - cacio ricotta affumicato

Impastate la farina con le uova fino ad ottenere una pasta liscia ed omogenea e lasciate riposare coperta per 30 minuti. Tagliare a julienne sottile lo speak e spadellate velocemente a fuoco alto. Lasciate raffreddare. In una terrina amalgamate la ricotta con il parmigiano e aggiungete lo speak, regolate di sale e pepe. Stendete una sfoglia sottile con la pasta preparata e con un coppa pasta ritagliate 16 cerchi.
Posizionate al centro il ripieno e spennellate i bordi con un rosso d'uovo. Richiudete il cerchio su se stesso ricavando una mezza luna e tirate i lembi all 'indietro. In una padella fate appassire uno spicchio di aglio con olio. Aggiungete i funghi precedentemente tagliati e sfumate con il vino bianco. Aggiungete i pomodorini tagliati, sale e lasciate cuocere per 10 minuti.
Cuocete i tortelli in acqua salata e aggingeteli alla salsa con abbondante prezzemolo tritato. Posizionare i tortelli in un piatto di portata, aggingete il cacio ricotta affumicato a scaglie grosse e guarnite con un rametto di rosmarino e una purea di melanzane.

Tortino caldo e freddo di ricotta e cioccolato fondente

INGREDIENTI PER 4 PERSONE:

Per la frolla:
- 200 g di farina - 80 g di burro - 1 uovo intero - 1 tuorlo
scorza di limone grattugiata

Per il ripieno:
- 200 g di ricotta di capra - 80 g di cioccolato fondente 90
1 uovo - 70 g zucchero - 2 cl crema di latte

Amalgamate il burro ammorbidito a temperatura ambiente
con lo zucchero. Aggiungere la farina setacciata, le uova
e la scorza di limone. Lavorate fino ad ottenere una pasta
liscia ed omogenea e lasciare riposare 30 minuti.
Dividete la ricotta in due terrine. Nella prima lavorate
la ricotta con metà zucchero e aggiungete le uova
e il cioccolato tagliato grossolanamente. Nella seconda
terrina lavorate la ricotta con lo zucchero e aggingete
la crema di latte semi montata fino ad ottenere una crema
spumosa e fate riposare in frigo. Stendete la frolla alta
mezzo centimetro e foderate 4 stampini precedentemente
imburrati. Riempite gli stampini con il primo impasto
di ricotta e cuocete in forno per 15 minuti a 180°.
Lasciate intiepidire qualche minuto e sformate su un piatto
di portata. Trasferite la crema di ricotta in un sifone e
formate al lato del piatto due riccioli di spuma. Decorate
con zucchero a velo, scaglie di cioccolato e cantucci.

LIQUIRIZIA
QUINTESSENZA ROSOLI / Polignano a Mare (BA)

Rosolio di liquirizia con
gradevolissimo retrogusto
di pura radice di liquirizia.
Ottimo digestivo. Vol. 25°

Pleasant black-taste of pure
licorice. It is an excellent digestive.
Vol. 25°

www.quintessenzarosoli.it

OSTERIA DEGLI SPIRITI

Titolare › Piero Angelo Merazzi ○ **Chef** › Tiziana Parlangeli

LECCE ○ Via Cesare Battisti, 4 ○ +39 0832 246274 ○ **www.osteriadeglispiriti.it**

Chiuso / *Closed* › Domenica sera ○ *Sunday evening*

Nel centro della città, a due passi dalla Villa Comunale e tra le vie frequentatissime dai leccesi per lo shopping, quest'osteria è un luogo di ritrovo per chi, oltre alla buona cucina, ama condividere con Piero, patròn del locale, l'interesse per la musica, specialmente il jazz. Con la moglie Tiziana in cucina, i due offrono l'opportunità di assaporare i piatti tipici della tradizione salentina: antipasti a base di ortaggi, tra i primi ciceri e tria, trenette di farro con zucchine, cozze e pomodorini; tra i secondi non potete perdervi i pezzetti di cavallo ed i "turcinelli". L'ottimo pasticciotto o una crostata di fichi e cioccolato chiudono egregiamente il pasto.

In the city centre, close to the Villa Comunale and among the streets where the people from Lecce enjoy shopping, this osteria is a gathering place for those who in addition to good food, love to share their music interests with the owner Piero, especially jazz music. With his wife Tiziana's cuisine, they offer the opportunity to taste typical dishes from the Salento: vegetable appetizers, "ciceri e tria" and hulled wheat Trenette pasta with courgettes, mussels and small tomatoes are just some of the main courses. Among the second courses you can't miss the horse pieces and the "turcinelli." The excellent pasticciotto or the fig and chocolate tart desserts finish the meal off very well.

Carta dei Vini › Wine List	**Cucina** › Cuisine	**Tipologia** › Tipology	**Prezzo Medio** › Average Price
400 etichette › labels	**Tipica salentina** › Typical of Salento	**Osteria**	30 €

Triglia al cartoccio
Red mullet al cartoccio

INGREDIENTI PER 4 PERSONE:
- 1 triglia di 300 g - 2 pomodorini - olive denocciolate - sale e pepe qb
- origano e prezzemolo qb - olio extravergine di oliva qb - carta fata

INGREDIENTS FOR 4 SERVINGS:
- 1 red mullet (300 g) - 2 small tomatoes - pitted olives - salt and pepper to taste - oregano and parsley to taste - extra virgin olive oil to taste – fata baking paper

Eviscerare e squamare la triglia, adagiarla su un foglio di carta fata. Condirla con tutti gli ingredienti elencati e chiuderla con lo spago a caramella, infornare per 15 minuti a 170°.

Gut and scale the red mullet, then lay it out on a sheet of Fata baking paper. Season with all the listed ingredients, wrap it up and tie the ends with string like you would tie a sweet.
Bake for 15 minutes at 170°C.

BACCA RARA Puglia IGT
TORREVENTO / Corato (BA)

Vino di colore giallo paglierino, bouquet raffinato con sentori di campo e frutta esotica. Gusto asciutto e vellutato. Vino ben strutturato, ottimo da meditazione per prolungare il piacere della tavola.

Straw yellow with golden glints. Fine bouquet, with notes of wild flowers and exotic fruit. Dry, velvety and round. Wine with a great body, excellent for after dinner.

Torta con ricotta agli agrumi
Ricotta cheese cake with citrus fruit

INGREDIENTI PER 4 PERSONE:
Pasta frolla: 250 g di farina - 1 uovo - 100 g zucchero - 100 g di burro
- marmellata di limoni Rigoni - 500 g di ricotta - 3 uova
- 150 g zucchero - buccia di arancia e limone

INGREDIENTS FOR 4 SERVINGS:
Short crust pastry: - 250 g of flour - 1 egg - 100 g of sugar - 100 g of butter
- Rigoni lemon marmalade - 500 g of ricotta cheese - 3 eggs
- 150 g of sugar - orange and lemon peel

Impastare la frolla e foderare una teglia, stendere la marmellata di limoni e subito dopo riempirla con il composto così ottenuto: frullare lo zucchero con la buccia di limone e di arancia (anche candita), unire la ricotta le uova. Infornare per 30 min. a 165°.

Knead the pastry and line a baking tray with it. Mix the sugar with the lemon and orange peel (you could also use candied fruit), add the ricotta cheese and the eggs. Spread the lemon marmalade on top of the short crust pastry and then add the ricotta mixture on top. Bake for 30 minutes at 165°C.

Filetto di maialino in sfoglia

INGREDIENTI PER 4 PERSONE:
- 4 medaglioni di filetto di maialino
- senape - pancetta - burro
1 tuorlo d'uovo - 1 rotolo pasta sfoglia

Ungere i bordi del filetto con la senape e ricoprirli con la fetta di pancetta. In una padella con un po' di burro sigillare i filetti da entambe i lati. Tagliare in quattro il rotolo di pasta sfoglia, adagiare al centro di ogni triangolo ottenuto il filetto ed unendo le punte della pasta sfoglia verso l'alto formare un sacchetto sigillarlo spennellarlo con il tuorlo d'uovo e infornarlo a 180° per 20 minuti.

Condimento consigliato Vincotto ai Fichi
Seasoning suggested Vincotto with Fig

OSTERIA DEI MULINI

Titolare › Michele Gravina ◦ **Chef** › Angelo Grassi

POLIGNANO A MARE (Bari) ◦ Via Mulini, 2 ◦ +39 080 4251177 ◦ **www.osteriadeimulini.it**
Chiuso /*Closed* › Lunedì ◦ *Monday*

Unire gli ingredienti e i sapori classici della Puglia, i profumi e i colori del territorio e una spruzzata di modernità: questa è la filosofia dell'Osteria dei Mulini, incastonata perfettamente nel centro storico di Polignano a Mare, paese noto per il suo splendido mare e per aver dato i natali a Domenico Modugno e Pino Pascali. All'Osteria dei Mulini i sapori del mare abbracciano le fragranze della terra, dando vita a piatti innovativi e moderni, ricchi di sfumature e colori, ma pur sempre ancorati alla tradizione culinaria pugliese. I piatti dell'Osteria dei Mulini vengono preparati solo ed esclusivamente con prodotti di stagione, principio fondamentale della cucina voluta da Michele Gravina. E ciò permette di offrire un'ampia varietà di pietanze durante l'intero anno.

Combine the ingredients and the classic Puglia flavours, the scents and colours of the land and a splash of modernity: this is the philosophy of the Osteria dei Mulini, set perfectly in the historical centre of Polignano a Mare, a town known for its beautiful sea and for being the birthplace of Domenico Modugno and Pino Pascali. At the Osteria dei Mulini the flavours of the sea embrace the fragrances of the earth, creating innovative and modern dishes, full of colours and shades, but still anchored to the Puglia cuisine traditions. The dishes at the Osteria dei Mulini are prepared exclusively with seasonal products, a fundamental principle desired for this cuisine by Michele Gravina. This also allows you to enjoy a wide variety of dishes throughout the whole year.

Carta dei Vini › Wine List	**Cucina** › Cuisine	**Tipologia** › Tipology	**Prezzo Medio** › Average Price
80 etichette › labels	Pugliese › Apulian	Osteria	25/30 €

Tortino di melanzana

INGREDIENTI PER 4 PERSONE:
- 6 uova - 100 g formaggio paesano - 1 spicchio di aglio - 1 melanzana - olio extra vergine di oliva qb - 6 foglie di menta - sale e pepe q.b.

Forare con uno stecchino la melanzana ed adagiarla sulla griglia fino ad avvenuta cottura. Sbattere le 6 uova in un recipiente ed aggiungere prima il formaggio e poi aglio, sale pepe e menta e per ultima la melanzana, frullare il tutto e riporre il composto in appositi stampini oleati prima per evitare che il tutto si attacchi. Mettere in forno per 15 minuti circa a 180 gradi.

Cavatelli senatore Cappelli e farina di ceci neri ai frutti di mare

INGREDIENTI PER 4 PERSONE:
- 2 spicchi di aglio - 500 g di cozze - 500 g di vongole
- 500 g di scampi - 400 g di cavatelli
- 150 g di pomodorino al filo - olio extravergine di oliva
- sale, pepe e prezzemolo q.b.

Soffriggere l'aglio in una padella con olio extravergine di oliva, aggiungere i pomodorini le cozze, le vongole e per ultimo gli scampi. Quando l'acqua è arrivata a bollire versare la pasta e attendere 5 minuti per la cottura, poi saltare il tutto in una casseruola ed aggiungere il prezzemolo, il pepe ed un filo d'olio extravergine di oliva e servire.

Spigola in crosta di verdure

INGREDIENTI PER 4 PERSONE:
- 4 spigole da 300/400 grammi
- 200 g di zucchine
- 200 g di carote
- sale, pepe ed olio extravergine di oliva q.b.

Sfilettare la spigola dalla parte superiore in modo tale da eliminare la lisca centrale aprendola a portafoglio. Una volta pulita e lavata con acqua salata si può procedere ad adagiarla in una teglia da forno condendola con olio, sale e pepe. Con l'aiuto di un pela patate tagliare delle strisce sottili di carote e zucchine ed adagiarle direttamente sulla spigola.
Infornare a 180 gradi per circa 20 minuti.

Sea bass in a begetable crust

INGREDIENTS FOR 4 SERVINGS:
- 4 sea bass (300/400 g each)
- 200 g of courgettes
- 200 g of carrots
- salt, pepper and extra virgin olive oil to taste

Fillet the sea bass from the top to eliminate the fish bone and open up like a wallet. Clean and wash with salt water, then lay the fillets in a baking tray and season with oil, salt and pepper. Use a potato peeler to cut thin strips of carrots and courgettes and place them on top.
Bake at 180°C for about 20 minutes.

Osteria del **Pozzo Vecchio**

OSTERIA DEL POZZO VECCHIO

Titolare › Adelaide Della Monica ○ **Chef** › Marco Tremolizzo e Stefano D'Andrea

CAVALLINO (Lecce) ○ Via M. Silvestro, 16 ○ +39 0832 611649 ○ **www.osteriadelpozzovecchio.it**

Chiuso / *Closed* › Lunedì (tranne luglio e agosto) ○ *Monday (always open in july and august)*

Sul luogo di un'antica osteria di paese sorge oggi l'Osteria del Pozzo Vecchio. Cento coperti in sala, fresche serate estive da trascorrere in giardino, un agrumeto, dove si trova il vecchio pozzo che dà il nome al locale. La cucina ha radici culturali nella tradizione locale, pugliese e salentina: terra e mare, pietanze mediterranee, legumi e cereali, verdure di stagione dalle campagne e dagli orti, involtini di agnello e carne ferrata, e i classici pezzetti di cavallo al sugo. Il mare è a due passi e il pesce ed i frutti di mare sono sempre freschissimi. Le scelte creative dello chef aggiornano il menù con interpretazioni della casa che contendono il gusto alle pietanze di tradizione. Esse sposano memoria e innovazione, si cimentano in inediti accostamenti, tra mille antipasti e sperimentali sapori. Ben fornita la cantina: una galleria dedicata in particolare ai vini pugliesi e salentini. In prima linea ci sono i rossi: primitvo, negroamaro e malvasia.

The Osteria del Pozzo Vecchio is today, where there once was an old village inn. It has one hundred seats in the dining room, a garden to spend cool summer evenings in, and a citrus grove, where the old well which gives its name to the osteria is. The cuisine has cultural roots in the local, Puglia and Salento traditions: meat and fish, Mediterranean dishes, legumes and cereals, seasonal vegetables from the farmland and the fields, lamb and ferrata meat rolls, and the classic horse pieces in sauce. The sea is very near and fish and seafood are always fresh. The creativeness of the chef's selections update the menu with personal interpretations that contend their taste with the traditional dishes. They combine history and innovation, engage in unusual combinations, among thousands of appetizers and experimental flavours. The wine cellar is well-stocked: a gallery specifically devoted to wines from Puglia and the Salento area. At the forefront are the reds: Primitvo, Negroamaro and Malvasia.

Carta dei Vini › Wine List	**Cucina** › Cuisine	**Tipologia** › Tipology	**Prezzo Medio** › Average Price
200 etichette › labels	**Tipica salentina** › Typical of Salento	**Osteria**	25 €

Scottata di calamaro fresco con verdure grigliate
Seared fresh squid with grilled vegetables

INGREDIENTI PER 4 PERSONE:
- 1,5 Kg di calamaro fresco - 12 fettine di melanzane
- 8 fettine di zucchine - 12 pomodori
- olio extravergine di oliva qb
- rucola qb
- sale e pepe qb

INGREDIENTS FOR 4 SERVINGS:
- 1.5 kg of fresh squid - 12 slices of aubergines
- 8 slices of courgettes - 12 tomatoes
- extra virgin olive oil to taste
- rocket to taste
- salt and pepper to taste

Pulire il calamaro fresco, scottarlo sulla griglia per circa 2 minuti.
Tagliare a fettine il calamaro e adagiarlo sul letto di rucola al centro del piatto.
Affiancare le verdure precedentemente grigliate, salare e pepare. Aggiungere un filo d'olio extra vergine. Servire.

Clean the fresh squid and sear it on the grill for about 2 minutes.
Slice the squid and lay it on a bed of rocket in the centre of the serving dish.
Lay out the previously grilled vegetables and add salt and pepper. Drizzle with extra virgin olive oil. Serve.

Polpo alla pignata
Pignata octopus

INGREDIENTI PER 4 PERSONE:
- 1 polpo da 700 g circa - ½ cipolla - 2 spicchi di aglio
- 2 cucchiai di olio extravergine di oliva - 70 g di pomodorini
- una manciata di prezzemolo - ½ bicchiere di vino bianco
- pepe in grani q.b.

INGREDIENTS FOR 4 SERVINGS:
- one 700 g octopus - ½ onion - 2 cloves of garlic
- 2 table spoons of extra virgin olive oil - 70 g small tomatoes
- some parsley - ½ glass white wine - grains of pepper

Rosolare la cipolla e l'aglio nell'olio. Aggiungere il polpo tagliato a pezzi, i pomodorini, il pepe in grani ed il vino e lasciare cuocere a fuoco basso nella tradizionale pentola di terracotta (detta "pignata") per circa 20 minuti.

In a pan, a pot pan (a "pignata"), sauté in olive oil onion and garlic. Add the washed and chopped octopus, parsley, small tomatoes, the grains of pepper and whine. Cook on a low light for 20 minutes. Turn over and cook for another 20 minutes .

ROYCELLO Fiano IGT Salento
TORMARESCA / San Pietro V.co (BR) - Minervino Murge (BT)

Colore Giallo paglierino con riflessi verdolini Profumo: delicati sentori floreali, agrumati ed esotici, accompagnati da una gradevole nota di mandorla fresca. Sapore: Vino ricco ed elegante, caratterizzato da una straordinaria freschezza gustativa e mineralità.

Colour: Straw-yellow with greenish hues. Aroma: delicate floral, citrus fruit and exotic notes combined with a pleasant hint of fresh almond. Taste: Rich and elegant wine, characterised by an extraordinary minerality and freshness.

Fusilli, gamberoni e fagiolini

Fusilli pasta with shrimp and green beans

INGREDIENTI PER 4 PERSONE:
- 280 g di fusilli di Gragnano
- 160 gr di fagiolini freschi
- 12 pomodorini
- 12 gamberoni rossi di Gallipoli
- cipolla, prezzemolo, sale, pepe, basilico, aglio, formaggio, olio, origano qb
- vino bianco

INGREDIENTS FOR 4 SERVINGS:
- 280 g of fusilli pasta from Gragnano
- 160 g of fresh green beans
- 12 small tomatoes
- 12 red shrimp from Gallipoli
- onion, parsley, salt, pepper, basil, garlic, cheese, olive oil, oregano to taste
- white wine

Mondare, lavare e lessare i fagiolini.
Sgusciare e privare della testa i gamberoni, tagliarli a pezzettoni e farli soffriggere in olio con cipolla e aglio.

Aggiungere i fagiolini lessi e i pomodorini tagliati in 4, sfumare con vino bianco, salare e pepare.

Cuocere i fusilli in acqua salata (per insaporirli mettete nell'acqua le teste dei gamberoni) poi saltarli in padella con i gamberoni e i fagiolini, aggiungendo il formaggio.

Decorare con prezzemolo, origano e servire.

Clean, wash and boil the green beans.
Peel the shrimp and cut the heads off, then cut them into large pieces and fry in oil with onion and garlic.

Add the boiled beans and the tomatoes cut into 4 and leave to simmer with white wine. Season with salt and pepper.

Cook the pasta in salted water (put the shrimp heads in for more flavour), then when ready, sauté in the pan with the shrimp and beans and add some cheese.

Garnish with parsley and oregano and serve.

ROSALITA Rosato Salento IGP
CANTINE DUE PALME / Cellino San Marco (BR)

Di colore rosa tenue, profumo delicatamente fruttato e floreale, con riconoscimenti di rosa. Al gusto è gradevole, morbido e fresco, leggermente sapido.

Light pink, delicately fruity and floral, with awards of pink. The taste is pleasant, soft and fresh, slightly tangy.

OSTERIA DEL TEMPO PERSO

Titolare › Teodoro Carlucci ◦ **Chef** › Cesario Rico

OSTUNI (Brindisi) ◦ Via G. Tanzarella Vitale, 47 ◦ +39 0831 304819 / +39 339 1851652 ◦ **www.osteriadeltempoperso.com**
Chiuso / *Closed* › Lunedì (ad Agosto sempre aperto) ◦ *Monday (always open in August)*

L'Osteria del Tempo Perso è situata nel cuore del centro storico di Ostuni, meravigliosa località pugliese conosciuta in tutto il mondo anche come "Città Bianca". Questo attributo si deve alla particolare colorazione delle case, che annualmente vengono pitturate a calce. L'Osteria del Tempo Perso è uno dei ristoranti storici di Ostuni. Non solo perchè è nato nel 1983, ma anche per le due sale di cui si compone. La prima è una vera e propria grotta, un antico forno risalente al 1500. La seconda è un museo dedicato alla civiltà contadina locale. Consumare un pranzo o una cena all'Osteria del Tempo Perso significa gustare sapori di incomparabile squisitezza in ambienti davvero unici. Piatti segnalati: orecchiette alle vongole e fiori di zucca, ravioli con la salsiccia e il tartufo nero, carne d'asino, seppie ripiene, purè di fave e cicoria selvatica e peperoncini dolci fritti.

The Osteria del Tempo Perso is located in the heart of the historical centre of Ostuni, a wonderful town in Puglia known worldwide as the "White City". This attribute is due to the unusual colour of the houses which annually are all painted with lime. The Osteria del Tempo Perso is one of the historical restaurants of Ostuni. Not only because it was opened in 1983, but also for its two internal dining areas. The first is a real cave, an old oven dating back to the 1500s. The second is a museum dedicated to the local rural culture. Eating lunch or dinner at the Osteria del Tempo Perso means enjoying flavours of incomparable delicacy in a truly unique setting. We recommend the orecchiette pasta with clams and pumpkin flowers, the ravioli with sausage and black truffles, the donkey meat, the stuffed cuttlefish, the fava beans and wild chicory purée and the fried sweet peppers.

Carta dei Vini › Wine List	**Cucina** › Cuisine	**Tipologia** › Tipology	**Prezzo Medio** › Average Price
150 etichette › labels	**Pugliese** › Apulian	**Osteria**	40 €

Carrè di agnello alle erbe mediterranee

Paccheri di Gragnano con ragù di cernia e pesto di pistacchi
Gragnano paccheri pasta with grouper sauce and pistachio pesto

INGREDIENTI PER 4 PERSONE:
- 300 g paccheri di Gragnano - 400 g filetto di cernia - 150 g pomodori pachino
- 1 spicchio di aglio - sale e pepe qb
Pesto di pistacchi: - 200 g pistacchi freschi - 2 rametti di prezzemolo - 8 foglie di basilico
- 2 cucchiai di olio extra vergine di oliva

INGREDIENTS FOR 4 SERVINGS:
- 300 g of paccheri pasta from Gragnano - 400 g of grouper fillet - 150 g of pachino tomatoes
- 1 garlic clove - salt and pepper to taste
Pistachio pesto: - 200 g of fresh pistachios - 2 sprigs of parsley - 8 basil leaves
- 2 tablespoons of extra virgin olive oil

Per il pesto: mettere in una coppa i pistacchi, basilico, prezzemolo, formaggio olio e frullare il tutto per due minuti. **Preparazione della cernia:** tagliarla a piccoli pezzetti mettere in una padella olio extra vergine di oliva e aglio, farlo rosolare e poi aggiungere i pezzetti di cernia precedentemente tagliati. In una padella a parte soffriggere i pomodorini con olio e aglio e poi aggiungerli alla cernia appena pronti e far cuocere per altri 5 minuti a fuoco basso. Cuocere i paccheri in acqua salata per 10 minuti. Una volta cotti metterli nella padella con la cernia gia pronta amalgamare tutto il composto aggiungere due cucchiai di pesto di pistacchio e servire.

Pistachio pesto preparation: Put the pistachios, the basil, the parsley, some cheese and the olive oil in a bowl and blend for two minutes.
Grouper sauce preparation: Cut the grouper into small pieces. Heat the garlic with extra virgin olive oil in a pan and add the pieces of grouper. Fry the tomatoes in a separate pan with oil and garlic and when cooked, add them to the pan with the grouper and cook for another 5 minutes on low heat. Cook the Paccheri pasta in salted water for 10 minutes and then add them to the pan with the grouper sauce. Stir well, add two tablespoons of pistachio pesto and serve.

INGREDIENTI PER 4 PERSONE:
- 2 carrè di agnello scalzato
- 1 cucchiaio di erbe aromatiche (salvia, rosmarino, timo, menta, alloro)
- una spruzzata di olio extra vergine di oliva
- 300 g patate novelle
- 1 spicchio d'aglio schiacciato in camicia
- olio qb
- sale e pepe qb

Tagliare il carre in due parti uguali e fargli i tagli quasi a fondo ad ogni costoletta mettere in forno per venti minuti con olio e le erbette aromatiche e foglie di alloro.
Servire con un ciuffetto di patate al forno e un rametto di rosmarino fresco

PRIMARONDA Castel del Monte DOC Rosato
TORREVENTO / Corato (BA)

Vino dal colore rosa con riflessi violacei. Bouquet adeguatamente fruttato. Gusto pieno, rotondo con sentori di frutti esotici, piacevolmente equilibrato.

Colour pink with faint purple glints. Properly fruity bouquet. Full, round, with notes of exotic fruit, pleasantly balanced.

Fiori di zucca ripieni di ricotta di capra

INGREDIENTI PER 4 PERSONE:
- 4 fiori di zucca belli grandi e aperti - 100 g di ricotta di capra fresca
- 1 rametto di menta - sale e pepe qb

Per la pastella:
- 200 g di farina doppio zero - 150 g di acqua gassata fredda
- 50 g di olio extra vergine di oliva - 2 albumi di uovo montati a neve

Preparazione per la ricotta: mettere la ricotta in una ciotola aggiungere la menta tritata finemente sale, pepe, formaggio parmigiano e un uovo poi amalgamare bene tutto l'impasto. Prendere 4 fiori di zucca aperti e riempirli con l'impasto fatto precedentemente.

Per la pastella: mettere in una ciotola di acciaio acqua gassata ben fredda aggiungere la farina e l'olio e alla fine mettere l'albume precedentemente montato a neve. Friggere in olio bollente a 180° per 3 minuti.

Millefoglie con crema chantilly e fragole fresche

Millefoglie with chantilly cream and fresh strawberries

INGREDIENTI PER 4 PERSONE:
- 500 g di crema chantilly
- 1 vaschetta di fragole fresche
- 12 fogli di pasta sfoglia
- zucchero a velo qb

INGREDIENTS FOR 4 SERVINGS:
- 500 g of chantilly cream
- a punnet of fresh strawberries
- 12 puff pastry sheets
- icing sugar to taste

Tagliare per ogni piatto tre fogli di pasta sfoglia in modo uniforme, aggiungere ad ogni strato la crema chantilly precedentemente realizzata(dopo averla lasciata raffreddare per almeno un'ora) e aggiungere le fragole tagliate a fettine sottili. Una volta completato servire con una spolverata di zucchero a velo e una bella fragola fresca a forma di fiore.

Cut for each dish three sheets of puff pastry evenly and on each layer spread some of the previously made Chantilly cream (after leaving it to cool for at least an hour) and the strawberries cut into thin slices. When completed, serve with a dusting of icing sugar and a lovely fresh flower shaped strawberry.

ALLORO
QUINTESSENZA ROSOLI / Polignano a Mare (BA)

Rosolio ricavato dall'alloro. Dal gusto deciso e forte, molto aromatico. Per esaltare le sue qualità va servito freddo. Vol.30°

Higly aromatic liqueur, strong taste. It must be served to a temperature between 2° an 3°. Vol. 30°

www.quintessenzarosoli.it

Condimento consigliato Vincotto alla Ciliegia
Seasoning suggested Vincotto with Cherry

OSTERIA DI CHICHIBIO

Titolare › Vito Bianchi ◦ **Chef** › Girolamo De Bari

POLIGNANO A MARE (Bari) ◦ Largo Gelso, 12 ◦ +39 080 4240488 / +39 368 936350 ◦ **www.osteriadichichibio.it**
Chiuso / *Closed* › Lunedì ◦ *Monday*

Dedicata al cuoco di una nota novella del Boccaccio, l'osteria nasce nel 1990 ad opera dei due patròn, Vito e Giacomo Bianchi, operatori del settore della ristorazione che hanno saputo rendere questo locale tra i più rinomati in Puglia, oggi frequentato da Vip di tutto il mondo. Tutto merito dell'accoglienza riservata agli ospiti (tutti, indistintamente) e naturalmente della buona e genuina cucina fatta soprattutto di pesce e buoni primi piatti. Il locale, con le volte a botte, arredato con mobili del '600 e sedie colorate, dispone di posti anche all'esterno sotto un fresco gazebo, a due passi dalla piazzetta da cui è possibile ammirare un panorama meraviglioso: il borgo antico di Polignano a Mare, costruito sulla scogliera, che si protende sul mare. Ottima la cantina, ben assortita con etichette sia nazionali che internazionali, e vasta scelta di distillati di pregio.

This osteria's name is dedicated to the cook from a famous novel by Boccaccio and it was opened in 1990 by its owners, Vito and Giacomo Bianchi, two food and beverage professionals who were able to make this place one of the most renowned in Puglia attended by VIPs from the whole world. It's all about the welcome given to all guests (without exception) and of course the good, wholesome cuisine, mostly made of fish and tasty main courses. This osteria, with barrel vault ceilings, has furniture from the 1600s and colourful chairs, it also has an area to dine outside under the shade of a gazebo, just a few steps from a square from which you can admire a wonderful panorama: the ancient village of Polignano a Mare, built onto a cliff that juts out over the sea. There is an excellent well stocked wine cellar, with national and international labels, and a wide selection of fine spirits.

Carta dei Vini › Wine List	**Cucina** › Cuisine	**Tipologia** › Tipology	**Prezzo Medio** › Average Price
500 etichette › labels	**Pesce** › Fish	**Osteria**	**50/60 €**

Semifreddo ai fichi

INGREDIENTI PER 4 PERSONE:
- 10 fichi - 4 tuorli d'uovo - 200 g di zucchero
- 300 g di panna - 1 bicchierino di Calvados

Scorfano gratinato
Rockfish au gratin

INGREDIENTI PER 4 PERSONE:
- 4 scorfani di medie dimensioni - 200 g di formaggio pecorino romano
- 150 g di pangrattato - 10 pomodorini - 2 bicchieri di vino bianco - sale, pepe, olio qb

INGREDIENTS FOR 4 SERVINGS:
- 4 medium sized rockfish - 200 g of pecorino romano cheese
- 150 g of breadcrumbs - 10 small tomatoes - 2 glasses of white wine - salt, pepper and olive oil to taste

Prendere lo scorfano, pulirlo e squamarlo, aprirlo a libro dalla pancia e condire con sale, pepe, formaggio grattugiato e pangrattato, olio e qualche pomodorino. Infornare a 250° e cuocere fino a quando il pangrattato si sarà abbrustolito, bagnando con del vino bianco di tanto in tanto.

Clean and scale the rockfish, cut it open it like a book from the stomach and season with salt and pepper, add grated cheese and bread crumbs, olive oil and some tomatoes. Bake at 250°C until the breadcrumbs are toasted, occasionally drizzling with white wine.

Frullare i fichi sbucciati e ridurli a purè. A parte montare uova e zucchero, unire la panna semi-montata e incorporare la purea di fichi. Con il Calvados bagnare il fondo degli stampini, versarci il composto e tenere in frigo per cinque ore prima di servire.

CREMA DI FICHI
QUINTESSENZA ROSOLI / Polignano a Mare (BA)

Infusione di fichi con alcool e zucchero. Al fine di esaltarne il gusto e gli aromi si consiglia di degustarlo ghiacciato. Vol. 17°

Liqueur from an old tradition made it with an extract of figs mixed. To be served much cold. Vol. 17°

www.quintessenzarosoli.it

Tortino di gamberoni e ricotta di bufala

King prawn pie with buffalo ricotta cheese

INGREDIENTI PER 4 PERSONE:
- 400 g di ricotta - 2 arance
- 12 gamberoni rossi (violette) - olio, sale, pepe, qb

INGREDIENTS FOR 4 SERVINGS:
- 400 g of ricotta cheese - 2 oranges
- 12 red king prawns (Violetta) - olive oil, salt, pepper, to taste

Insaporire la ricotta con succo di arancia, sale e pepe. Prendere uno stampino e adagiare una violetta battuta, versare un po' di ricotta, poi uno strato di gamberone e di nuovo ricotta, chiudere il tortino con la fettina di arancia.

Add taste to the ricotta cheese by mixing it with orange juice, salt and pepper. Lay a prawn in a mold, add some ricotta cheese, then another prawn and another layer of ricotta. Finish off the pie with a slice of orange.

IRONICO Bianco Frizzante
PAOLO LEO / San Donaci (BR)

Colore giallo paglierino con riflessi verdo-gnoli, perlage fine e persistente. Profumo intenso, di frutta fresca e mela verde. Gusto fresco, giustamente acido, armonico e persistente.

Straw yellow with greenish reflections, fine and persistent perlage. Intense, fresh fruit and green apple. Taste fresh, rightly acid, harmonious and persistent.

PIAZZETTA COLONNE

Titolare › Famiglia Tregua ○ **Chef** › Teodora Macaolo

BRINDISI ○ Via Colonne, 57/59 ○ +39 0831 1720488 ○ **www.piazzettacolonne.it**
Chiuso / *Closed* › Sempre aperti ○ *Always open*

 Che posto fantastico, in una location meravigliosa: proprio ai piedi della colonna romana, simbolo della città di Brindisi, e della scalinata Virgiliana che domina il porto. Cenare qui d'estate, con vista sugli yacht che ormeggiano alle banchine e sulla movida cittadina, è davvero uno spettacolo. La cucina è all'altezza del posto. Si parte con l'antipasto della casa, con pesce crudo e cotto proposto in ogni modo, e si prosegue con dei tagliolini all'astice davvero notevoli, oppure potete provare il fusillo allo scoglio: un concentrato di sapori e profumi di mare che vi lascerà a bocca aperta. Tra i secondi è sempre il pesce a dominare: oltre ai crostacei gratinati e alla frittura di pesce freschissimo, è da provare il filetto di tonno con zucchine a julienne. Chiusura in pompa magna con un semifreddo della casa oppure con la torta al cioccolato con crema chantilly. Deliziosa. La sala interna è stata recentemente ristrutturata all'insegna dell'eleganza moderna e del buon gusto.

What a fantastic place in a wonderful location: right at the bottom of the Roman Column, symbol of the city of Brindisi, and at the top of the Virgil's Steps overlooking the harbour. Dining here in the summer, with the view of the yachts that dock at the piers and of the city's nightlife, is truly spectacular. The cuisine is as great as its surroundings. You can start your meal with the house appetizers, with raw and cooked fish prepared in every way, then continue with the really remarkable Tagliolini with lobster, or you can try the Fusilli with seafood: a mix of flavours and aromas of the sea that will amaze you. Among the second courses, mostly made of fish too, we recommend the shellfish au gratin, the fresh fried fish, and you must try the tuna fillet with julienne cut courgettes. Finish off in great style with a homemade semifreddo or with the delicious chocolate cake with Chantilly cream. The indoor dining room has recently been renovated with modern elegance and good taste.

Carta dei Vini › Wine List	**Cucina** › Cuisine	**Tipologia** › Tipology	**Prezzo Medio** › Average Price
100 etichette › labels	**Pesce** › Fish	**Moderno** › Moderno	40 €

Orecchiette al nero di seppia, cozze e vongole

Orecchiette with black cuttlefish, mussels, clams

INGREDIENTI PER 4 PERSONE:
- 400 g di orecchiette - 1 cucchiaio di nero di seppia - 2 seppie di piccole dimensioni
- 500 g di cozze nere - 500 g di vongole - 10 pomodorini - 1 mazzetto di rucola
- 1 bicchiere di vino bianco - olio, sale, pepe, prezzemolo, cacioricotta di capra qb

INGREDIENTS FOR 4 SERVINGS:
- 400 g of orecchiette pasta - 1 tablespoon of cuttlefish ink - 2 small cuttlefish
- 500 g of black mussels - 500 g of clams - 10 small tomatoes - 1 bunch of rocket
- 1 glass of white wine - olive oil, salt, pepper, parsley, goat cacioricotta cheese to taste

Impastare farina e acqua e un cucchiaio di nero di seppia al naturale per la preparazione dell'orecchietta. Prendere una padella versare un cucchiaio di olio extra vergine e aggiungere le seppie in julienne, i frutti delle cozze nere e delle vongole e una manciata di pomodorini. Saltare con vino bianco, aggiungere pepe e prezzemolo q.b.
Una volta cotte le orecchiette nel bollitore unire al condimento e saltare per circa 3 minuti. Decorare con pomodorini rucola e cacioricotta di capra.

Mix flour and water and a tablespoon of untreated cuttlefish ink to prepare the orecchiette. Pour a tablespoon of olive oil in a pan and add the julienne cut cuttlefish, then the mussels and clams and a handful of small tomatoes. Sauté with white wine and add pepper and parsley to taste. After cooking the orecchiette pasta, add it to the pan with the fish and sauté for about 3 minutes. Garnish the dish with small tomatoes, rocket, and goat cacioricotta cheese.

Polpo paesano grigliato con burratina

Grilled "paesano" octopus with burratina cheese

INGREDIENTI PER 4 PERSONE:
- 1 polpo di media grandezza
- 1 mazzetto di rucola selvatica
- 12 pomodori ciliegino
- 2 burratine
- olio, sale, pepe qb

INGREDIENTS FOR 4 SERVINGS:
- 1 medium size octopus
- 1 bunch of wild rocket
- 12 cherry tomatoes
- 2 burratina cheese
- olive oil, salt and pepper to taste

Sbollentare il polpo paesano di media grandezza. Raggiunto il punto di cottura passare il polpo con acqua fredda; successivamente tagliarlo a pezzi e posarlo sulla griglia per circa 4 minuti. Preparare un piatto con rucola selvatica pomodori ciliegino e una burratina divisa a metà. Condire con un filo d'olio d'eccellenza, pepe e sale rosso.

Boil the octopus. When ready, put it in cold water, then cut it into pieces and grill them for about 4 minutes. Prepare the serving dish with cherry tomatoes, wild rocket and a burratina cut in half. Before serving, add a drizzle of high quality olive oil, some pepper and red salt.

21 Agosto 1932
Mentre rollando si fugge il tempo,
grossi frangenti si alzano di poppa.
Nave "Patria"   Comandante Carbone

PORTOLANO

Titolare › Franco Cataldi e Lucia Suez ○ **Chef** › Lucia Suez

GALLIPOLI (Lecce) ○ Riviera Cristofaro Colombo, 71 ○ +39 0833 262576 ○ **www.trattoriaportolano.it**
Chiuso / *Closed* › Lunedì (mai d'estate) ○ *Monday (never in summer)*

 Sui bastioni di San Giorgio, nel centro storico di Gallipoli, si erige il palazzo storico della famiglia Cataldi, gia' Lopez y Royo. Al suo interno, al piano terra, si trova la Tattoria Portolano, un locale particolare, molto curato e d'atmosfera marinara, con pochi tavoli sovrastati da volte a botte e a stella in carparo Mater Gratia. Le due sale, con vista su suggestivi scorci del mar Jonio, offrono il luogo ideale dove degustare ottimi pranzi e cene (in autunno ed inverno nella sala interna con il grande camino, in primavera ed estate nel fresco e ventilato dehor). Franco sarà lieto di ospitarvi a bordo e di guidarvi, con spontanea simpatia, alla scelta dei piatti a base di pesce fresco che la moglie Lucia realizza con sapiente maestria, partendo da una materia prima di qualità e di assoluta freschezza. Fra le proposte troviamo gli ottimi antipasti caldi di pesce e verdure. Tra i primi: gnocchi di patate alla scogliera, "scialatielli" (pasta fatta in casa) con calamarata o seppia al sugo, tubettini al sugo di cernia. I secondi offrono freschissimo pesce locale arrosto: ricciola, tonno, pesce spada.

Among the San Giorgio bastions, in the historical centre of Gallipoli, stands the old Cataldi family house building, formerly 'Lopez y Royo. On the ground floor inside, there is the Portolano trattoria, with a particular ambiance, very looked after and with a maritime flair, with only a few tables overlooked by barrel vaulted and star vaulted ceilings in Carparo Mater Gratiae local stone. The two dining rooms, have picturesque views of the Ionian Sea, offering the perfect place to enjoy great lunches and dinners (in autumn and winter in the dining room with the large fireplace and in spring and summer in the cool, well ventilated outdoor area). Franco will be happy to welcome you and to give you advice, with his spontaneous friendliness, on the choice of dishes, based on fresh fish that his wife Lucia makes with great skill, cooking from scratch with the freshest raw produce of high quality. For your main course you can taste the excellent hot fish and vegetable appetizers, the potato Gnocchi with seafood, the Scialatielli pasta (homemade) with squid or cuttlefish sauce or the Tubettini pasta with grouper sauce. The second courses are made of fresh roasted local fish like amberjack, tuna and swordfish.

Carta dei Vini › Wine List	**Cucina** › Cuisine	**Tipologia** › Tipology	**Prezzo Medio** › Average Price
50 etichette › labels	Pesce › Fish	Trattoria	25/30 €

Primo › First Course

Tubettini al sugo di cernia

Secondo › Second Course

Nasello in agrodolce
Sweet and sour hake

INGREDIENTI PER 4 PERSONE:
- 1 kg di nasello - 300 g di cipolle - 100 g di aceto - 50 g di olio
- 30 g di uva passa - 30 g di zucchero - sale q.b. - farina

INGREDIENTS FOR 4 SERVINGS:
- 1 kg of hake - 300 g of onions - 100 g of vinegar - 50 g of oil
- 30 g of raisins - 30 g of sugar - salt to taste - flour

Tagliare il nasello a tocchetti infarinarlo e friggerlo, in abbondante acqua versare la cipolla tagliata a julienne, aggiungere olio, aceto e sale e far cuocere fino a quando risulti sciolta la cipolla, prima di spegnere aggiungere l'uvetta e lo zucchero. Sistemare il pesce in una teglia e ricoprirlo a strati con il composto.

Cut the hake into pieces, coat it in flour and then fry it. Put the julienne cut onions into a pot with plenty of water, add the oil, the vinegar and salt and cook until the onion has softened. Before turning the heat off add the raisins and the sugar. Place the fish on a tray and cover with layers of the sauce.

INGREDIENTI PER 4 PERSONE:
- 1 kg di cernia
- 1 kg di pomodori
- 300 g di ditali rigati
- 1 cipolla
- aglio qb
- olio extravergine di oliva qb
- vino bianco qb

Far soffriggere con olio cipolla ed aglio un kg di cernia, sfumare con del vino bianco ed allungare con un po' di acqua e salare.
Far bollire per circa 5 minuti poi versare un kg di pomodori pelati precedentemente passati, lasciare il sugo piuttosto liquido e farlo cuocere per circa un' ora a fiamma moderata.
A cottura ultimata filtrare il sugo dissossare dalla carne la testa della cernia e fare a pezzi il resto del pesce ed aggiungere il tutto al sugo filtrato. Far bollire i tubettini scolarli ed aggiungervi il sugo necessario.

Caponata di melanzane

INGREDIENTI PER 4 PERSONE:
- 1 kg di melanzane
- 300 g di cipolla
- 400 g di pomodorini
- 40 g di uva passa
- 20 g di pinoli
- 30 g di olive nere
- 20 g di capperi

Tagliare a cubetti le melanzane con la buccia, friggerle e farle scolare bene. Tagliare la cipolla e farla sbollentare in abbondate acqua, quando è quasi sciolta, e l'acqua si è ristretta, aggiungere i pomodorini e fare un sughetto senza olio.
Dopo versare le melanzane, l'uvetta, i capperi e le olive ed in fine i pinoli con un po' di zucchero.

Aubergine caponata

INGREDIENTS FOR 4 SERVINGS:
- 1 kg of aubergines
- 300 g of onion
- 400 g of small tomatoes
- 40 g of raisins
- 20 g of pine nuts
- 30 g of black olives
- 20 g of capers

Cut the aubergines into cubes without peeling them, then fry the cubes and leave them to drain well. Cut the onion and boil it in plenty of water, and when it has almost completely softened, and the water has reduced, add the tomatoes and make a sauce without oil.
Then add the aubergines, the raisins, the capers, the olives and the pine nuts last with a small amount of sugar.

SAN DOMENICO RESTAURANT

Titolare › Famiglia Melpignano ∘ **Chef ›** Giuseppe Angelini

SAVELLETRI DI FASANO (Brindisi) ∘ Strada Litoranea 379 ∘ +39 080 4827769 ∘ **www.masseriasandomenico.com**
Chiuso / *Closed* › Sempre aperto ∘ *Always open*

Il ristorante San Domenico sotto le suggestive volte a vela risalenti al '700 (in origine frantoio della Masseria funzionante fino ai primi del '900), offre tipiche specialità della cucina pugliese con un'approfondita ricerca di ricette familiari e conventuali. Ai menu si accompagna una ricca carta di vini con una particolare attenzione per le migliori etichette pugliesi. Verdura, ortaggi, olio e gran parte della frutta provengono dalle azienda agricola di circa 200 ettari che circonda la struttura. Anche il pesce e i frutti di mare sono a km 0 e provengono direttamente dalle barche dei pescatori del borgo di Savelletri.

San Domenico restaurant, with its 18th century vaults (originally the mills of the Masseria, which remained active until the early 20th century), offers typical Apulian specialites inspired by family and conventual recipes. The menu is accompanied by a rich selection of wines, with special attention to the best Apulian labels. Vegetables, olive oil, and most of the fruit come from the 200-acre farm surrounding the property. Even the fresh fish and seafood come directly from the fishermen's boats of the nearby Savelletri village

Carta dei Vini › Wine List	**Cucina** › Cuisine	**Tipologia** › Tipology	**Prezzo Medio** › Average Price
450 etichette › labels	**Tipica** › Typical	Masseria	60-70 €

Laganari San Domenico

INGREDIENTI PER 4 PERSONE:
- 500 g di laganari - 300 g di salsiccia di maiale fresca, senza budella
- 1 peperone rosso o giallo a listarelle - 1 costa di sedano a cubetti
- 1 carota a cubetti - 2 cucchiai di prezzemolo tritato
- 1 piccola cipolla bianca tritata - 2 piccoli peperoncini
- 10 pomodori a cubetti - ½ bicchiere di vino
- sale quanto basta - olio extra vergine di oliva

In un tegame soffriggere l'olio extra vergine di oliva, la cipolla bianca e la carota a cubetti ed aggiungere poi la salsiccia sbriciolata. Soffriggere per 10 minuti, irrorare con il vino, farlo evaporare e continuare a cuocere per ancora 10 minuti. Aggiungere il pomodoro a cubetti, il peperone, il peperoncino ed il prezzemolo. Continuare la cottura ancora per 20 minuti a fuoco lento aggiungendo in cottura del brodo vegetale se ci fosse bisogno. Cuocere la pasta (laganari) al dente e farla saltare insieme al ragù di salsiccia.

San Domenico laganari

INGREDIENTS FOR 4 SERVINGS:
- 500 g of laganari pasta - 300 g of fresh pork sausage meat (without the casing)
- 1 red or yellow pepper cut into strips - 1 stalk of celery cut into cubes
- 1 carrot cut into cubes - 2 tablespoons of chopped parsley
- 1 chopped small white onion - 2 small hot peppers
- 10 diced tomatoes - ½ a glass of wine
- salt to taste - extra virgin olive oil

Fry the white onion and the carrot in a pan in extra virgin olive oil, and then add the sausage meat. Cook for 10 minutes, drizzle with wine and leave it to evaporate, and then continue to cook for another 10 minutes. Add the diced tomatoes, the pepper, the hot peppers and the parsley. Continue cooking for 20 more minutes on low heat and add some vegetable broth if needed. Cook the laganari pasta until al dente and then sauté with the sausage sauce.

Dita degli apostoli
Apostles fingers

INGREDIENTI PER 10 PORZIONI:
- 5 uova intere - 1 fuscello medio di ricotta fresca - 150 g di zucchero semolato
- arancia grattugiata qb - cannella in polvere qb

INGREDIENTS FOR 10 SERVINGS:
- 5 eggs - 1 medium sized fresh ricotta cheese - 150 g of caster sugar
- grated orange peel to taste - cinnamon powder to taste

Per le crespelle, in una coppa, sbattere le uova intere con un pizzico di sale. In un padellino pre-riscaldato (anti-aderente), versare ½ mestolino di composto di uova sbattute e sale, creando così tante crespelle, tante quante se ne desiderano. Farcire le crespelle con il composto preparato in precedenza amalgamando la ricotta fresca con lo zucchero semolato, la cannella in polvere e l'arancia grattu-giata. Arrotolare su se stessa la crespella fino a formare un cannolo.

Beat the eggs with a pinch of salt in a bowl to make the crespelle crepes mixtu-re. Pour half a spoonful of the mixture in a pre-heated non-stick frying pan and make as many crespelle as you like.
Prepare the filling by combining the fresh ricotta cheese with the sugar, some cinnamon and the grated orange peel. Spread some filling on top of each of the crespelle and roll them up to form a cannolo shape.

Bombette con caponata di verdure

INGREDIENTI PER 4 PERSONE:
- 500 g di capocollo di maialino
- 80 g tocchettini di formaggio vaccino semi stagionato
Per la caponata:
- patate - zucchine - melanzane - finocchio - carota - asparagi
- pomodori - basilico - olio - vino bianco qb - parmigiano qb - sale - pepe

Per le bombette, tagliare delle fette sottilissime di capocollo e farcirle con i tocchetti di formaggio vaccino. Arrotolarle fino a formare degli involtini ed infilzarle con uno spiedino di legno e grigliare.

Per la caponata, tagliare tutte le verdure, riporle in una teglia e condirle con olio, vino, sale, pepe, formaggio. Infornare a 175° per 25 min. Una volta cotte sia le bombette che la caponata, adagiare le bombette sulla caponata e servire.

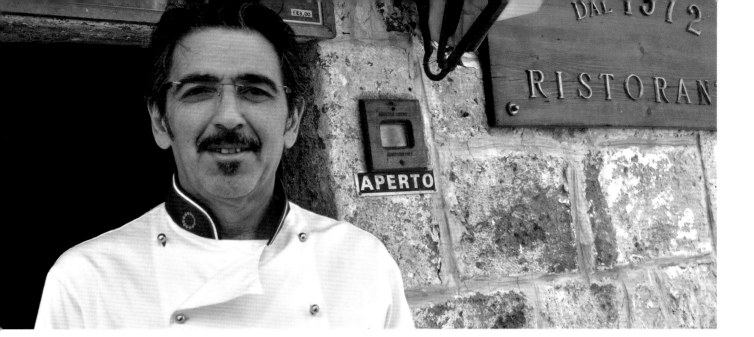

SPESSITE
Titolare e Chef › Stefano Calò

OSTUNI (Brindisi) ◦ Via Brancasi, 43 ◦ +39 0831 302866 / +39 338 9758612 ◦ **www.spessite.it**
Chiuso / *Closed* › Mercoledi (sempre aperto in estate) ◦ *Wednesday (always open in summer)*

Il Rest Club Spessite è un ristorante tipico nato nel 1972, situato nel rione "Spessite" (centro storico di Ostuni), da cui ha preso il nome. È stato ricavato in un vecchissimo e suggestivo frantoio ad uso famigliare del '700, il luogo più appropriato per un ritorno al cibo genuino, dove oggi si possono gustare le specialità locali cucinate nei modi tradizionali del luogo. Tra i piatti caratteristici segnaliamo le "stacchiodde" (orecchiette) al pomodoro fresco ricoperte di un buon cacio ricotta e rallegrate da una foglia di basilico. Per i palati più esigenti sono molto gradite le "fave al tegamino" o il "grano fantasia". I menù fissi sono adatti al cliente che vuol spendere un prezzo certo ed ha poco tempo per restare a tavola. Naturalmente è sempre possibile ordinare alla carta, con ampia scelta di primi, secondi, contorni e frutta. Il tutto accompagnato da ottimi vini regionali rossi, rosati o bianchi.

The Rest Club Spessite is a typical restaurant opened in 1972, located in the "Spessite" district (in the historical centre of Ostuni), from which it was named after. It's in a very old and evocative family run mill from the 1700s, the most appropriate place for a return to wholesome food, where today you can taste the local specialities cooked as they were traditionally in the past. We recommend the characteristic "stacchiodde" (Orecchiette pasta) with fresh tomato covered with a good cacio-ricotta cheese and brightened up by a leaf of basil. For the most demanding palates we suggest the "fried fava beans" or the "wheat fantasy." The set menus are suitable for customers who want to spend a known and exact price and haven't got much time to eat a meal. Of course you can always order a la carte, with a wide choice of appetizers, main courses, second courses, side dishes and fruit. All accompanied by fine regional red, rosé or white wines.

Carta dei Vini › Wine List	**Cucina** › Cuisine	**Tipologia** › Tipology	**Prezzo Medio** › Average Price
30 etichette › labels	**Pugliese** › Apulian	**Grotta** › Cave	20/30 €

Friselline e fritti di verdure e ortaggi

Friselline and fried vegetables

INGREDIENTI PER 4 PERSONE:
- 300 g di friselline
- 250 g di pomodori tagliati a pezzettini,
- olio, sale, origano qb

Per la pastella:
- 100 g di farina
- 1 uovo
- 1 bicchiere di acqua frizzante
- sale qb
- 1 zucchina
- 1 melanzana
- foglie di salvia
- fiori di zucca

INGREDIENTS FOR 4 SERVINGS:
- 300 g of friselline
- 250 g of tomatoes cut into small pieces
- olive oil, salt and oregano to taste

Batter ingredients:
- 100 g of flour
- 1 egg
- 1 glass of sparkling water
- salt to taste
- 1 courgette
- 1 aubergine
- sage leaves
- pumpkin flowers

Procedimento per le friselline:

È forse il piatto più povero della cucina pugliese, ma anche quello che riserva sempre grandi emozioni. Per gli agricoltori, la frisa era il classico pasto di mezza giornata. Oggi è per lo più un piatto di emergenza, da preparare quando il frigo è vuoto... oppure quando non si ha voglia di cucinare. Basta bagnare un po' in acqua le friselle, scolarle e ricoprirle con i pomodori tagliati a pezzetti, aggiungendo un pizzico di sale, origano e un goccio d'olio. Se poi si vuole uscire dalla tradizione, si possono aggiungere altri ingredienti (tonno, olive, rucola, cipolline...).

Procedimento per la frittura:

Tagliare le verdure e gli ortaggi a pezzi, lavare i fiori di zucca e le foglie di salvia. Preparare la pastella, immergerci i pezzi di verdure, di ortaggi e le foglie di salvia, fare friggere in abbondante olio bollente finché la pastella non assumerà un colore dorato.
Scolare bene su un foglio di carta assorbente.

Friselline preparation:

This is perhaps one the poorest dishes of the Puglia cuisine, but it's also one that gives great feelings. For farmers, the frisa was one of the classic mid-day meals. Nowadays it is mostly prepared as an emergency dish, when the fridge is empty or when you don't feel like cooking. All you have to do is soak the friselle in water, drain them and then add chopped tomatoes, a pinch of salt, oregano and a drop of olive oil. If you want change the traditional taste, you can add other ingredients (like tuna, olives, rocket, onions etc...).

Fried vegetables preparation:

Cut the vegetables and wash the pumpkin flowers and the sage leaves. Prepare the batter, coat the vegetables and the sage leaves and fry them in hot oil until golden.
Drain well on absorbent paper towels.

LUI Nero di Troia IGT
ALBEA / Alberobello (BA)

Un vino di colore rosso rubino scuro, molto concentrato con sfumature purpuree, al naso e' intenso e persistente di buon equilibrio tra note fruttate e speziate con piacevoli sentori di liquirizia e vaniglia, al palato e' un vino morbido e corposo, fine ed equilibrato, con un tannino elegante e maturo.

Deep ruby red wine with a purplish hue. Intense, persistent and well-balanced bouquet with spicy and fruited notes of vanilla and liquorice. Bodied, balanced and mellow taste with elegant and mature tannins.

Crudaiola con ricotta

INGREDIENTI PER 4 PERSONE:
- 400 g di cicatelli
- 150 g di pomodori
- 3 foglie di basilico
- 1 cetriolo
- 200 g di ricotta fresca
- olio di oliva qb

Fate cuocere la pasta in abbondante acqua salata, poi versatela in un contenitore in cui avrete tagliato i pomodori a pezzi. Aggiungete il basilico, il cetriolo tagliato a pezzetti, un filo d'olio e la ricotta fresca.

Crudaiola with ricotta cheese

INGREDIENTI PER 4 PERSONE:
- 400 g of cicatelli pasta
- 150 g of tomatoes
- 3 basil leaves
- 1 cucumber
- 200 g of fresh ricotta cheese
- olive oil to taste

Cook the pasta in plenty salted water, then put it into a container in which you have already put the tomatoes cut into pieces. Add the basil, the cucumber cut into small pieces, some olive oil and the fresh ricotta.

Bombette al formaggio e zucchine

INGREDIENTI PER 4 PERSONE:
- 4 Fettine di capocollo
- 100 g di formaggio a pasta molle
- 1 zucchina - foglie di menta

Tagliare a listarelle le fettine di capocollo, aggiungere il formaggio all'interno, arrotolare e poi cuocere su di una griglia. Tagliate la zucchina a fette e grigliate anch'essa: usate le fettine come guarnizione e contorno, condendole con un goccio d'olio, sale, pepe e foglioline di menta.

Cheese and courgette "bombette"

INGREDIENTI PER 4 PERSONE:
- 4 slices of capocollo meat
- 100 g of soft cheese
- 1 courgette - mint leaves

Cut the capocollo meat into strips, then add the cheese and roll them up into bombette. Cook them on the grill.
Cut the courgettes into slices and grill them too. Use these slices as a side dish and to garnish the serving dish, and add a drop of olive oil, salt, pepper and mint leaves.

TENUTA MORENO

Titolare › Tenuta Moreno SpA (Ad Antonio Argentieri, in foto) ○ **Direttore** › Pierangelo Argentieri ○ **Chef** › Vincenzo Elia, Vitantonio Di Viesto

MESAGNE (Brindisi) - Contrada Moreno S.S. 7 uscita Latiano Est ○ +39 0831 774960 ○ **www.tenutamoreno.it**
Chiuso / *Closed* › Sempre aperto ○ *Always open*

Tenuta Moreno, un'antica masseria del '700, oggi un luogo dove profumi e colori mediterranei s'intrecciano con una cucina di altissima qualità, comfort e relax. "Il rispetto della natura è il fil rouge che guida la struttura in tutti i suoi aspetti": dal consumo dell'acqua, la riduzione dell'utilizzo di anidride carbonica, la raccolta differenziata, la creazione di un orto biologico dal quale raccogliere verdure e ortaggi freschi e pronti per essere cucinati, 8 arnie di api che producono dell'ottimo miele impiegato nella preparazione dei dolci per la colazione di Tenuta Moreno, alla novità di quest'anno: un pollaio di ultima generazione che garantisce uova fresche ogni giorno, tutto all'insegna di uno stile di vita sostenibile. Alla base della filosofia culinaria di Tenuta Moreno, la volontà di promuovere e salvaguardare una dieta mediterranea nel rispetto dell'ambiente, delle tradizioni e dell'identità culturale. Come sostiene il direttore Pierangelo Argentieri "Il cardine della nostra filosofia di cucina è innanzitutto la selezione della materia prima. Gli ingredienti freschi e di altissima qualità sono il nettare di una cucina che vuole essere naturale e salutistica". "Il rispetto dei cicli della natura, dei suoi tempi e dei suoi spazi ci porta a privilegiare esclusivamente materie prime di stagione", spiegano gli chef di Tenuta Moreno, "da qui riusciamo a regalare ai nostri ospiti sapori, profumi e colori semplici e naturali".

Tenuta Moreno, an old manor farm from the 1700s, that is now a place where Mediterranean fragrances and colours are intertwined with a cuisine of the highest quality, comfort and relax. As stated by the director Pierangelo Argentieri "The cornerstone of our cuisine philosophy is primarily the selection of the fresh produce. The high quality fresh ingredients are the nectar of a natural and healthy cuisine". "The respect for nature's cycles and of the right times and right places, leads us to favour only fresh seasonal produce," explain the chefs from Tenuta Moreno, "from here we give our guests simple and natural tastes, fragrances and colours".

Carta dei Vini › Wine List	**Cucina** › Cuisine	**Tipologia** › Tipology	**Prezzo Medio** › Average Price
300 etichette › labels	**Pugliese rivisitata** › Apulian rivisited	**Masseria**	40 €

Banderillas di pesce spada su stecco di alloro
Swordfish banderillas on a lurel twig

INGREDIENTI PER 4 PERSONE:
- pesce spada 4 fette lunghe (da g 100 ciascuna e spesse circa cm 0,50)
- 500 g pomodori - 1 rametto di menta - prezzemolo q.b. - 1 spicchio di aglio
- Stecchi di alloro* (lunghi circa cm 20) - 1 mazzetto di rucola - sale e pepe q.b.
- 100 g Parmigiano (a scaglie) - olio extravergine di oliva q.b.
- gocce di pesto al basilico - prezzemolo q.b. - foglie di menta

INGREDIENTS FOR 4 SERVINGS:
- 4 long slices of swordfish (100 g each, and about 0.50 cm thick)
- 500 g of tomatoes - 1 sprig of mint - parsley to taste - 1 garlic clove
- laurel twigs (about 20 cm long) - 1 bunch of rocket - salt and pepper to taste
- 100 g of Parmesan cheese (flakes) - extra virgin olive oil to taste
- drops of basil pesto - mint leaves

Triangoli d'Andria con burratina e melanzane

INGREDIENTI PER 4 PERSONE:
- 500 g pomodori fiaschetto di Torre Guaceto
- 350 g triangoli d'Andria
- 1 melanzana
- 4 burratine (da g 60 ciascuna)
- 1 spicchio di aglio
- olio extra vergine d'oliva q.b.
- pesto al basilico

Preparate il pesto di basilico. Fate soffriggere uno spicchio d'aglio in camicia, appena imbiondito toglietelo dal fuoco e al suo posto saltate per circa 7 minuti i pomodori precedentemente tagliati a pezzi grossolani, insaporite con il sale e una macinata di pepe. Tagliate a listelli le melanzane, infarinatele con cura e friggetele in olio extra vergine d'oliva. Fate asciugare su una carta assorbente. Cuocete i triangoli d'Andria in acqua salata per circa 7-8 minuti.

Finitura: Disponete i triangoli nei piatti adagiandovi sopra i pomodori e una manciata di melanzane. Ponete a lato della pietanza la burratina. Decorate con pesto di basilico.

Tagliate grossolanamente i pomodori a saltateli con 1 spicchio di aglio in camicia e poco olio a fiamma vivace per circa 2 minuti. Stendete su un piano 4 fette di pesce spada, salate e pepate. Nella parte centrale disponetevi la rucola tritata grossolanamente e il parmigiano a scaglie. Arrotolate in modo obliquo attorno a uno stecco di alloro. Grigliate le banderillas su una piastra o su una padella antiaderente per circa 5 minuti da ambo i lati.

Finitura: Distribuite i pomodori nei piatti e su questi adagiate il banderillas. Spolverate il prezzemolo tritato finemente, decorate con foglioline di menta e gocce di pesto al basilico.

* Gli stecchi di alloro vanno sterilizzati in forno per circa mezz'ora a 100 C°.

Coarsely chop the tomatoes and sauté with the garlic clove and a small amount of olive oil over high heat for about 2 minutes. Spread the swordfish slices out on a surface, and season with salt and pepper. Lay the chopped rocket and the Parmesan flakes along the central part of the fish. Roll each slice in oblique around a laurel twig. Cook the banderillas on the griddle or on a non-stick pan for about 5 minutes on both sides.

Finishing touches: Spread the tomatoes on the serving dishes and lay the banderillas on top. Sprinkle with finely chopped parsley and decorate with mint leaves and basil pesto drops.

* The laurel twigs must be sterilized in the oven for about half an hour at 100°C.

Soufflé con crema alla vaniglia e crema al cioccolato

INGREDIENTI PER 10 PERSONE:
- 60 g burro - 160 g zucchero - un pizzico di vanillina - ½ lt latte - 7 tuorli - 7 albumi
- 80 g farina - gocce di limone

Per la crema:
- ½ lt latte - 150 g zucchero - 5 tuorli - 30 g farina - 1 (solo scorza) limone
- 50 g cioccolato fondente - vaniglia in polvere o estratto - ½ cucchiaino liquido

Preparate le creme: in una pentola portate a bollore il latte con la scorza di limone. In una terrina sbattete i tuorli con lo zucchero, aggiungete la farina e un po' di latte, passate il composto in una casseruola e fate scaldare.

Dopodichè versateci il latte (senza la scorza di limone), mescolate per pochi secondi con un cucchiaio legno e portate il tutto a bollore.

Spegnete il fuoco e dividete la crema in due pentolini, in una metteteci il cioccolato fondente, nell'altra la vaniglia, mescolate con cura e tenete le due creme a bagnomaria per mantenerle calde.

In una casseruola scaldate il latte, quando arriva all'ebollizione, unite lo zucchero e un pizzico di vanillina. A parte fate sciogliere il burro, quindi incorporate la farina e, mescolando con un cucchiaio di legno, amalgamate i due ingredienti.

Versate con cura il composto di burro e farina nella casseruola contenente la miscela di latte, fate bollire il composto per 1 minuto, dopodichè spegnete il fuoco e lasciate intiepidire.

Unite i tuorli, uno alla volta. Montate a neve ben ferma gli albumi dopo aver aggiunto qualche goccia di limone, aggiungeteli con delicatezza al composto, girando sempre per un verso.

Finitura:
Imburrate gli stampi da soufflè, facendo appicciare anche un po' di zucchero, riempiteli con il composto, facendo attenzione di non arrivare fino all'orlo.

Dopo aver fatto cuocere per 10 minuti a bagnomaria, mettete in forno preriscaldato a 180 °C per 15 minuti. Servite il soufflè appena tolto dal forno, accompagnandolo con le creme preparate precedentemente.

Boccaccio di Torre Guaceto

INGREDIENTI PER 4 PERSONE:
- 650 g scorfano di Torre Guaceto - 200 g cozze nere brindisine
- 100 g gamberoni di Gallipoli - 4 seppie di Torre Guaceto - 2 spicchi aglio
- 4 pomodori fiaschetto - 4 foglie basilico - 60 g prezzemolo
- olio extra vergine q.b.

Per il fumetto di pesce: - 1,5 lt acqua - teste di scorfano
- 150 g pomodori fiaschetto - 1 cipolla - 1 carota - 1 costa sedano
- 1 mazzetto di prezzemolo - sale q.b - pepe in grani q.b.

Pulite e fate sgorgare in acqua fredda corrente tutti i pesci, facendo attenzione a mettere da parte la testa dello scorfano e a sgusciare i gamberoni non privandoli delle teste. Dividete in quattro parti lo scorfano e tagliate le seppie. Preparate un fumetto con la testa dello scorfano immergendola in acqua fredda con tutte le verdure tagliate, salate e pepate. Fate cuocere per circa 30 minuti. Al termine lasciate raffreddare e filtrate. Distribuite in ciascun 'boccaccio' le cozze crude e senza il guscio, pezzi delle seppie e dello scorfano, e un gamberone. Insaporite con un po' d'aglio tritato, un pomodoro intero, il prezzemolo sminuzzato, una foglia di basilico, salate, pepate e irrorate con un po' d'olio d'oliva. Infine aggiungete il fumetto di pesce e chiudete i 'boccacci' ermeticamente. Fate cuocere a bagnomaria per 25 minuti. Quindi servite i 'boccacci' ancora caldi.

TERRANIMA

Titolare › Vanessa e Piero Conte ○ **Chef** › Georgia Colombo

BARI ○ Via Niccolò Putignani, 215 ○ +39 080 5219725 ○ **www.terranima.com**
Chiuso / *Closed* › Domenica sera ○ *Sunday evening*

Varcata la soglia, viaggerete nel tempo per lasciarvi incantare da un minuzioso studio del dettaglio. La preparazione delle portate saprà emozionarvi. Vanessa e Piero Conte sono grandi sostenitori dei prodotti a km 0 ed è anche per questo che la ricerca del prodotto migliore, da preparare nella maniera più perfetta possibile, diviene un must sempre esaltato nella Corte di Terranima. I sapori e i profumi sapranno stupirvi come mai avreste immaginato. Così come la cortesia di Piero, il padrone di casa, che saprà incantarvi e tenervi compagnia con storie di cibi e vini. «Questo posto l'ho voluto per me. Cercavo un posto in cui avrei voluto mangiare ogni giorno. E alla fine l'ho trovato». Terranima è anche uno splendido Caffé Culturale (lo storico Batafobrle, che prende il nome dalle iniziali delle cinque originarie province pugliesi).

As you cross the threshold of the Corte di Terranima, you will travel through time and be enchanted by an accurate study of details. The dish presentation will thrill you. Vanessa and Piero Conte are great supporters of local "Km 0" products and it's for this reason that the research for the best ingredients, to be prepared in the most perfect way possible, becomes a must that is always enhanced in this restaurant. The flavours and fragrances will surprise you as you never would have imagined. Just as the courtesy of Piero, the master of the house, who will enchant you and keep you company with food and wine stories: "I wanted this place for me. I was looking for a place where I would want to eat every day. And I finally found it". Terranima is also a wonderful cultural café (the famous Batafobrle, which takes its name from the initials of the five original provinces of Puglia).

Carta dei Vini › Wine List	**Cucina** › Cuisine	**Tipologia** › Tipology	**Prezzo Medio** › Average Price
130 etichette › labels	**Tipica** › Typical	**Trattoria**	**30/35 €**

La Bombetta
The "bombetta"

INGREDIENTI PER 4 PERSONE:
- 20 fette di capocollo di maiale tagliate molto sottili - 100 g di pancetta
- 100 g di caciocavallo semistagionato - pane casereccio - rosmarino
- prezzemolo - sale e pepe qb

INGREDIENTS FOR 4 SERVINGS:
- 20 slices of thinly cut pork capocollo - 100 g of pancetta bacon
- 100 g of semi-aged caciocavallo cheese – homemade bread - rosemary
- parsley - salt and pepper to taste

Tagliare la coppa a fette sottili. Insaporire con sale, pepe, rosmarino e prezzemolo. Disporre al centro una fettina di pancetta e guarnire con un un formaggio (caciocavallo). Una volta farcita, la fetta di coppa, chiuderla per darle il suo caratteristico aspetto di "bombetta". Infilare le "bombette" in uno spiedo di ferro e arrostire per circa venti minuti. Una volta cotte, sfilare le bombette dagli spiedi e servire in coni di carta. Decorare e accompagnare con fettine di pane casereccio bruschettato.

Thinly cut the capocollo meat and season it with salt, pepper, rosemary and parsley. Place a piece of bacon in the middle of each slice and garnish with cheese (caciocavallo). Roll the slices up to make the characteristic "bombetta" shape. Insert the bombette on an iron spit and roast for about twenty minutes. Once cooked, remove the bombette from the spit and serve them in paper cones. Decorate and serve with slices of toasted bruschetta bread.

Frescomorbido d'anguria

INGREDIENTI PER 4 PERSONE:
- 500 g di polpa di anguria - 100 g di zucchero - 3 cucchiai di succo di limone
- 5 dl di succo di mela della Murgia - un calice di moscato del Salento
- 80 g di amido di mais - qualche spicchio di anguria - foglioline di menta
- striscette di limone del Gargano - gelsi rossi

Privare la polpa di anguria dei semi, tagliarla a pezzetti e lasciarla marinare con 80 g di zucchero e il succo di limone per circa 1 ora.
Passare la polpa di anguria marinata attraverso un colino a maglie fitte, raccogliendo la purea in una ciotola. In un tegame versare il moscato del Salento, il succo di mela e lo zucchero rimanente e far bollire a fiamma bassa, per 10 minuti. Aggiungere l'amido di mais e sciogliere facendo attenzione ad eliminare tutti i grumi. Unire il succo d'anguria e raffreddare e rassodare velocemente il composto su un bagnomaria ghiacciato, quindi versarlo in quattro stampini, coprire con della pellicola trasparente e riporre in frigo fino a completo rassodamento. Sformare sul piatto e guarnire con foglioline di menta, spicchio di anguria, striscette di limone e gelsi rossi.

Fagottini ripieni di burrata, ricotta e tartufo pugliese

INGREDIENTI PER 4 PERSONE: Per l'impasto dei fagottini: 4 uova - 400 g farina di grano duro "Senatore Cappelli" - acqua qb - sale. **Per il ripieno:** 200 g burrata - 300 g ricotta fresca - tartufo bianchetto di Andria (a piacere) - olio extravergine di oliva qb - 80 g canestrato pugliese - sale qb. **Per il condimento:** - 20 pz pomodorini della Regina - prezzemolo - vino bianco (Fiano Minutolo) - sale e pepe qb - 600 g scampi freschi - tartufo nero estivo di Andria (a piacere)

Per l'impasto dei fagottini: Setacciare la farina sulla spianatoia, formare la classica fontana, quindi mettetevi al centro le uova e un pizzico di sale. Sbattere con una forchetta le uova, e lentamente incorporare la farina con la punta delle dita, partendo dai bordi della fontana. Amalgamare bene gli ingredienti, avendo cura di cospargere di tanto in tanto la spianatoia con della di farina, fino a ottenere un impasto sodo e omogeneo. Formare una sfera con l'impasto, coprirlo e farlo riposare per circa 30 minuti. **Per il ripieno:** Setacciare la ricotta. In un recipiente amalgamare la burrata sfilacciata con la ricotta. Aggiungere il tartufo bianchetto di Andria, sminuzzato finemente affinché diffonda uniformemente il suo profumo, l'olio extravergine di oliva, il canestrato pugliese e il sale. **Per i fagottini:** Stendere la sfoglia sottile e dividerla di volta in volta in due strisce larghe circa 10 cm. Disporre piccole porzioni di impasto ben distanziate su una striscia e poi sovrapporre l'altra in modo che le due sfoglie si uniscano avendo cura di eliminare eventuali bolle d'aria che potrebbero crearsi tra le due sfoglie. Ritagliare dei quadrati di circa 4x4 cm con una rotella tagliapasta. Cuocere subito i fagotti in abbondante acqua bollente. **Per il condimento:** In una casseruola scaldare l'olio extravergine d'oliva. Aggiungere gli scampi freschi, e lasciare soffriggere leggermente sfumando con del vino bianco (Fiano Minutolo) e del prezzemolo. A cottura quasi ultimata, unire i pomodorini della Regina, tagliati grossolanamente regolando anche di sale e pepe. Saltare a fiamma viva i fagottini (precedentemente cotti). Sul piatto di portata posare i fagottini e guarnire con gli scampetti e i pomodorini. Servire con un filo di olio extravergine d'oliva. Completare con delle nuvole di tartufo nero estivo di Andria a piacere.

TORRE DI ANGELUCCO

Titolari › Angela Pagano e Alessandro Ancona ○ **Chef** › Angela Pagano

MARTINA FRANCA (Taranto) ○ Via Mercadante, 96 ○ +39 342 7622966 ○ **www.torrediangelucco.it**
Chiuso /*Closed* › Martedì ○ *Tuesday*

Il ristorante nasce dal talento e dalla passione di Angela Pagano, chef tarantina che fa del connubio tra semplicità e ricercatezza i punti di forze della sua vena creativa. Il locale che ha creato insieme al suo compagno Alessandro è un piccolo gioiello, molto elegante e curato in ogni dettaglio, situato in pieno centro storico di Martina Franca, la città barocca della Valle d'Itria. I piatti della Torre di Angelucco prendono forma e sembianze dalla cucina del territorio e traggono spunto dalla ricca tradizione pugliese. Angela aggiunge quel tocco di modernità e originalità che li rende ancora più intriganti. Tra le specialità da provare: lasagnette con julienne di zucchine e capocollo su salsa di caciocavallo, risotto scampi fiori di zucca e granella di pistacchi, spiedini di cozze e capoccolo su insalatina di grano vegetariano e mazzancolle in pasta kataifi su emulsione al limone.

This restaurant was created by Angela Pagano's talent and passion, a chef from Taranto who states that her strong points in creativity are given by the combination of refinement and simplicity. She has created this little gem with her partner Alessandro, it is very elegant and accurate in every detail, located in the historical centre of Martina Franca, the baroque town of the Valle d'Itria. The dishes at the Torre di Angelucco are formed and shaped like the traditional ones from the area, and the cuisine is inspired by the many cuisine traditions in Puglia. Angela adds that touch of modernity and originality that makes them even more intriguing. Among the specialities to try there are the Lasagnette pasta with julienne cut courgettes and capocollo meat wita a caciocavallo cheese sauce, the scampi risotto with pumpkin flowers and chopped pistachios.

Carta dei Vini › Wine List	**Cucina** › Cuisine	**Tipologia** › Tipology	**Prezzo Medio** › Average Price
150 etichette › labels	**Pugliese gourmet** › Apulian Gourmet	**Moderno** › Modern	30/35 €

Risotto con scampi

INGREDIENTI PER 4 PERSONE:
- 300 g riso carnaroli
- 10 fiori di zucca
- ½ cipolla
- 100 g circa di olio extra vergine d'oliva
- 8 scampi di grandezza media
- 4 spicchi di aglio
- 1 carota piccola
- 1 gambo di sedano
- 1 pomodoro ramato
- 1 mazzetto di prezzemolo
- 30 g di pistacchi sgusciati
- 1 bicchiere di vino bianco
- 1 noce di burro
- sale qb

Tostare il riso in una casseruola con un filo d'olio. Sfumare con mezzo bicchiere di vino bianco e metterlo da parte. Privare i fiori di zucca del pistillo, mondarli delicatamente, quindi tagliare grossolanamente. Fare un trito di cipolla bianca. In 50 gr di olio extra vergine d'oliva far appassire la cipolla e poi i fiori. Lasciar cuocere appena un paio di minuti, aggiustare di sale e tenere da parte.

Preparare il brodo di scampi: Aprire gli scampi con l'aiuto di una forbice, ripulire la testa da eventuali residui di sabbia. Sciacquare sotto acqua corrente. Preparare un soffritto con 50 gr di olio e due spicchi di aglio. Non appena colorati, eliminare gli spicchi d'aglio per evitare che si brucino e disporre gli scampi nel fondo d'olio. Far tostare per bene, quindi sfumare con vino bianco. Aggiungere a questo punto 1 lt di acqua circa, la carota, il sedano, gli altri due spicchi di aglio, il pomodoro a pezzi e il prezzemolo e lasciar cuocere per circa 20 min. Aggiustare di sale. A questo punto cominciare la cottura del risotto utilizzando il brodo appena pronto e solo verso la fine aggiungere i fiori. Mantecare con una noce di burro. Impiattare utilizzando i pistacchi tritati come guarnizione.

Scampi risotto

INGREDIENTS FOR 4 SERVINGS:
- 300 g of carnaroli rice
- 10 pumpkin flowers
- ½ onion
- 100 g (approximately) of extra virgin olive oil
- 8 medium size scampi
- 4 garlic cloves
- 1 small carrot
- 1 stalk of celery
- 1 tomato
- 1 bunch of parsley
- 30 g of shelled pistachios
- 1 glass of white wine
- 1 knob of butter
- salt to taste

Toast the rice in a saucepan with a drop of olive oil. Simmer with half a glass of white wine and set it aside. Remove the pistil from the pumpkin flowers, wash them gently and cut coarsely. Chop the white onion. Cook the onion and the flowers in 50 grams of extra virgin olive oil for a couple of minutes, season with salt and put aside.

Make the Scampi broth by cutting open the scampi using scissors, and remove any residual sand from the heads. Rinse under running water. Fry two cloves of garlic in 50 grams of olive oil. Once the garlic is golden, remove the cloves to avoid them burning and place the scampi in the pan. Cook them well and add white wine to simmer. At this point add about 1 litre of water, the carrot, the celery, the other two garlic cloves, the chopped tomatoes and the parsley and leave to cook for about 20 minutes. Season with salt and then add the rice to the broth and start making the risotto, and only towards the end, add the pumpkin flowers. Stir in a knob of butter. Serve and use chopped pistachios to garnish.

MARESE Castel del Monte Bombino Bianco DOC
RIVERA / Andria (BT)

Colore giallo paglierino con riflessi verdognoli; profumo intenso, fresco, fruttato con note di mela renetta; pieno palato fresco e fruttato ben bilanciato da una piacevole nota acidula.

Straw yellow with greenish reflexes in colour; crisp, fresh and intense varietal bouquet, with green apple fragrances; full and fruity on the palate, well balanced by an acidic note.

Insalatina tiepida di gamberi su riso nero

INGREDIENTI PER 4 PERSONE:
- 2 zucchine verdi - 16 grossi gamberi rossi - qualche ciuffo di menta
- 150 g di riso nero venere - 2 limoni non trattati
- maionese cremosa leggera - olio extra vergine d'oliva
- sale e pepe qb - 2 spicchi d'aglio - qualche gambo di prezzemolo

Lessare il riso venere in abbondante acqua salata. Scolare e lasciar raffreddare. Preparare un brodetto con acqua, 2 spicchi d'aglio, qualche gambo di prezzemolo, 1 limone tagliato a spicchi, sale e un filo d'olio. Far insaporire.
Ricavare dalle zucchine una julienne verde con l'aiuto di una mandolina. Sbollentare per pochi secondi in acqua salata, quindi condire con olio, sale e menta tritata. Condire il riso nero con olio, sale e buccia tritata di limone. Sistemare sul fondo del piatto con l'aiuto di un coppapasta. Diluire due cucchiai di maionese con succo di limone, olio, sale e pepe. Sbollentare i gamberi nel brodetto per 1 minuto. Ancora caldi sistemare i gamberi sul riso nero. Coprire appena con l'emulsione al limone, quindi arrotolarvi sopra la julienne di zucchina. Decorare con una foglia di menta.

Parfait alle mandorle su salsa di cioccolato amaro

Almond parfait with bitter chocolate sauce

INGREDIENTI PER 4 PERSONE:
- 65 g mandorle sgusciate
- 90 g in totale di zucchero
- 250 ml in totale di panna fresca
- 25 g tuorlo pastorizzato
- 50 g albume pastorizzato
- 100 g cioccolato fondente

INGREDIENTS FOR 4 SERVINGS:
- 65 g of shelled almonds
- 90 g of sugar
- 250 ml of fresh cream
- 25 g of pasteurized egg yolk
- 50 g of pasteurized egg white
- 100 g of dark chocolate

Pralinare le mandorle con 30 gr di zucchero semolato e un filo di acqua. Lasciar raffreddare, quindi tritare grossolanamente. Montare 150 ml di panna fresca e metterla da parte. Montare a neve 50 gr di albume d'uovo pastorizzato. Sbattere con la frusta 25 gr di tuorlo d'uovo con 60 gr di zucchero fino ad ottenere un composto spumoso. Amalgamare delicatamente tutti gli ingredienti con l'aggiunta di qualche goccia di essenza di mandorla, avendo cura di non smontare il composto. Imburrare 4 stampini in silicone. Versarvi il composto pareggiando la superficie. Coprire con pellicola trasparente . Quindi conservare in freezer per qualche ora prima di servire. Per la salsa al cioccolato amaro, invece, semplicemente sciogliere 100 gr di cioccolato fondente di buona qualità con l'aggiunta di 100 ml di panna fresca. Aggiungere, infine, una noce di burro per lucidare.

Coat the almonds with 30 g of caster sugar and a drop of water. Allow them to cool and then chop coarsely. Whip 150 ml of fresh cream and then set it aside. Whisk 50 g of pasteurized egg white, and then whisk 25 g of egg yolk with 60 g of sugar until frothy. Gently combine all the ingredients with the addition of a few drops of almond essence, taking care not to make the mixture curdle. Grease 4 silicone molds. Pour the mixture into the molds and flatten the surface. Cover with plastic wrap and store in the freezer for a few hours before serving. Make the chocolate bitter sauce by melting 100 g of good quality dark chocolate, add 100 ml of fresh cream and a knob of butter to add gloss.

ANTIPASTI

- Pettola di baccalà su purea di fave cad. € 1,50
- Insalata di polipo su patate * € 7,00
- Carpaccio di baccalà € 7,00
- Tent. di polipo grigliato con fagioli * € 7,00
- Mazzancolle grigl. al lardo di maiale nero del sud appennino * cad. € 3,00
- Ostriche cad. € 2,00
- Fritto all'italiana € 4,00
- Crudo € 6,00
- Affettati misti € 7,00
- Carpaccio di vitello rosato € 7,50
- Bufala campana gr. 250/500 € 5,50/11,00
- Carpaccio di manzo marinato € 6,50
- Verdurine al forno € 3,50
- Antipasti dal buffet € 3,50

SECONDI DI CARNE

- Entrecôte € 12,00
- Tagliata al balsamico € 14,00
- Tagliata di chianina €
- Filetto grigliato € 15,00
- Filetto al formaggio P/B € 18,00
- Filetto ai funghi porcini € 18,00
- Filetto pepe verde € 18,00
- Scottona
- Bisonte canadese € 52,00 al kg
- Costata di bufala € 42,00 al kg

CONTORNI

- Pinzimonio € 3,00
- Contorni € 3,00

FRUTTA

U'VULESCE

Titolare › Rosario Di Donna ○ **Chef** › Giuseppina Falco

CERIGNOLA (Foggia) ○ Via Cesare Battisti, 3 ○ +39 0885 425798 / +39 349 6371843
Chiuso / *Closed* › Giovedì e Domenica ○ *Thursday and Sunday*

 U'Vulesce è O'Vulio, il Desiderio, la Voglia. Si viene qui, appunto, per togliersi una voglia. Siamo in una osteria tradizionale, nata alle spalle della gastronomia di famiglia aperta sul corso principale. Lasciatevi prendere per mano dalla contagiosa simpatia di Rosario e buttatevi sul menù, che amplifica gusti e sapori pugliesi.Tra i primi citiamo le orecchiette con la purea di fave e i cicatielli (gnocchetti di acqua e farina) coi fagioli, per secondo l'ottimo filetto al caciocavallo podolico. Non mancano burrate, mozzarelle, fiordilatte, e poi verdure, fritture ed anche un po' di mare, visto che tutto sommato non è così distante (provate per esempio il polpo con i fagioli). E troverete anche qualcosa fuori dal comune, come la tiella di agnello con patate e lampascioni. È uno dei ristoranti regionali da non perdere.

U'Vulesce is O'Vulio (I want it), the desire, the craving. It is here, in fact, that you should come if you have a craving. A traditional tavern, born thanks to the family's experience in gastronomy, open on the main street. Let Rosario and his contagious friendliness take you by the hand and splurge the menu that enhances Puglia's tastes and flavours. Among the main courses we would like to mention the Orecchiette pasta with fava bean purée and the Cicatielli (water and flour Gnocchi) with beans, and as a second course the excellent fillet with caciocavallo podolico cheese. The burrata, the mozzarella and the fiordilatte cheeses are always present as are the vegetables, the fried dishes and some seafood, because after all, the sea is not that far away (try the octopus with beans). You will also find something out of the ordinary, such as the lamb tiella with potatoes and lampascioni onions. This is one of the regional restaurants that should not to be missed.

Carta dei Vini › Wine List	**Cucina** › Cuisine	**Tipologia** › Tipology	**Prezzo Medio** › Average Price
200 etichette › labels	**Pugliese** › Apulian	**Gourmet**	**35/40 €**

Battuto di podolica con puntarelle

INGREDIENTI PER 4 PERSONE:
- 250 g di fesa di carne (podolica) - sale in fiocchi - olio extra vergine di oliva
- 2 filetti di acciuga - pepe - misticanza - cicorielle
- 50 g di caciocavallo podolico - aceto di vino rosso

Pacchero, ricci e scampi
Paccheri pasta with sea urchins and scampi

INGREDIENTI PER 4 PERSONE:
- 8 scampi - aglio - sedano - olio extravergine di oliva - ghiaccio - prezzemolo qb
- polpa di riccio - 400 g di paccheri

INGREDIENTS FOR 4 SERVINGS:
- 8 scampi - garlic - celery - extra virgin olive oil - ice - parsley to taste
- sea urchin pulp - 400 g of paccheri pasta

Privare gli scampi del carapace, utilizzare le teste per realizzare un fumetto (riduzione con aglio, sedano, olio e ghiaccio), preparare una base con olio, aglio e prezzemolo, aggiungere polpa di riccio e bagnare con fumetto. Scolare la pasta aggiungere gli scampi crudi bagnare con fumetto per amalgamare il tutto. Impiattare aggiungendo solo riccio crudo.

Shell the scampi and use their heads to make a fumet (reduction with celery, garlic, oil and ice). Prepare a sauce with oil, garlic and parsley. Then add sea urchin pulp and some fish fumet. Cook the paccheri pasta and then drain it when ready. Add it to the raw scampi and then add some fumet to combine the tastes. Serve and add raw sea urchin.

Battere finemente a coltello la carne, aggiungere sale, pepe, i filetti di acciuga, olio extravergine, lasciare riposare il composto in frigo per trenta minuti. Tagliare in piccoli filetti (julienne) le puntarelle e metterle a bagno in acqua e ghiaccio per 10 minuti per arricciarle, asciugatele per bene ed unitele alla misticanza ed al cacio scagliato, condite con olio extravergine, una spruzzatina di aceto di vino rosso, sale. Per impiattare la carne usate un coppa-pasta, aggiungete le verdure miste al cacio e buon appetito.

Polpo con purea di fave

Octopus with fava bean purée

INGREDIENTI PER 4 PERSONE:
- 2,5/3 kg di polpo - olio extravergine di oliva - capperi
- scorza di limone qb - sedano - 600 g di fave secche- 5/6 pomodorini

INGREDIENTS FOR 4 SERVINGS:
- 2,5/3 kg of octopus - extra virgin olive oil - capers
- lemon zest to taste - celery - 600 g of dried fava beans - 5/6 small tomatoes

Bollire il polpo partendo da acqua fredda per circa 40 minuti (polpo 2,5 /3 kg) fatelo raffreddare nella stessa acqua (lo fa ammorbidire) tagliare i tentacoli, condire con olio extra vergine e grigliare per 3/4 minuti. Battere i capperi a coltello condire il battuto con olio e scorza di limone. Purea di fave: mettere a bagno le fave secche (600 g) la sera prima, aggiungete olio, cipolla, sedano e 5/6 pomodorini cuocere a fuoco lento per 30 minuti.

Put the octopus in cold water and bring to boil for about 40 minutes (the octopus should weigh 2.5/3 kg), then leave it cool in the same water (this will make it soften), cut the tentacles, drizzle with extra virgin olive oil and grill for 3/4 minutes. Chop the capers and season with oil and lemon zest. Make the bean purée by leaving the dried fava beans (600 g) to soak from the night before. Then add oil, onion and celery, 5/6 small tomatoes and cook on low heat for 30 minutes.

UMAMI

Titolare › Quinto Gusto srl ∘ **Chef ›** Felice Sgarra

ANDRIA (BT) ∘ Via Trani, 103 ∘ +39 0883 261201 / +39 393 5478180 ∘ **www.umamiristorante.it**
Chiuso / *Closed* › Martedì ∘ *Tuesday*

Ricavato in un vecchio frantoio magistralmente ristrutturato, offre due sale stupende ed un giardino meraviglioso. Il locale ha aperto nel febbraio 2011 ed è certo che, se non vi è ancora capitato, ne sentirete parlare bene. Interessante la scelta dei due antipasti: percorso del territorio (selezione di ortaggi con abbinamenti di carni e burrata andriese con tartufo delle Murge) e percorso dell'Adriatico (selezione di pesci con diversa tipologia di cottura con abbinamento di mandorle fresche di Toritto). Tra i primi più gustosi: ravioli di kamut ripieni con burrata e pesto di olive leccine; pappardella di grano arso con cime di rape e scampo scottato con farina di taralli. Interessante anche il risotto con baccalà e crema di zucchine. Secondi: cubo di maialino da latte cotto a bassa temperatura con le cime di rape; filetto d'asino ai carboni; tataki di sogliola e tonno rosso con pistacchi. Dolci: bavarese ai fichi secchi con vincotto, cassata della casa e cannuolo. Menù degustazione a partire da 35 euro.

Set within an old masterfully renovated mill, it presents two stunning dining rooms and a beautiful garden. This restaurant opened in February 2011 and it is certain that if it hasn't happened yet, you will soon hear very good reviews about it. The selection of the two appetizers is interesting: "Percorso del Territorio" (is a selection of vegetables combined with meats, burrata cheese from Andria and truffle from the Murgia) and "Percorso dell'Adriatico" (is a selection of fish cooked in many different ways combined with fresh almonds from Toritto). Among the tastiest main courses you can try the kamut Ravioli filled with burrata cheese and leccino olives pesto; burnt wheat Pappardelle with turnip tops and seared scampi with taralli flour. The cod risotto with courgette cream is also interesting. As a second course you can try the porker cube cooked at a low temperature with turnip tops, the donkey fillet, or the sole and tuna tataki with pistachios. For dessert choose among the dried figs bavarian cream with vincotto sauce or the homemade cassata and cannuolo. Tasting menus from 35 €.

Carta dei Vini › Wine List	**Cucina** › Cuisine	**Tipologia** › Tipology	**Prezzo Medio** › Average Price
400 etichette › labels	**Mediterranea contemporanea** › Contemporary Mediterranean	**Moderno** › Modern	35/45 €

Sorbetto al cetriolo con frutti di bosco

INGREDIENTI PER 4 PERSONE:
- 300 g di cetriolo fresco
- 300 g di sciroppo di zucchero
- 30 g di succo di limone
- 1 buccia di lime
- 30 g di limoncello
- cardamomo q.b.
- 200 g frutti di bosco freschi

Mondare i cetrioli e tagliarli a pezzi, lasciarli in infusione con sciroppo di zucchero e cardamomo per 12 ore circa.
Scolarli e centrifugare il tutto.
Con il succo ottenuto aromatizzare con la buccia del lime, succo di limone, e il limoncello.
Congelare e pacossare (con il paco jet).
Servire il sorbetto con una variegata serie di colori di frutti di bosco.

Hamburger andriese
Andriese hamburger

INGREDIENTI PER 4 PERSONE:
Per l'hamburger: 160 g di carne equina tritata - semi di finocchietto
- 100 g cuore di burrata - sale e pepe q.b.
Per la crema di zucca: - 240 g di zucca - 3 scalogni - olio extra vergine
Per l'insalata: - 4 carote di Polignano - 1 mela verde - 30 g di rughetta - aceto di lampone

INGREDIENTS FOR 4 SERVINGS:
Burger ingredients: - 160 g of minced horse meat - fennel seeds
- 100 g of burrata cheese - salt and pepper to taste
Pumpkin cream ingredients: - 240 g of pumpkin - 3 shallots - extra virgin olive oil
Salad ingredients: - 4 carrots from Polignano - 1 green apple - 30 g of rocket
- raspberry vinegar

Per l'hamburger: lavorare la carne equina rimestando con un cucchiaio di legno, con sale, un filo di olio extravergine, semi di finocchietto e un lacrima del latte di burrata. Coppare la carne nella forma desiderata e scottate su una padella antiaderente.
Per la crema di zucca: mondare la zucca e cuocerla unendo lo scalogno a pezzi in una bassina con un filo di olio extra vergine per 20 minuti circa rimestando ogni tanto, passare al passaverdure e aggiustare di sale.
Per l'insalata: mondare le carote e le mele e tagliarle a julienne unendo la rughetta, condite con sale, olio e una velata di aceto di lampone.
Finitura del piatto: adagiate l'hamburger nel piatto e coprite con il cuore di burrata, contornate con la crema di zucca e disponete la piccola insalata in un unico mucchietto, di modo da distaccare il caldo dal freddo.

Burger preparation: knead the horse meat with a wooden spoon and add salt, a drizzle of extra virgin olive oil, some fennel seeds and a drop of milk from the burrata cheese. Use a mold to shape the meat as desired and cook on a non-stick frying pan.
Pumpkin cream preparation: peel and cut the pumpkin and cook it with the shallots cut into pieces in a low pan with a drizzle of extra virgin olive oil, for about 20 minutes, stirring occasionally.
Use a food mill to make the cream and season with salt.
Salad preparation: peel and julienne cut the carrots and the apple. Add the rocket and season with olive oil, salt and a drizzle of raspberry vinegar.
Dish presentation: place the burger on the serving dish and cover with the burrata cheese. Add the pumpkin cream around the burger and place the small salad in a single pile, in order to divide the warm food from the cold.

Condimento consigliato Aceto di Vincotto invecchiato
Seasoning suggested Vincotto Vinegar 12 years

Pane e cime di rape su crema di ceci

INGREDIENTI PER 4 PERSONE:
Per pane e cime di rape:
- 120 g di pane raffermo
- 120 g di cimette di rape fresche
- 30 g pecorino
- 1 uovo
- olio extravergine di oliva
- sale e pepe q.b.

Per la crema di ceci:
- 160 g di ceci (ammollati 24 ore)
- 1 costa di sedano
- 1 carota
- 1 spicchio d'aglio
- olio extravergine di oliva
- sale q.b.

Per pane e cime di rape: mondare le cime di rape e scottarle in acqua bollente non salata; ammollare il pane raffermo con l'acqua di cottura della cime di rape, aggiungere il pecorino grattuggiato, l'uovo e le cimette di rapa sminuzzate grossolanamente; lasciare riposare l'impasto a temperatura bassa. Riscaldare l'olio extravergine a 150° C per friggere di volta in volta le quenelle di pane e cime di rape.

Per la crema di ceci: soffriggere in una casseruola carota, sedano, aglio con olio extra vergine a fuoco vivo; aggiungere i ceci e dopo due minuti ricoprirli di acqua, incoperchiate e cuocete a fuoco basso per almeno 2 ore. Frullate i ceci, successivamente setacciate per ottenere la crema, aggiungete olio e regolate di sale.

Finitura del piatto: distribuire la crema di ceci sul piatto e dopo posizionate la frittellona di pane, servite eventualmente con delle uova di salmone leggermente affumicate, filo d'olio extra vergine.

CAMARDA Brindisi Rosso DOP
CANTINE DUE PALME / Cellino San Marco (BR)

Rosso rubino intenso con riflessi violacei. Il naso evidenzia ancora il fruttato, con note di ciliegie mature, su discreti sentori di legno. Caldo al palato, morbido, piacevolmente presente il tannino.

Intense ruby red with violet hues. The nose is still showing the fruity, with notes of ripe cherries, of discrete hints of wood. Warm on the palate, soft, pleasantly present tannins.

Spaghettone con cicale nostrane

INGREDIENTI PER 4 PERSONE:
-400 g di spaghettoni - 15 cicale/ panocchie - 2 spicchi di aglio - olio extra vergine d'oliva brodo vegetale qb - 1 peperone crusco - pepe di mulinello qb

Mondare cicale e aglio, in una padella fate sudare le cicale con l'olio e l'aglio, innaffiate con il brodo vegetale. Fate sobbollire per 10 minuti circa, profumando con del peperone crusco e pepe. Schiumate, se necessario, e infine filtrate con un colino, recuperando dalle cicale solo i filetti puliti. In una pentola versate l'acqua, salate e portate a ebollizione; gettate gli spaghettoni e portateli a 2/3 della loro cottura ideale. Scolateli, passateli in una padella di rame e terminate la cottura irrorandoli con il brodetto di cicala. Finitura: mantecate gli spaghettoni, a fuoco spento, con olio extravergine di oliva, un pizzico di sale, pepe macinato e completare con i filetti di cicala. Servire subito.

VELENO FISH RESTORART

Titolare e Chef › Giovanna Diviccaro

BARLETTA (BT) ○ Via Cialdini, 21/23 ○ +39 0883 532880 / +39 345 4483452
Chiuso / *Closed* › Mercoledì ○ *Wednesday*

Un ristorante che abbina arte e cucina per serate di alto livello. Le numerose varietà di pesce locale, sempre freschissimo, sono alle base di tutto ciò che qui viene preparato: dagli antipasti, caldi e freddi, in cui la parte del re la fanno i frutti di mare; ai primi piatti, in cui il mare si abbina alla pasta fresca tipica pugliese (troccoli con cicale e rucola, risotto scampi e asparagi); ai secondi, al forno o grigliati (rombo con patate, pescatrice con fagioli). Imperdibili i carpacci di pesce, le ostriche francesi e le zuppe di pesce. Con dedizione e passione culinaria gli chef Vincenzo e Giovanna preparano, in proprio, ben quattro tipi di pane, due varietà di focaccia, grissini, e squisiti dolci. Su richiesta, prepara anche deliziosi sushi e sashimi. Il tutto da accompagnare con degli ottimi vini: vasta ed assortita la cantina di cui il locale dispone. A fine pranzo, grappe di vitigni vari, rum, whisky scozzesi e irlandesi, passiti e tanti altri digestivi sicuramente all'altezza della situazione. Non mancano serate di degustazione, o eventi di musica dal vivo.

A restaurant that combines art and cuisine for high-profile evenings. The numerous types of local and always fresh fish, are at the base of everything that is prepared here, from the hot and cold appetizers, where seafood reigns, to the main courses, where seafood is combined to typical Puglia fresh pasta (like the Troccoli pasta with slipper lobster and rocket or the asparagus and scampi risotto) to the baked or grilled second courses (like the turbot with potatoes or the monkfish with beans). The fish carpaccio, the French oysters and the fish soup are unmissable. With dedication and passion for cooking, chefs Vincenzo and Giovanna make their own four types of bread, two varieties of focaccia, breadsticks, and delicious desserts. They also prepare tasty sushi and sashimi upon request. All is accompanied by fine wines: this restaurant has a vast wine cellar full of variety. At the end of each meal you can taste various types of grappa, rum, Scottish and Irish whiskeys, raisin wines and many other digestives that are surely up to everyone's expectations. Tasting events and live music events are frequent.

Carta dei Vini › Wine List	**Cucina** › Cuisine	**Tipologia** › Tipology	**Prezzo Medio** › Average Price
250 etichette › labels	Pesce › Fish	Trendy	40 €

Spaghettoni ai granchi pelosi e ricci di mare

Spaghettoni with hairy crabs and sea urchins

INGREDIENTI PER 4 PERSONE:
- 200 g di spaghettoni trafilati al bronzo
- 8 granchi pelosi
- 150 g di polpa di ricci
- olio extravergine di oliva
- sale
- pepe
- 400 g di pomodorini
- prezzemolo
- vino bianco
- scalogno

Soffriggere lo scalogno nell'olio, appena dorato, mettere i granchi precedentemente spaccati sul carapace e farli rosolare con un po' di vino bianco, mettere i pomodorini appena schiacciati salare e fare insaporire il sughetto.

Scolare gli spaghettoni al dente e versarli nella padella con i granchi. Fare amalgamare la pasta e appena pronti mettere la polpa di ricci cruda e il prezzemolo tritato.

INGREDIENTS FOR 4 SERVINGS:
- 200 g of bronze drawn spaghettoni pasta
- 8 hairy crabs
- 150 g of sea urchins
- extra virgin olive oil
- salt
- pepper
- 400 g of small tomatoes
- parsley
- white wine
- shallot

Fry the shallot in oil and when golden add the crabs after splitting their carapace shell. Simmer with some white wine, add the tomatoes after squashing them, season with salt, and leave the sauce to flavour. After cooking the Spaghettoni, drain them when al dente and pour them into the pan with the crabs. Stir the pasta with the crab sauce and when ready, add the raw sea urchins and some chopped parsley.

e'ARTE Puglia IGT Bianco
TORREVENTO / Corato (BA)

Vino dal colore giallo paglierino. Bouquet fine e delicato. Sapore dal gusto morbido e piacevolmente acidulo.

Colour straw yellow. Smell: fine and delicate bouquet. Taste, mellow and pleasantly acidulous.

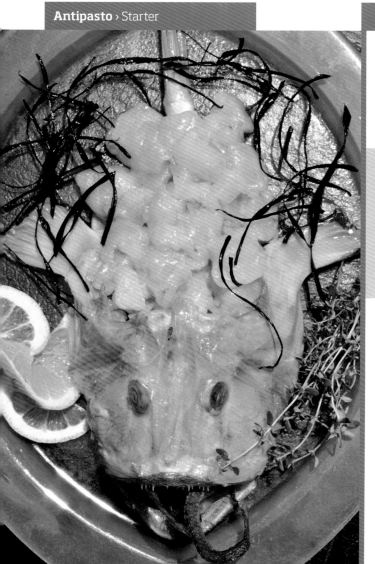

Cassata siciliana
Sicilian cassata

INGREDIENTI PER 4 PERSONE:
- 1 pan di spagna - 600 g di ricotta di pecora setacciata - ½ bicchiere di rum
- 100 g di cioccolato a gocce - 250 g di zucchero - marzapane per copertura
- frutta candita per decorare - zucchero fondente di canna per copertura

INGREDIENTS FOR 4 SERVINGS:
- 1 sponge cake - 600 g of sifted sheep ricotta cheese - ½ cup of rum
- 100 g of chocolate drops - 250 g of sugar - Marzipan for the top layer
- Candied fruit to decorate - Cane sugar fondant for the top layer

Prendere un tegame antiaderente, imburrare e infarinare. Tagliare il pan di spagna, foderare il tegame, bagnare con del rum diluito in acqua e zucchero.
Versare la ricotta precedentemente setacciata, zuccherata e amalgamata con le gocce di cioccolato.
Coprire la ricotta con il pan di spagna rimasto, bagnare con dell'altro rum e mettere il tegame in frigo per 4 ore. Tirare fuori dal frigo, sformare il pan di spagna e metterlo su un piatto capiente, spalmare un po' di ricotta su tutto il pan di spagna, coprire prima con il marzapane, ritagliare il bordo che fuoriesce.
Sciogliere lo zucchero fondente e versarlo caldo sul marzapane, fare rapprendere in frigo e guarnire con frutta candita.

Grease a non-stick pan and sprinkle flour in it. Cut the sponge, line the pan with it and drizzle it with rum diluted in water and sugar. Mix the previously sifted ricotta cheese with the sugar and chocolate chips. Spread the ricotta cream over the sponge. Cover the ricotta with the remaining sponge, moisten with more rum and put the pan in the refrigerator for 4 hours. When out of the fridge, remove the mold and place the cake on a large plate. Spread more ricotta cream over the sponge then cover it with marzipan and cut off the excess. Melt the cane sugar fondant and pour it over the marzipan whilst hot. Leave it to set in the fridge and garnish with candied fruit.

Tartare di pescatrice

INGREDIENTI PER 4 PERSONE:
- 1 pescatrice da kg.1,5 - olio extravergine di oliva
- sale - pepe bianco - melanzana

Pulire ed eviscerare la pescatrice, ricavare la polpa e tritarla con la punta di un coltello. Metterla in abbattitore per 2 ore. Rigenerarla e condirla con olio extravergine di oliva, sale e pepe bianco. Ricomporre la pescatrice e guarnirla con julienne di melanzana fritta.

LEMON CREAM
QUINTESSENZA ROSOLI / Polignano a Mare (BA)

Rosolio dal sapore delicato non troppo alcolico. Ottimo per accompagnare dolci. Vol. 17°

Liqueur from the delicate taste, not too much alcoholic. Excellent with desserts. Vol.17°

www.quintessenzarosoli.it

VINI & CANTINE

WINES and WINERIES

NATURALMENTE,
AL TUO FIANCO.

CANTINE
DUE PALME

PRESENTE.

LE STELLE

Le aziende che hanno ricevuto
le 3 bottiglie per almeno tre etichette

☆
CANTELE
GUAGNANO (Lecce)

☆
CANTINA SAN DONACI
SAN DONACI (Brindisi)

☆
CANTINE DUE PALME
CELLINO SAN MARCO (Brindisi)

☆
CANTINE PAOLO LEO
SAN DONACI (Brindisi)

☆
CANTINE POLVANERA
GIOIA DEL COLLE (Bari)

☆
PALAMÀ
CUTROFIANO (Lecce)

☆
PIRRO VARONE
MANDURIA (Taranto)

☆
PRODUTTORI VINI MANDURIA
MANDURIA (Taranto)

☆
RIVERA
ANDRIA (BT)

☆
SOLOPERTO
MANDURIA (Taranto)

☆
TENUTE RUBINO
BRINDISI

☆
TORMARESCA
MINERVINO MURGE (BT)

☆
TORREVENTO
CORATO (Bari)

☆
VIGNE & VINI
LEPORANO (Taranto)

ALBEA

CITTÀ / City
70011 Alberobello (BA)
INDIRIZZO / Address
Via Due Macelli, 8
TELEFONO / Phone
+39 080 4323548
FAX
+39 080 4327147
WEB
www.albeavini.com
E-MAIL
info@albeavini.com

ANNO DI FONDAZIONE / Year of Foundation
1905
PROPRIETÀ / Owners
Dante Renzini
ENOLOGO / Oenologist
Claudio Sisto e Riccardo Cotarella
ETTARI VITATI / Hectares of Vineyard
40
BOTTIGLIE ANNO / Bottles Year
320.000
PRODUZIONE BIOLOGICA / Organic Production
No

La Cantina Albea (dall'antico nome di Alberobello) é stata costruita nei primi del '900 ed i lavori di costruzione, date le particolarità architettoniche richieste dal committente Luigi Lippolis, richiesero oltre due anni di lavori accurati. La struttura é, infatti, interamente in pietra, con le vasche destinate a contenere il vino interrate nella roccia, così come un tempo erano le cisterne destinate all'approvvigionamento idrico dei trulli. La particolare attenzione posta nella costruzione della cantina, che nelle intenzioni dell'erudito e lungimirante committente non dovevano comunque essere una semplice struttura produttiva, ma anche un bell'edificio che non stonasse con l'ambiente circostante, si rivela nell'elegante e sobria architettura interna che riecheggia quella di una moschea, con volte a stella che si raccordano, in alto ai pilastroni portanti, formati da massi rocciosi sovrapposti e con fugature modellate con strati di terra rossa. Alla Cantina Albea vengono conferite le migliori uve prodotte dai vignaioli locali che ogni anno offrono i preziosi frutti del loro lavoro, perché vengano trasformati in quei deliziosi nettari che solo vinificatori di lunga e comprovata esperienza possono produrre.

Cantina Albea (from Alberobello's historic name) was built early in the 1900s and the actual constructon took more that two years of careful work, given the unique architectural requests made by the owner, Luigi Lippolis. In actual fact, the structure is entirely constructed in stone, with the wine vats set into the rock, in precisely the manner used to install water supply tanks for the "trulli" dwellings. The particular attention paid to the construction of wine cellar, which the erudite and farsighted patron never intended to be a mere structure for production, but also a lovely building that fitted into the the surrounding landscape, reveals an elegant and sober interior architecture that is reminescent of a mosque, with star vaulls that merge into the overhead supporting pillars, formed by overlapping rock and joints modelled with layers of clay. Cantina Albea collects the best grapes produced by local growers who adhere to a now consolidated tradition, and offer each year the precious of their toils so that it can be tranformed into those delicious nectars that only wine-makers of long, proven experience are capable of making.

- PETRANERA Salento Rosso IGT
- PETRAROSA Salento Rosato IGT
- RARO Salento Rosso IGT
- ROSÈ Troia Puglia IGT
- IL SELVA Locortondo Bianco DOC
- CASÈDDE Puglia Rosso IGT
- PAGGHIE Puglia Bianco IGT
- VU'OLE Puglia Rosso IGT
- BIBULUS Salento RossoIGT
- DECANO Salento Rosso IGT
- LOCOROTONDO Locorotondo Bianco DOC
- MERIDIES Salento Rosso IGT
- TERRE DEL SOLE Salento Negroamaro IGT
- TERRE DEL SOLE Salento Primitivo IGT
- TERRE DEL SOLE Valle d'Itria Verdeca IGT

LUI
Nero di Troia IGT

Un vino di colore rosso rubino scuro, molto concentrato con sfumature purpuree, al naso e' intenso e persistente di buon equilibrio tra note fruttate e speziate con piacevoli sentori di liquirizia e vaniglia, al palato e' un vino morbido e corposo, fine ed equilibrato, con un tannino elegante e maturo.

ABBINAMENTI: Ottimo servito a 18° C con piatti saporiti e carni rosse alla brace.
GRADAZIONE ALCOLICA: 13,5%

Deep ruby red wine with a purplish hue. Intense, persistent and well-balanced bouquet with spicy and fruited notes of vanilla and liquorice. Bodied, balanced and mellow taste with elegant and mature tannins.

FOOD PAIRINGS: To serve at 18 C and match tasty and grilled red.
ALCOHOLIC STRENGTH: 13,5%

BOTRUGNO

CITTÀ / City	**ANNO DI FONDAZIONE** / Year of Foundation
72100 Brindisi	1900
INDIRIZZO / Address	**PROPRIETÀ** / Owners
Via Ammiraglio Cagni 2	Sergio e Antonio Botrugno
TELEFONO / Phone	**ENOLOGO** / Oenologist
+39 0831 555587	Cosimo Spina
FAX	**ETTARI VITATI** / Hectares of Vineyard
+39 0831 551245	33
WEB	**BOTTIGLIE ANNO** / Bottles Year
www.vinisalento.it	50.000
E-MAIL	**PRODUZIONE BIOLOGICA** / Organic Production
sergiobotrugno@virgilio.it	No

La cantina più antica di Brindisi, città da sempre vocata alla produzione vinicola. La famiglia Botrugno di vite fa vita, produce esclusivamente Vini Doc e Igt tipici del territorio ed esclusivamente dai propri vigneti. Mai come in questo caso: in nome nomen, infatti botrus è, in greco, grappolo d'uva e Botrugno da Botrus discende. Botrugno è una azienda di "viti e vini cultori", già in evidenza da qualche anno con numerosi riconoscimenti nazionali ed internazionali. L'azienda Botrugno conserva la genuinità dei prodotti e la genuinità dello spirito, infatti viene considerato di primaria importanza il rapporto qualità/prezzo dei suoi vini, sapendo bene che, come la storia diventa senza senso se non si può comprendere, lo stesso vale per il vino: a che serve produrre un vino sofisticatissimo se nessuno potrà mai permettersi il lusso di gustarlo? Antonio e Sergio sono in cantina tutto l'anno, hanno mantenuto quel luogo di produzione anche come luogo di incontro e di convivialità. I locali di via Arcione 1, traversa di via prov.le San Vito, proprio sul Seno di Ponente, sono stati ridefiniti e ristrutturati. Su prenotazione da concordare personalmente si possono organizzare gruppi per escursioni nelle zone di produzione e degustazioni "vestite". Nulla di meglio, per rinfrancar lo spirito, di una lezione di storia enoica e, per rinfrancar le membra, accompagnare dei grandi vini con grandi pietanze. Provare per credere.

Botrugno is the oldest wine cellar in Brindisi. The Botrugno Family exclusively produces Doc and Igt Vines of this land and from their vineyards. In fact, Botrus in Greek means bunch of grapes and the name Botrugno derivers from this word. In the last few years this firm was awarded both national and international recognition. They preserve the authenticity of the product and they consider the relation quality/price of the wines to be very important. In fact, they think that it's nonsense to produce a good quality wine if nobody can taste it! Antonio and Sergio are in the wine cellar all year round, because the production place is also a meeting place and living together. The work room, in Via Arcione n° 1, near Provinciale per S. Vito, just on the 'Seno di Ponente, has been completely renovated. If you book in advance you can participate at visits to the production zone and you can also taste the wine. Believe!

- PATRUNU RÒ NEGROAMARO Salento IGT ▬▬
- PATRUNU RÒ PRIMITIVO Salento IGT ▬▬ ▬▬
- NASHI Salento IGT Novello
- OTTAVIANELLO Rosso Salento IGT
- MALVASIA NERA Rosso Salento IGT ▬▬ ▬▬ ▬▬
- AURORA Brindisi DOC Rosato
- NASHI Salento IGT Novello
- OTTAVIANELLO Rosso Salento IGT
- BOTRUS PASSITO Salento IGT Rosso ▬▬ ▬▬ ▬▬
- MALVASIA NERA Rosso Salento IGT
- PINEA Salento IGT Bianco
- SENO DI PONENTE Salento IGT Rosso
- SENO DI PONENTE Salento IGT Rosato
- SENO DI PONENTE Salento IGT Bianco
- VIGNA LOBIA Salento IGT Rosso

ARCIONE
Brindisi Rosso DOC

Ottenuto da uve Negroamaro (85%) e Malvasia Nera (15%), questo vino ha colore rosso rubino intenso, profumo vinoso con sentori di frutti rossi maturi. Il sapore è intenso, caldo e morbido.

ABBINAMENTI: Si abbina bene a piatti sapidi, carni rosse, formaggi stagionati.
GRADAZIONE ALCOLICA: 13,5%

Obtained from grapes Negroamaro (85%) and Black Malvasia (15%), this wine has an intense color ruby red. It's vinous with ripened red fruits. At the taste is well structured on the palate, concentrated, round, well bilance with sweet tannins.

FOOD PAIRINGS: Suggested with important first corse disse, roasted and grilled meat, seasoned cheeses.
ALCOHOLIC STRENGTH: 13,5%

CANTELE

CANTELE

CITTÀ / City
73010 Guagnano (LE)
INDIRIZZO / Address
S.P. 365 Salice Salentino - Sandonaci km.1
TELEFONO / Phone
+39 0832 705010
FAX
+39 0832 705003
WEB
www.cantele.it
E-MAIL
info@cantele.it

ANNO DI FONDAZIONE / Year of Foundation
1979
PROPRIETÀ / Owners
Famiglia Cantele
ENOLOGO / Oenologist
Gianni Cantele
ETTARI VITATI / Hectares of Vineyard
200 [50 di proprietà + 150 in conduzione]
BOTTIGLIE ANNO / Bottles Year
2.000.000
PRODUZIONE BIOLOGICA / Organic Production
No

Verso la fine degli anni 70 Giovanni Battista Cantele, insieme con la moglie Teresa Manara, decide di mettere a frutto una trentennale esperienza nel mondo del vino che lo ha visto collaborare con importanti realtà vinicole del nord Italia e, successivamente, scoprire la grande vocazione alla qualità della Puglia e del Salento in modo particolare. Nasce così l'azienda vinicola Cantele che, nei primi anni 80, passa alla conduzione tecnica e gestionale dei figli Augusto e Domenico. Sin dagli inizi l'obiettivo comune è stato quello di valorizzare le grandi potenzialità di una piattaforma ampelografica caratterizzata dalla tipicità di vitigni storici quali il Negroamaro ed il Primitivo e dalla perfetta capacità di adattamento e di espressione ad alto livello di vitigni internazionali come lo Chardonnay, il Merlot, il Cabernet Sauvignon. La costruzione di una nuova cantina a Guagnano e il contestuale inserimento in azienda di Gianni, Paolo, Umberto e Luisa, la terza generazione della famiglia Cantele, hanno dato nuovo impulso al progetto volto alla ricerca della qualità con una più scrupolosa gestione del vigneto e l'introduzione, negli schemi di lavorazione, di moderne tecnologie.

Towards the end of the 1970's, Giovanni Battista Cantele and his wife Teresa Manara decided to consolidate 30 years of experience in the wine world of Northern Italy and to bring their expertise to the region of Puglia, and Salento in particular, where they saw tremendous potential. Thus the winery Cantele was born and during the 1980's the two sons, Augusto and Domenico took over from their parents. From the beginning, the objective was to develop the potential of the local and historic varieties of Negroamaro and Primitivo and to work with the highly esteeemed and adaptable varieties of Chardonnay, Merlot and Cabernet Sauvignon. To this end, the winery chose to work with local winegrowers with a total of about 250 hectares of high quality vines. The construction of the new winery in Guagnano and the the entry of Gianni, Paolo, Umberto and Luisa - the 3rd generation of the Cantele family - to the business has given a fresh new impulse to the company. Cantele is dedicated to scrupulous care of the vineyards, use of the very latest technology and the constant search for the production of wines the very highest quality.

- TERESA MANARA Salento IGT Bianco
- CHARDONNAY Salento IGT
- NEGROAMARO Salento IGT Rosato
- PRIMITIVO Salento IGT
- ALTICELLI Fiano Salento IGT
- ALTICELLI Aglianico IGT Puglia
- VARIUS Salento IGT Rosso
- AMATIVO Salento IGT Rosso
- SALICE SALENTINO RISERVA Salento IGT Rosso

TERESA MANARA
Salento Rosso IGT

Rosso rubino intenso variegato con tenui riflessi amarena. La frutta e i fiori rossi preavvisano l'evoluzione dell'odorato specificandone il profumo ampio che denota le tonalità delle spezie, dell'etereo e del leggero minerale. L'aroma ripercuote l'espressione audace e decisa tipica del negroamaro e nel contempo la sensibile finezza.

ABBINAMENTI: Cucina caratterizzata dall'essere saporita e strutturata; notevole nella persistenza gusto-olfattiva. La selvaggina e i formaggi con notevole stagionatura
GRADAZIONE ALCOLICA: 14%

Grapes: Negroamaro 100%. The colour is deep ruby with orange reflections. The initial impact of fruits and flowers develops into a more spicy, mineral perfume. In the mouth this is a daring and decisive wine, characteristic of Negroamaro grape and showing its complementary nature.

FOOD PAIRINGS: Matches well with strong foods like game and very mature cheeses
ALCOHOLIC STRENGTH: 14%

CANTINA SAN DONACI

CANTINA SAN DONACI

CITTÀ / City
72025 San Donaci (BR)
INDIRIZZO / Address
Via Mesagne, 62
TELEFONO / Phone
+39 0831 681085
FAX
+39 0831 681839
WEB
www.cantinasandonaci.eu
E-MAIL
info@cantinasandonaci.eu

ANNO DI FONDAZIONE / Year of Foundation
1933
PROPRIETÀ / Owners
Marco Pagano
ENOLOGO / Oenologist
Leonardo Antonio Pinto
ETTARI VITATI / Hectares of Vineyard
537
BOTTIGLIE ANNO / Bottles Year
350.000
PRODUZIONE BIOLOGICA / Organic Production
No

La Cantina Sociale Cooperativa di San Donaci fondata nel 1933 da un gruppo di 12 coltivatori, oggi vanta quasi 500 soci che conferiscono annualmente circa 50.000 quintali di uve. E' il Negramaro il vitigno più diffuso, ma relativamente è anche la produzione di Malvasia e, in misura inferiore, di Chardonnay e altre uve bianche. Da anni ormai, la Cantina di San Donaci ha individuato nella qualità totale dei propri vini l' obiettivo principale della propria strategia aziendale ed ha conseguito, grazie anche ai numerosi investimenti effettuati a tal fine, eccellenti risultati. L'elevata qualità dei vini prodotti è dovuta anche alla tipica coltivazione ad alberello dei vigneti. La capacità di coniugare tradizione e innovazione nel processo di vinificazione è certamente un punto di forza della Cantina di San Donaci, che è così riuscita ad ottenere vini di ottima qualità.

The Cooperative Winegrowers Association of San Donaci was set up in 1933 by a group of 12 farmes; today the Cooperative has almost 500 associates who produce about 50.000 quintals of grapes yearly. The Negramaro is the most diffused species of wine, but it is also considerable the production of Malvasia and, to a lesser degree, of Chardonnay and other white grapes. Since a long time the Cooperative of San Donaci has chosen the total quality of its wines as the main targets of its own business strategy and it has achievied excellent results, thanks to the investment animed to this purpose. The high quality of the wines produced is also due to the tipical sapling cultivation of the vineyeards. The ability to combine tradition and innovation in the same process of production of wines is certainly the strength of the Cooperative of San Donaci that has now succeeded in producing very high quality wines.

- ANTICAIA Salice Salentino DOP Rosato
- ANTICAIA Salice Salentino DOP Rosso
- ANTICAIA Negroamaro Salento IGP Rosso
- ANTICAIA Salice Salentino Riserva DOP
- ANTICAIA Primitivo Salento IGP
- ANTICAIA Chardonnay Salento IGP
- ANTICAIA Brindisi DOP Rosso
- CONTRADA DEL FALCO Rosso Salento IGP
- POSTA VECCHIA Rosso Salento IGT
- PIETRA CAYA Malvasia Salento IGT
- PIETRA CAYA Malvasia Dolce Naturale Salento IGP
- ROSAE Rosato / Bianco Salento IGP
- ANTICAIA Grappa di Negroamaro
- PRIMIUS Primitivo di Manduria DOC
- MOMENTO Rosato Frizzante Salento IGP
- MOMENTO Bianco Frizzante Salento IGP

FULGEO
Salento Negroamaro IGP

Di colore rosso granto di grande luminosità. All'olfatto prevale la nota fruttata e speziata tipica di questo vitigno. Al palato i tanini sono presenti ma, elegantemente affinati e in finale, si percepisce una piacevole nota amaricante.

ABBINAMENTI: Si accompagna bene con arrosti, formaggi stagionati e selvaggina.
GRADAZIONE ALCOLICA: 14%

Irs garnet red colour has a great brightness. Its smell is spiced and fruity, which are typical of this species of vine. In its taste we find some tannins, but they are smartly refined; finally it is possible to perceive a pleasant bitter note.

FOOD PAIRINGS: It is suggested for roasts, mature cheese and game.
ALCOHOLIC STRENGTH: 14%

CANTINE BOTROMAGNO

CITTÀ / City
70024 Gravina di Puglia (BA)
INDIRIZZO / Address
Via Archimede, 20/22/24
TELEFONO / Phone
+39 080 3265865
FAX
+39 080 3269026
WEB
www.botromagno.it
E-MAIL
info@botromagno.it

ANNO DI FONDAZIONE / Year of Foundation
1991
PROPRIETÀ / Owners
Famiglia D'Agostino
ENOLOGO / Oenologist
Alberto Antonini
ETTARI VITATI / Hectares of Vineyard
50
BOTTIGLIE ANNO / Bottles Year
350.000
PRODUZIONE BIOLOGICA / Organic Production
No

La storia dell'azienda va contestualizzata in un territorio unico, chiamato a ragione "L'Altra Puglia". Chiunque, parlando di Puglia pensa ovviamente alle sue coste, al mare, al sole ed ai suoi vini potenti ed un pò ruvidi. Invece la terra della Puglia è qualcosa di diverso. Dolci colline chiamate Murge, clima fresco e temperato, sottosuolo ricchissimo di minerali. Sorgenti carsiche naturali, boschi e pascoli, ne fanno un piccolo paradiso, abitato dall'uomo sin dalla preistoria, dove la coltivazione della vite risale ad oltre 2.500 anni fa. Federico II di Svevia ne fece la sua dimora di caccia e la definì "giardino di delizie", contribuendo anch'egli allo sviluppo della viticoltura locale. I vini prodotti in loco erano famosi in tutti i territori circostanti per la loro qualità, la loro freschezza e fragranza. Oggetto di commercio sin dall'antichità e di apprezzamento da parte dei viaggiatori che transitavano per queste terre, come ripetutamente testimoniato nei loro scritti. In questo contesto, la famiglia D'Agostino, nel 1991, decise di investire le competenze maturate in altri settori rilevando l'antica Cantina Sociale e facendone un'azienda moderna dalle radici antiche. I fratelli Beniamino ed Alberto, in collaborazione con un team di manager agricoli ed enologici, hanno plasmato un nuovo modo di fare vino in Puglia con dedizione e passione tutta rivolta alla valorizzazione del territorio. Il recupero del patrimonio ampelografico, sapientemente miscelato all'innovazione fanno della Botromagno una Cantina modello, attenta non solo alla qualità dei suoi prodotti ma anche all'ambiente ed alla tutela della salute dei consumatori.

The history of Botromagno Firm is not only sea, beaches, sun and wines. The land of Apulia, in this context, is something different: hills called 'Murge', cool and mild weather, ground rich in minerals, woods, pastures! Just some of the reasons why it's been a paradise for over 2.500 years. Federico II defined Apulia a 'garden of delights' and made it his land of hunt even contributing to the development of the local wine industry. Local wines were famous for their quality, freshness and fragrance and they were object of commerce, in fact it's often testified to ancient documents. In 1991 the D'Agostino Family decided to invest all their experience buying the oldest 'Cantina Sociale' making it a modern firm from the original foundations. Beniamino and Alberto, with the support of a team of agricultural and wine experts produce wine with passion and dedication to enhance the land of Apulia. All these factors make Botromagno a perfect wine cellar that is attentive not only to the quality but also to the environment and customer's health.

- LE TERRE DI FEDERICO Murgia IGT Bianco
- AGGREGANTE Murgia IGT Rosso
- PRIMITIVO Rosso IGT
- GRAVISANO Passito di Malvasia Murgia IGT Bianco
- PIER DELLE VIGNE Murgia IGT Rosso
- SILVIUM Puglia IGT Rosato
- GRECO Murgia IGT Bianco
- ROSÈ DI LULÙ Murgia IGT Rosato
- 5 UVE ROSSE Murgia IGT Rosso
- NERO DI TROIA Murgia IGT Rosso
- VERDECA DI GRAVINA Murgia IGT Bianco

GRAVINA
Bianco DOC

Prodotto da Greco e Malvasia bianca in una delle più antiche zone vitivinicole della Puglia. Esprime tutta la sua grazia in piena giovinezza, pur resistendo ad un moderato invecchiamento. Ha un colore brillante, bianco paglierino chiaro che lascia trasparire caratteristici riflessi verdolini. Bouquet fragrante di fiori e frutta su un bel fondo amarognolo. Sapore secco con nerbo, leggero, elegante.

ABBINAMENTI: Adatto per frutti di mare crudi, ostriche, crostacei, piatti a base di pesce, sia arrosto che in umido o salsati. Ottimo con minestre asciutte e speziate. Piacevole aperitivo.
GRADAZIONE ALCOLICA: 12%

Produced from Greco and White Malvasia in one of the oldest viticultural zones of Puglia, Gravina is most delicious within one year of harvest although it can withstand moderate aging. Straw colored with light reflections, clear and bright. The bouquet is both floral and fruity with an underlying hint of almond. Dry and firm on the palate; light bodied and elegant.

FOOD PAIRINGS: Recommended with shellfish and other seafood preparations, particularly fish, grilled or prepared in stew or rich sauces. Excellent with Asian cuisine as well as spicy soups. Also makes a wonderful aperitif.
ALCOHOLIC STRENGTH: 12%

CANTINE DUE PALME

CANTINE DUE PALME

CITTÀ / City
72020 Cellino San Marco (BR)
INDIRIZZO / Address
Via San Marco, 130
TELEFONO / Phone
+39 0831 617909 / 617865
FAX
+39 0831 617866
WEB
www.cantineduepalme.it
E-MAIL
info@cantineduepalme.it

ANNO DI FONDAZIONE / Year of Foundation
1989
PROPRIETÀ / Owners
Società Cooperativa Agricola
ENOLOGO / Oenologist
Angelo Maci
ETTARI VITATI / Hectares of Vineyard
2.500
BOTTIGLIE ANNO / Bottles Year
9.000.000
PRODUZIONE BIOLOGICA / Organic Production
Si

Unire per crescere: accorparsi per rafforzare la presenza sul territorio, stimolare dal basso una condivisione produttiva centrata sulla qualità delle uve, organizzarsi per generare una forte propensione sui mercati internazionali; sono questi i capisaldi di Cantine Due Palme che hanno consentito e consentono, a tanti piccoli produttori, di esprimere al meglio le loro potenzialità. Una storia iniziata vent'anni fa, fatta di amore per il territorio, di passione per la qualità e di competenza di gestione. Cantine Due Palme, azienda cooperativa nata nel 1989 a Cellino San Marco, in provincia di Brindisi, è il progetto di Angelo Maci, terza generazione di una famiglia di vignaioli, che con costanza e dedizione ha fatto di questa realtà uno tra i complessi cooperativi più grandi e più attivi della Puglia e del Sud Italia. 1.200 soci conferitori e 2.500 ettari di vigneti (tutti localizzati nel triangolo di terra che abbraccia le province di Brindisi, Taranto e Lecce, nel cuore del Salento) sono la base di una produzione di qualità che la passione e la capacità di Maci (presidente ed enologo dell'azienda) modellano in vini d'eccellenza, fortemente connotati dalle condizioni pedoclimatiche della regione, che hanno fatto di Cantine Due Palme uno dei marchi di riferimento del vino di qualità prodotto in Puglia.

Unite to grow: come together to reinforce the presence of the territory, stimulate from below a productive sharing centred on the quality of the grape, organize to build a strong propensity in the international market; these are the cornerstones of Cantine Due Palme that have allowed and continue to allow many small producers to better express their potential. It's a story that begun twenty years ago, made of love for a territory, passion for quality and good management skills. Cantine Due Palme, is a cooperative founded in 1989 in Cellino San Marco, in the province of Brindisi in the high part of Salento. It is a project of Angelo Maci, third generation of winemakers/grape growers, who with steadiness and dedication has made this reality one of the biggest and most active cooperatives of Apulia and of the South of Italy. 1.200 members and 2.500 hectares of vines (located in the triangle of land that encompasses the provinces of Brindisi, Taranto and Lecce, in the heart of Salento) are the foundation for the production of quality that the passion and the skills of Angelo Maci (president and winemaker of the winery) models into wines of excellence, strongly tied to soil and climatic conditions of the region.

- CANONICO Salento IGP Negroamaro
- SELVAROSSA Riserva 2004 Salice Salentino DOP
- PRIMITIVO ETTAMIANO Salento IGP
- MONTECOCO Salice Salentino DOP
- TINAIA Salice Salentino Bianco DOP
- ANGELINI Rosso DOP
- MUINA Syrah Salento IGP
- CAMARDA Brindisi Rosso DOC
- PAESANO Aleatico Salento IGP
- SERRE Salento Rosso IGP
- DON COSIMO Salento IGP Primitivo
- MELAROSA Spumante Rosè
- ALBRIZZI Salento IGP Rosso
- ROSALITA Salento IGP Rosè
- ANTHEA Falanghina Puglia IGP
- CANDORE Salento IGP Moscato
- BAGNARA Fiano Salento IGP
- SAN GAETANO Primitivo di Manduria DOP

SELVAROSSA
Terra
Salice Salentino Rosso DOP

Vino prodotto da uve mature e selezionate di Negroamaro e Malvasia Nera.
Colore rosso rubino intenso con riflessi amaranto, all'olfatto risulta pieno e molto intenso, di lunghissima persistenza con netti sentori di vaniglia.

ABBINAMENTI: Arrosti, cacciagione, formaggi stagionati.
GRADAZIONE ALCOLICA: 14,50%

Wine obtained from selected Negroamaro and Malvasia Nera.
Deep purple in colour with dark plum and blackberry fruit flavours, the richness of the fruit is balanced by the savoury spice of the oak and tannins.

FOOD PAIRINGS: Roasts, game and ripe cheese.
ALCOHOLIC STRENGTH: 14,50%

PAOLOLEO

CANTINE PAOLO LEO

CITTÀ / City
72025 San Donaci (BR)
INDIRIZZO / Address
Via Tuturano, 21
TELEFONO / Phone
+39 0831 681741
FAX
+39 0831 681747
WEB
www.paololeo.it
E-MAIL
customerservice@paololeo.it

ANNO DI FONDAZIONE / Year of Foundation
1989
PROPRIETÀ / Owners
Paolo Leo
ENOLOGO / Oenologist
Nicola Leo
ETTARI VITATI / Hectares of Vineyard
25
PRODUZIONE BIOLOGICA / Organic Production
No

Se è vero che dietro ogni bottiglia di vino c'è sempre una storia da raccontare, quella dei vini Paolo Leo è una storia semplice e bella, come tutte le storie di famiglia. Cinque generazioni di viticoltori, uniti da una passione ereditaria per il vino, senza mai allontanarsi dalla propria terra, hanno costruito ciascuno un pezzo di storia di una cantina che sorge, oggi come allora, a sud di Brindisi, nella cittadina di San Donaci, e porta ancora il loro nome. Paolo Leo è oggi un'azienda moderna con una sede di 17.000 mq, una linea di imbottigliamento completamente automatizzata, una capacità di 50.000 ettolitri di vino e 500 barrique francesi e americane per l'invecchiamento dei vini. Ma il "cuore" di tutta l'attuale superficie vitata sono ancora quei 25 ettari dove il bisavolo cominciò agli inizi del Novecento a vinificare le sue uve nella Masseria Monticello. Fu poi suo nipote Paolo Leo ad ereditare la terra e a costruire la cantina. E oggi è ancora un erede, l'omonimo Paolo Leo, a guidare la cantina, insieme a sua moglie Roberta e ai figli maggiori, Nicola e Stefano. Grazie a ulteriori acquisti di terreno e a nuovi investimenti, essi sono riusciti a costruire in pochi anni un'azienda al passo con i tempi.

If it is true that behind each bottle of wine there is a story to tell, the one of Paolo Leo is a beautiful and simple one. Five generations of wine growers, united by their passion for wine and for their native land, have built a piece of history at the winery. Cantine Paolo Leo is still located in the province of Brindisi, in the small town of San Donaci. Today Cantine Paolo Leo is a modern, contemporary winery, with a completely automatic bottling line, a capacity of 50.000 hectoliters and also holding 500 French and American barriques. The "heart" of PAOLO LEO are the 25 Ha of vineyards. At the beginning of the 20th Century, Antonio Leo produced his first harvest in the nearby "Masseria Monticello". In later years, his grandson Paolo Leo inherited the land and built the NEW winery. Today it is still the eponymous Paolo Leo, that leads the winery, together with his wife Roberta and his sons Nicola and Stefano. Purchasing new lands and thanks to new investments, they have built a modern winery in a few years.

- GRÈCÌA ROSÈ Rosato Puglia IGP
- KRIKÒ Passito
- IRONICO Bianco Frizzante
- NEGRAMANTE Salento Negroamaro IGP
- FIORE DI VIGNA Primitivo Salento IGT
- PASSO DEL CARDINALE Primitivo di Manduria DOC
- BATTIGIA Chardonnay IGT
- LIMITONE DEI GRECI Salice Salentino DOC
- SALICE SALENTINO RISERVA DOC
- NUMEN Chardonnay Salento IGT Barricato
- ORFEO Negroamaro Puglia IGT
- VARIETALI Primitivo Salento IGT
- VARIETALI Negroamaro Salento IGT
- VARIETALI Malvasia Bianca Salento IGT
- VARIETALI Chardonnay Salento IGT
- VARIETALI Pinot Grigio Salento IGT
- VARIETALI Rosato di Primitvo IGT
- VARIETALI Salice Salentino DOC
- PRIMITIVO DI MANDURIA DOC
- ROSAROSE ROSÈ Spumante BRUT
- ROSAROSE BLANC Spumante BRUT

MARILUNA
Fiano Puglia IGP

Colore giallo paglierino con riflessi verdognoli; il profumo è intenso di frutta tropicale come melone e banana, con sentori di agrume che ricordano il pompelmo.
Al palato è equilibrato, con una buona acidità e lunghezza.

ABBINAMENTI: Indicato per piatti a base di crostacei, pesce e frutti di mare. Si abbina molto bene anche con piatti a base di carni bianche e formaggi. Va servito ad una temperatura di 12 °C.
GRADAZIONE ALCOLICA: 13%

Straw yellow colour with greenish hues, the aroma is intense of tropical fruit like melon and banana, with hints of citrus, reminiscent of grapefruit.
Balanced on the palate, with a good acidity and length.

FOOD PAIRINGS: : Ideal accompaniment to shellfish, fish and seafood dishes. It goes very well with white meat dishes and cheeses. Serve at a temperature of 12°C.
ALCOHOLIC STRENGTH: 13%

CANTINE POLVANERA

CITTÀ / City
70023 Gioia del Colle (BA)
INDIRIZZO / Address
Strada Vicinale Lamie Marchesana, 601
TELEFONO / Phone
+39 080 758900
FAX
+39 080 761805
WEB
www.cantinepolvanera.com
E-MAIL
info@cantinepolvanera.it

ANNO DI FONDAZIONE / Year of Foundation
2003
PROPRIETÀ / Owners
Filippo Cassano
ENOLOGO / Oenologist
Filippo Cassano
ETTARI VITATI / Hectares of Vineyard
30
BOTTIGLIE ANNO / Bottles Year
200.000
PRODUZIONE BIOLOGICA / Organic Production
Si / Yes

Una lunga tradizione di famiglia che ha radici nell'agricoltura da sempre, Filippo Cassano, ha voluto nel 2003 sviluppare un progetto ambizioso, teso alla valorizzazione del primitivo e di altri vitigni autoctoni nella produzione di vini di qualità. Ha acquistato e restaurato una storica masseria sita nella Marchesana, una contrada di Gioia del Colle che, tra il 1860 e il 1880, già accoglieva distese di pregiati alberelli di primitivo. Il nome Polvanera deriva dal caratteristico colore scuro dei terreni che circondano la masseria. Annessa alla masseria è la moderna cantina. Davvero accogliente nella sua rustica eleganza è la saletta di degustazione. La struttura della Cantina è scavata nella roccia e raggiunge circa 8 metri di profondità. Roccia carsica, temperatura e umidità costante tutto l'anno costituiscono la fondamentale caratteristica di utilità e bellezza. In questo luogo maturano, si affinano e riposano i vini di Polvanera che, assieme ad altri qualificati produttori, diventa Marca di riferimento della Doc Primitivo Gioia del Colle. La vendemmia avviene dalla seconda settimana di settembre. Moderni impianti di pressatura e di vinificazione contribuiscono alla realizzazione della proposta Bio dell'Azienda che si avvale della competenza dello stesso Filippo Cassano, enologo per passione, assieme ai suoi preziosi collaboratori che curano con assoluta dedizione tutto il mondo legato alla Cantina.

In 2003, following a long family tradition in Agriculture, Filippo Cassano started an ambitious project aimed at increasing the reputation of 'Primitivo' and other native grapes used for the production of quality wines in his area. For this reason, he bought and restored an old manor farm in the rural area of Marchesana, near Gioia del Colle, with significant plantings of remarkable old Primitivo bush vines dating back to between 1860 and 1880. The term POLVANERA derives from the typical dark colour of the fields surrounding the manor farm. Next to it is a modern wine cellar with a traditional stone-built tasting space. The wine cellar has been created in the living rock reaching a maximum depth of 8 meters underground. This Limestone cellar, with constant temperature and humidity during the year is a fitting trademark of our wine's beauty. For this is where Polvanera wines mature and develop – on their path to becoming Primitivo Gioia del Colle DOC wines. The grape harvest normally starts during the second week of September. Modern pressing and vinification systems allied to Filippo Cassano's unique blend of solid training in winemaking and innovative brilliance plus his partners' support, are the secrets of the thrilling quality of the estate's certified organic wines.

- POLVANERA 21 Primitivo Dolce
- POLVANERA 14 Primitivo DOC Gioia del Colle
- POLVANERA 17 Primitivo DOC Gioia del Colle
- POLVANERA Puglia Primitivo IGT
- POLVANERA Puglia Aglianico IGT
- POLVANERA Moscato Bianco Puglia IGT
- POLVANERA Falanghina Puglia IGT
- POLVANERA Minutolo
- POLVANERA Rosato Puglia IGT
- POLVANERA Aleatico Puglia Dolce IGT
- POLVANERA Spumante Rosè Metodo Classico

POLVANERA 16
Primitivo Gioia del Colle Rosso DOC

Colore rosso rubino fitto con riflessi violacei. Profumi eleganti di piccoli frutti neri (mora di rovo, gelso rosso, amarena e ciliegia "ferrovia") e delicate note floreali (viola), su fondo di erbe aromatiche, liquirizia e grafite. Prorompe al palato con lunghissima stoffa e stupendi echi retro- olfattivi, sostenuto da tannini di eccellente fattura. Finale ricchissimo ed interminabile.

ABBINAMENTI: Da servire a 18-20°C su arrosti e ragù di carne, brasati, selvaggina da piuma e da pelo e grandi formaggi.
GRADAZIONE ALCOLICA: 16%

Deep ruby red colour with purple hues. Elegant aromas of small dark berries (wild blackberry, red mulberry, amarena black cherry and Ferrovia cherry) and delicate floral notes (violet), hints of aromatic herbs, licorice and graphite. Intense and rich palate with a good length, supported by excellent tannins and with an endless finish.

FOOD PAIRINGS: Serve at 18-20°C with roasts and meat sauces, braised meats, feathered and furred game and good cheeses.
ALCOHOLIC STRENGTH: 16%

CANTINE RISVEGLIO

CITTÀ / City
72100 Brindisi
INDIRIZZO / Address
S.S. 7 Km 5,700 C.da Torre Mozza
TELEFONO / Phone
+39 0831 519948
FAX
+39 0831 519948
WEB
www.cantinerisveglio.it
E-MAIL
info@cantinerisveglio.it

ANNO DI FONDAZIONE / Year of Foundation
1963
PRESIDENTE / Chairman
Giovanni Nardelli
ENOLOGO / Oenologist
Giuseppe Caragnulo
ETTARI VITATI / Hectares of Vineyard
250
BOTTIGLIE ANNO / Bottles Year
63.000
PRODUZIONE BIOLOGICA / Organic Production
No

Favorita dalle condizioni climatiche mediterranee, la Terra di Brindisi è, sin dall'antichità, una delle zone più rinomate per la produzione vinicola. Col passare del tempo l'amore di questa gente per l'arte della vinificazione non si è mai affievolito, anzi, conservando le più sagge tradizioni, ha sempre affinato tecniche ed esperienze per ottenere vini di indubbia qualità. In questo particolare scenario sorgono le Cantine Risveglio di Brindisi che quotidianamente impegna la propria esperienza enologica di oltre 40 anni per ottenere un prodotto in grado di affermarsi universalmente nei gusti del consumatore. I vini delle Cantine Risveglio nascono dai vasti vigneti che si estendono a perdita d'occhio dal mare verso l'entroterra Brindisino selezionando da questi i frutti migliori. La lavorazione delle uve provenienti dai vigneti autoctoni di Negroamaro, Malvasia Nera e Malvasia Bianca, avviene sempre nel rispetto delle tradizioni avvalendosi però di tecnologie all'avanguardia che permettono all'azienda di posizionarsi a più alti standard qualitativi.

Favoured by climatic conditions, the soil of Brindisi is, from the very beginning, one of the most famous zones for its wine production. As the year went by love of these people for wine-making art has never disappeared, on the contrary, keeping the most wise traditions it has always improved techniques and experiences in order to obtain wines of undoubted quality. In this peculiar background rises Cantine Risveglio of Brindisi that every day uses its oenological experience of more than 40 year in order to obtain a product able to assert itself all around the world among consumers' tastes. Vines of Cantine Risveglio have their origin in the vast vineyards that spread as far as the eye can see from sea to hinterland of Brindisi selecting from them the best grapes. Grape production phase of Negramaro, Malvasia Nera and Malvasia Bianca native vineyards always takes place respecting tradition but at the same time using forefront technologies that allow the company to place itself among the highest qualitative standards.

- SIMPOSIO Brindisi DOC Rosso
- SIMPOSIO Brindisi DOC Rosato
- SIMPOSIO Salento Primitivo IGT
- SIMPOSIO Chardonnay Salento IGT
- SIMPOSIO Brindisi Riserva Rosso DOC
- CLASSE 69 Prosecco
- CLASSE 69 Brut Rosè
- IL PARGOLETTO Novello

72100
Negroamaro Salento IGT

72100 è il CAP di Brindisi. Come questo vino ottenuto da uve provenienti da tvigneti centenari insistenti nei pressi del sito di importanza comunitaria "Giancola" e dell'invaso del Cillarese. Due "Cru" che testimoniano la storia vitivinicola di Brindisi. 72100 è il vino per brindare alla storia e alla città. Di colore rosso rubino con riflessi violacei, all'olfatto di presenta intenso, complesso e fine. Primeggiano importanti sentori di frutta a bacca rossa. Speziato e franco. Al gusto è morbido, abbastanza fresco ed equilibrato. Intrigantemente persistente e fine.

ABBINAMENTI: Carni rosse, piatti della cucina mediterranea. Ottimo anche come vino da meditazione.
GRADAZIONE ALCOLICA: 13,5%

72100 is the Brindisi postcode. As for this wine, that is made of grapes from centenarian vineyards near "Giancola", a site of community importance, and the Cillarese reservoir. Two wine Cru that testify the history of wine in Brindisi. 72100 is a wine to toast to history and to this city. Ruby red colour with purple hues, the aroma is intense, complex and fine. Important hints of red berry fruits excel, spicy and frank. The taste is soft, quite fresh and balanced. Intriguingly persistent and fine.

FOOD PAIRINGS: Red meat, Mediterranean cuisine. Also great as a meditation wine.
ALCOHOLIC STRENGTH: 13,5%

D'ARAPRÌ

CITTÀ / City
71016 San Severo (FG)
INDIRIZZO / Address
Via Zannotti, 30
TELEFONO / Phone
+39 0882 227643
FAX
+39 0882 227643
WEB
www.darapri.it
E-MAIL
info@darapri.it

ANNO DI FONDAZIONE / Year of Foundation
1979
PROPRIETÀ / Owners
d'Araprì Srl
ENOLOGO / Oenologist
Girolamo d'Amico
ETTARI VITATI / Hectares of Vineyard
7
BOTTIGLIE ANNO / Bottles Year
80.000
PRODUZIONE BIOLOGICA / Organic Production
No

Tre amici (Girolamo D'Amico, Louis Rapini e Ulrico Priore, da cui "d'Araprì"), suonatori di jazz con una immensa passione per il vino ereditata dai genitori, decidono, per scommessa, di produrre spumante a San Severo, in provincia di Foggia, nel cuore della Daunia. É il 1979: nasce così, quasi per caso, la Casa d'Araprì oggi l'unica realtà in Puglia (ed una delle poche nel Meridione) ad incentrare la produzione solo sullo spumante con il Metodo Classico. Sin dalla sua nascita, la Casa d'Araprì si è posta l'ambizioso obiettivo di raggiungere il più alto standard qualitativo, proponendo al consumatore la sua precisa filosofia produttiva. Tutte le fasi della lavorazione vengono seguite personalmente dai fondatori della Casa d'Araprì. Il carattere artigianale garantisce l'alta qualità dei prodotti e il rispetto assoluto della tradizione champenoise. Gli spumanti della Casa d'Araprì non sono certo quelli che dominano le pagine pubblicitarie delle riviste: il loro segreto si custodisce gelosamente e si rivela soltanto agli amici più fidati. d'Araprì produce spumanti di pregio, con i caratteri della modernità e il cuore antico, ancorati ai valori del territorio d'origine, utilizzando principalmente uve autoctone, portando ai più alti livelli i propri spumanti e la loro immagine, contribuendo alla diffusione delle tante perfezioni che i luoghi e gli uomini hanno donato nella storia della Daunia.

D'Araprì was established in 1979 in San Severo, in the heart of Daunia. The birth of the firm, occured "almost by chance", is strictly tied to its founders personal events: three jazz players friends with an immense passion for wine, inherited by their parents, who decide to produce sparkling wine for a bet: d'Amico Girolamo, Rapini Louis and Priore Ulrico (d'Araprì). d'Araprì is the only reality in Apulia, and one of the few in South Italy, to centre its production only on sparkling wine with the Classical Method. The craft character of the workshop type of the d'Araprì firm guarantees the high quality and the absolute respect of the champenoise tradition; each processing phase is followed personally by the owners. d'Araprì is certainly not one of those brands that dominates the advertising pages of the magazines, it is a secret that is jealously kept and it is revealed to the most reliable friends. d'Araprì produces sparkling wines of pregio, with the characters of modernity and the ancient heart, berthed to the values of the territory of origin, using mainly native grapes, carrying to the highest levels the own sparkling wines and their image, contributing to the spread of the many perfection that the places and the men have donated in the history of the Daunia.

- D'ARAPRÌ Pas Dosé
- D'ARAPRÌ Brut
- D'ARAPRÌ Gran Cuvée XXI Secolo
- D'ARAPRÌ Brut Rosé
- LA DAMA FORESTIERA D'ARAPRÌ

D'ARAPRÌ
Brut Riserva Nobile

Questo Millesimato, spumante che porta l'anno di vendemmia in etichetta, è ottenuto esclusivamente da uve Bombino bianco, vitigno autoctono che la Casa d'Aprì ha sperimentato con successo come vino base atto ad essere spumantizzazato col metodo classico. D'Aprì Riserva Nobile offre bollicine tenaci che formano una corona persistente, di colore oro scintillante, con un profumo ricco di frutta matura e sentore di vaniglia. Le sensazioni gustative sono sapide, piene e complesse.

ABBINAMENTI: Da preferirsi su pesce alla brace e formaggi importanti. Mette in risalto le sue particolari caratteristiche su ghiotte specialità mediterranee
GRADAZIONE ALCOLICA: 12,3%

This carrying the year, sparkling wine that carries the grape-harvest year on the etiquette, is obtained exclusively by white Bombino grapes, authochthonous vine that the d'Aprì firm has experimented with success as base wine apt to make it sparkling with the classical method. D'Aprì Noble Reserve offers persevering little bubbles that form a persistent crown of a glittering gold colour, with a perfume of rich mature fruit and vanille scent. The taste sensations are sapid, full and complex.

FOOD PAIRINGS: Best with grilled fish and strong cheeses. It brings out its particular characteristics with tasty Mediterranean specialities.
ALCOHOLIC STRENGTH: 12,3%

PALAMÀ VINI DEL SALENTO

CITTÀ / City
73020 Cutrofiano (LE)
INDIRIZZO / Address
Via Armando Diaz, 6
TELEFONO / Phone
+39 0836 542865
FAX
+39 0836 542865
WEB
www.vinicolapalama.com
E-MAIL
info@vinicolapalama.com

ANNO DI FONDAZIONE / Year of Foundation
1936
PROPRIETÀ / Owners
Famiglia Palamà
ENOLOGO / Oenologist
Ninì Palamà
ETTARI VITATI / Hectares of Vineyard
12
BOTTIGLIE ANNO / Bottles Year
250.000
PRODUZIONE BIOLOGICA / Organic Production
No

Nel 1936, un giovanissimo Michele Arcangelo Palamà, meglio noto come Arcangelo, abbandona i giochi della sua infanzia; colto da irresistibile e profonda vocazione, inizia un percorso che durerà per tutta la propria esistenza e che lo porterà a conoscere il vino in ogni dettaglio, in ogni risvolto, con tutta la passione e l'amore possibili verso il magico frutto della vite. Con tale livello di coinvolgimento, Arcangelo lega il proprio nome a quello del suo prezioso nettare, sinonimo ormai di qualità e genuinità. Nella zona si attende con ansia, ogni anno, che le vecchie botti, trainate dai cavalli, permettevano il rifornimento di tale preziosa bevanda nelle osterie. Il mondo sta cambiando, l'industrializzazione incombe. È necessario guardare avanti, rinnovare la propria organizzazione. È in questa fase che interviene nel 1988, il figlio Cosimo, detto Ninì; egli eredita dal padre, con lo stesso vigore, la passione e l'arte della vinificazione. L'obiettivo è sempre quello di realizzare vini che possano emozionare il palato. Nel 1990 Ninì modernizza i processi di produzione del vino, introducendo la meccanizzazione per la produzione su scala più vasta di vini imbottigliati. È per gioco che nasce la prima linea di prodotto confezionato, cui egli darà, scherzosamente, un nome per ciascuno dei sette nani. L'azienda ha ormai valicato i confini italiani: esperienza, materia prima di qualità, passione e volontà, hanno reso popolari i vini Palami in tutta Europa e megli USA. Tra i vini più famosi della cantina è senza dubbio la linea "Metiusco" di cui il Rosato è stato vincitore della Gran Medaglia d'Oro al Vinitaly 2008 e Medaglia d'oro al concorso mondiale di Bruxelles nel 2010-2011.

In 1936, a young Michele Arcangelo Palamà, better known as the Archangel, abandons games of his childhood; seized by irresistible and profound vocation, begins a journey that will last throughout their lives and that brought him to know the wine in every detail, in every aspect, with all possible passion and love towards the vine. With that level of involvement, Arcangelo binds his name to this precious nectar, now a synonym of quality and authenticity. In 1988, his son Cosimo, (Ninì) inherited from this father, with equal vigor, passion and art of winemaking. In 1990 Ninì modernizing production processes of wine, introducing mechanization for the production on a larger scale of bottled wines. The company is now popular in all the countries of Europe and USA. The "Metiusco" Rosè has won the Grand Gold Medal at Vinitaly 2008 and Gold Medal at the World Competition in Brussels in 2010-2011.

- ALBAROSSA Primitivo
- ALBAROSSA Martina DOC Bianco
- ALBAROSSA Salice Salentino DOC Rosato
- ALBAROSSA Salice Salentino DOC Rosato
- MAVRO Salento IGT Rosso Barricato
- D'ARCANGELO Salento IGT Rosso
- FREGI BAROCCHI Salento IGT Rosso/Bianco/Rosato
- METIUSCO Salento IGT Rosso
- METIUSCO Salento IGT Bianco
- METIUSCO Salento IGT Passito Rosso
- VIOLA D'AUTUNNO Salento IGT Novello
- 75 VENDEMMIE Salento IGT
- SKARABOCCHIO Bianco Frizzante

METIUSCO
Salento Rosato IGT

Metiusco: dal greco "Io mi inebrio". Vino rosato ricavato da uve selezionate dalle più importanti varietà di Negroamaro coltivata ad alberello in località Cutrofiano (Lecce). Dal colore rosato vivo e brillante, dal gusto armonico e dal profumo fruttato intenso, si abbina a qualsiasi piatto.

ABBINAMENTI: Su qualsiasi pietanza gastronomica.
GRADAZIONE ALCOLICA: 13,5%

Metiusco, from the greek "I am thrilled." Rosé wine made from grapes selected from the most important varieties of Negroamaro planted in the area of Cutrofiano (Lecce). Color pink, harmonious taste and intense fruity aroma.

FOOD PAIRINGS: Goes well with any dishes.
ALCOHOLIC STRENGTH: 13,5%

PIRRO VARONE

PIRRO VARONE

CITTÀ / City
74024 Manduria (TA)
INDIRIZZO / Address
Via Senatore Lacaita, 90
TELEFONO / Phone
+39 339 7429098
FAX
+39 099 2209939
WEB
www.pirrovarone.com
E-MAIL
info@pirrovarone.com

ANNO DI FONDAZIONE / Year of Foundation
2000
PROPRIETÀ / Owners
Maria Antonietta Occhinero
ENOLOGO / Oenologist
Cosimo Spina
ETTARI VITATI / Hectares of Vineyard
12
BOTTIGLIE ANNO / Bottles Year
70.000
PRODUZIONE BIOLOGICA / Organic Production
Si / Yes

Pirro Varone, azienda vitivinicola che prende il nome dalla casa in Manduria dove visse l'omonimo benefattore, giovane e dinamica azienda che nasce dalla fervida volontà e dalla passione di Maria Antonietta Occhinero. Volontà di far riscoprire le proprie radici, di rivalutare i vini e l'olio del territorio salentino, attraverso una costante ricerca della qualità, con particolare attenzione all'ambiente grazie all'impiego di metodi biologici. Passione nel riproporre al consumatore tipologie di vini autentici, nell'assoluto rispetto della tradizione enologica del territorio. La vendemmia rigorosamente a mano, severa selezione dei grappoli nel rispetto delle caratteristiche ambientali e della personalità del vitigno, vinificazione come frutto dell'impiego di moderne tecnologie e tecniche di lavorazione che consentono di valorizzare il meglio delle uve. Così nascono i prodotti Pirro Varone, autentici, genuini, ricchi di fragranze e profumi, prodotti che l'azienda omonima produce nel pieno rispetto dei secolari valori e dei costumi salentini.

Pirro Varone wines are made from grapes grown on the 37 acres of vines found in the Surani area, which is considered to be the best agricultural zone in Manduria's countryside. In these fields, the traditional Primitivo, Negramaro and Malvasia grape vines, are now joined by the newly rediscovered "Fiano Minutolo". This Pugliese grape vine, which was cultivated in ancient Roman times, along with the other three, complete the offering from this vineyard, which from the soil to the bottle represents a unique constant: quality. The Pirro Varone vineyard is committed to quality and has set a standard to not exceed a level of production that would sacrifice this commitment. Like a mother nurtures a newborn child, we also handle our grapes with great care from the moment they are cut from the vine to the moment they are entrusted to reach our customers.

- CASA VECCHIA Primitivo Salento IGT
- GRECALE Bianco Salento IGT
- SCIROCCO Rosato Salento IGT
- ROSSO CAMILLO Rosso Salento IGT
- TOCY Primitivo di Manduria Dolce Naturale
- TOCY Fiano Minutolo Vendemmia Tardiva
- TERRE NERE Negroamaro Salento IGT
- VIGNE RARE Rosso Salento IGT
- VIGNE RARE Bianco Salento IGT
- ARTÙ Rosato Negroamaro Frizzante

PIRRO VARONE
Primitivo di Manduria DOC

L'importanza di un nome antico corrisponde a quanto questo previsto Primitivo di Manduria rievoca. Si esalta con il suo bel colore rubino, molto luminoso, finemente accompagnato da qualità olfattiva molto intrigante. Morbido e moderatamente tannico. con gradevole freschezza.

ABBINAMENTI: Lasagne e carni rosse.
GRADAZIONE ALCOLICA: 15%

Obtained from Primitivo grapes (100%), the color is ruby red with garnet reflections. The bouquet is most intricate: outstanding bilberry, tamarind, herbal hints. Taste: elegant, harmonious and velvety. Soft and moderately dry with gratifying freshness.

FOOD PAIRINGS: Reccomended with lasagne or red meat.
ALCOHOLIC STRENGTH: 15%

MAESTRI IN PRIMITIVO
dal 1932

PRODUTTORI VINI MANDURIA

CITTÀ / City
72024 Manduria (TA)
INDIRIZZO / Address
Via Fabio Massimo, 19
TELEFONO / Phone
+39 099 9735332
FAX
+39 099 9701021
WEB
www.cpvini.it
E-MAIL
info@cpvini.com

ANNO DI FONDAZIONE / Year of Foundation
1932
PRESIDENTE / Chairman
Fulvio Filo Schiavoni
ENOLOGO / Oenologist
Leonardo Pinto
ETTARI VITATI / Hectares of Vineyard
900
BOTTIGLIE ANNO / Bottles Year
700.000
PRODUZIONE BIOLOGICA / Organic Production
No

Sorto nel 1932 per mano di un ristretto gruppo di illuminati vignaioli, il Consorzio rappresenta oggi la memoria storica di quanto avvenuto nella viticoltura pugliese. 900 ettari di vigna, di cui gran parte ancora allevata da mani esperte con il tradizionale sistema ad alberello, costituiscono la forza di una cooperativa che ha sempre creduto ed investito, nelle qualità di uno storico vitigno autoctono: il Primitivo. Ricca la gamma di variazioni offerta per inebriarsi con un sorso di armonica poesia: dal classico Memoria, il vino della tradizione, alla Lirica di una bottiglia lievemente sfiorata dalle note tostate del legno, con la pregiata Elegia da decantare in occasioni speciali, per chiudere con il Madrigale, Primitivo di Manduria Doc dolce naturale. Ma non basta, dal momento che ogni vino è figlio della sua terra e di una ben precisa civiltà, si è voluto donare all'intero territorio un monumento al vino, allestendo nell'ala più antica della cantina un museo che racconta in due percorsi, uno di antropologia sociale ed uno di archeologia industriale, il millenario rapporto tra le genti di Manduria e l'antica arte enoica, dando ai nostri clienti, la possibilità di visitare sia il museo stesso che la cantina. Inoltre, prenotando, si possono degustare gli ottimi vini che l'azienda produce, accompagnati dall'autentica cucina tipica locale.

Risen in 1932 for hand of a narrow group of illuminated wine-dressers, the Consortium it represents the historical memory today than happened in the wine-growing pugliese. 900 hectares of vineyard, of which big part still raised by experienced hands with the traditional system to sapling, constitutes the strength of a cooperative that has always believed and invested, in the qualities of a historian autochtonous vine: the Primitive. Rich the range of variations offered for getting drunk with a sip of harmonica poetry: from the classical Memory, the wine of the tradition, to the Lyric of a bottle slightly grazed by the notes toasted of the wood, with appreciates Elegia to settle in special occasions, to close with the Madrigal, Primitive of Manduria Doc natural dessert. But it is not enough, from the moment that every wine is child of its earth and a well precise civilization, is wanted to give a monument to the whole territory to the wine, preparing in the most ancient wing in the wine cellar a museum that tells in two runs, one of social anthropology and one of industrial archaeology, the millenary relationship between the people of Manduria and the ancient oenological art, giving our customers the opportunity to visit the museum itself that the cellar. Also, booking, you can taste the excellent wines that the company produces, with the authentic local cuisine.

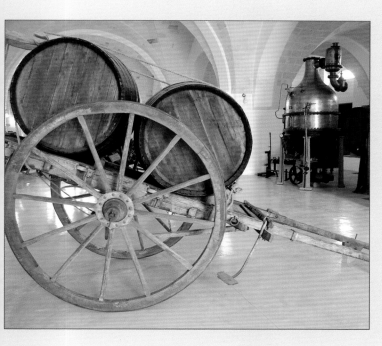

- NEAMA Salento IGP Rosso Negroamaro
- SERENO Salento IGP Bianco
- LIRICA Primitivo di Manduria DOC
- MEMORIA Primitivo di Manduria DOC
- SONETTO Primitivo di Manduria DOC
- AMOROSO Puglia Rosato Primitivo IGP
- CUOR DI PRIMITIVO Grappa da vinacce di Primitivo
- MADRIGALE Primitivo di Manduria DOCG Dolce Naturale
- FOLLETTO Vino Spumante Dolce
- FOLLETTO Vino Bianco Frizzante IGP
- SALICE SALENTINO Riserva DOP

ELEGIA
Primitivo di Manduria DOP Riserva

Colore rosso rubino, denso e impenetrabile, che lascia presagire profumi decisi all'olfatto dove le sensazioni dolci di confettura sono contrapposte a toni di rabarbaro, china e spezie che accrescono la complessità olfattiva. Importante in bocca con buona acidità che ben presto lascia spazio alle componenti morbide evidenziate dai 13 mesi di evoluzione in barrique. Vino di carattere e personalità.

ABBINAMENTI: Ama i piatti a corposa succulenza. Felice il matrimonio con carni rosse di consistenza, sughi di cacciagione e cinghiale.
GRADAZIONE ALCOLICA: 15%

Ageing: in Allier barrels for at least 14 months. Colour: ruby red with garnet red nuances Bouquet: intense and complex, of ripe berries (raspberry, blackberry), and jam (plum), with a clear, spicy, vanilla aroma and with balsamic notes at the end Taste: dry, warm, soft, tannic, persistent, made round by its toasted notes.

FOOD PAIRINGS: Food matching: Roasted and braised meats.
ALCOHOLIC STRENGTH: 15%

RIVERA

CITTÀ / City
70031 Andria (BT)
INDIRIZZO / Address
S.P. 231 Km. 60,500 • Contrada Rivera
TELEFONO / Phone
+39 0883 569501 / 569510
FAX
+39 0883 569575
WEB
www.rivera.it
E-MAIL
info@rivera.it

ANNO DI FONDAZIONE / Year of Foundation
1950
PROPRIETÀ / Owners
Famiglia de Corato
ENOLOGO / Oenologist
Leonardo Palumbo
ETTARI VITATI / Hectares of Vineyard
75
BOTTIGLIE ANNO / Bottles Year
1.200.000
PRODUZIONE BIOLOGICA / Organic Production
No

La famiglia De Corato ha forti radici nella terra di Puglia. Qui, nell'omonima tenuta di famiglia in agro di Andria, Sebastiano fondò alla fine degli anni '40 l'Azienda Vinicola Rivera con il preciso intento di valorizzare e diffondere nel mondo l'enorme potenziale qualitativo della vitivinicoltura della zona circostante il Castel del Monte. Il successo non si fece attendere e la Rivera divenne ben presto il principale punto di riferimento dell'enologia pugliese e l'autentico motore della sua rinascita, grazie anche alle innovazioni apportate in vigna e cantina dal figlio Carlo. Con il recente ingresso in Azienda di Sebastiano prima e poi di Marco, figli di Carlo e nipoti del fondatore, la Rivera prosegue con orgoglio e rinnovato impegno nella produzione di vini che esprimono il carattere intenso ed elegante di questo territorio e dei suoi vitigni. Negli 75 ettari di vigneti di proprietà, localizzati in parte su terreni calcareo-tufacei a 160-180 metri s.l.m e in parte sui terreni rocciosi della Murgia a 320-350 metri s.l.m., sono coltivate varietà autoctone quali il Bombino Nero, il Nero di Troia, il Montepulciano e l'Aglianico, ma anche varietà internazionali come lo Chardonnay e il Sauvignon, fornendo così la base per una produzione saldamente radicata nel territorio, ma al tempo stesso attenta alle evoluzioni del gusto dei mercati.

Rivera winery was founded by Sebastiano De Corato in the late 1940s, inspired by a vision of realising, and bringing to the world's attention, the enormous viticultural potential of the Castel del Monte area. Widespread recognition quickly followed, and Rivera became the benchmark of Apulia wine production and the force driving its rebirth, thanks as well to innovations in both winemaking and vineyards introduced by his son Carlo. With the involvement of the third generation of the family with Carlo's sons Sebastiano and Marco, Rivera continues with new energy in the production of wines that are true to their wonderful land. The 75 hectares of estate vineyards, planted partly at altitudes of 160-180 metres in calcareous-tufa soils, and part in the rocky soils of the Murgia at 320-350 metres, yield native grape varieties, such as Bombino nero, Nero di Troia, Montepulciano, and Aglianico, but international varieties as well, such as Chardonnay and Sauvignon blanc. Rivera winemaking is thus firmly rooted into the local, terroir, but, at the same time, is in tune with the changing demands of world markets.

- CAPPELLACCIO Castel del Monte Aglianico Riserva
- IL FALCONE Castel del Monte DOC Riserva
- FEDORA Castel del Monte DOC Bianco
- LAMA DI CORVO Castel del Monte DOC Chardonnay
- LOCOROTONDO Locorotondo DOC
- MARESE Castel del Monte DOC Bombino Bianco
- PUER APULIAE Castel del Monte DOC Nero di Troia
- PIANI DI TUFARA Moscato di Trani DOC
- VIOLANTE Castel del Monte DOC Nero di Troia
- PRELUDIO N. 1 Castel del Monte DOC Chardonnay
- ROSÈ Castel del Monte DOC Rosato
- RUPICOLO Castel del Monte DOC Rosso
- TERRE DEL MONTE Castel del Monte DOC Sauvignon
- TRIUSCO Primitivo Puglia IGT
- SCARIAZZO Fiano Puglia IGT

PUNGIROSA
Castel del Monte Bombino Nero DOCG

Vino ottenuto da sole uve Bombino Nero. Colore rosa buccia di cipolla con riflessi violacei; bouquet delicato e pulito con note di rosa canina e ciliegia; palato fresco, morbido e pieno con aromi ben bilanciati da una delicata acidità; finale lungo e succoso. È piacevole berlo come aperitivo.

ABBINAMENTI: Si accompagna molto bene ad antipasti di mare, a minestre leggere, a pesce al forno e a carni bianche. Va servito a 10°-12° C.
GRADAZIONE ALCOLICA: 12%

Taking advantage of the most modern winemaking practices, Rivera has succeeded in crafting a distinctive rosé that reflects the unique characteristics of the Bombino Nero grape, the classic variety of the Castel del Monte DOCG. Beautiful red onions skin colour; crisp, fresh and delicate bouquet with notes of rose and cherry; fresh and fruity palate, well balanced by a lingering acidity. An ideal aperitif.

FOOD PAIRINGS: Perfectly complements seafood appetizers and pastas as well as fish and poultry. Serve at 10-12°C.
ALCOHOLIC STRENGTH: 12%

SANTA BARBARA

CITTÀ / City
72027 San Pietro Vernotico (BR)
INDIRIZZO / Address
Via Maternità e Infanzia, 23
TELEFONO / Phone
+39 0831 652749
FAX
+39 0831 1982816
WEB
www.cantinesantabarbara.it
E-MAIL
info@cantinesantabarbara.it

ANNO DI FONDAZIONE / Year of Foundation
1983
AMMINISTRATORE / Administrator
Marcella Giorgiani
ENOLOGO / Oenologist
Pietro Giorgiani
ETTARI VITATI / Hectares of Vineyard
150
BOTTIGLIE ANNO / Bottles Year
1.500.000
PRODUZIONE BIOLOGICA / Organic Production
Si / Yes

Le Cantine sono uno spazio aperto e multifunzionale, dove si producono vini secondo la tradizione del Salento. La sede in San Pietro Vernotico, ampia e rimodernata nel 2004, ospita fra l'altro la Fondazione Museo Enologico "Ercole Giorgiani". Il fondatore di questo interessante motore culturale del territorio è l'enologo Pietro Giorgiani, un riferimento per l'enologia pugliese. Nel solco della tradizione, con grande passione ed entusiasmo, le figlie Maria Rosaria e Marcella sono da anni al lavoro in azienda. Sono loro l'anello di congiunzione fra passato e futuro con una moderna impronta manageriale, la dimestichezza con la lingua inglese e francese, il diploma di sommelier e quella dedizione all'accoglienza dei visitatori che – nelle Cantine Santa Barbara – fa la differenza. È disponibile una elegante sala di degustazione. Raccontare in breve gli ultimi 25 anni di sacrifici e successi di una famiglia che ama il vino in tutte le sue sfaccettature, non è facile. Basta ricordare che già nel 1982 nel "Catalogo dei migliori vini del mondo" di Luigi Veronelli, il Maestro segnalava solo un paio di aziende pugliesi fra le quali le Cantine Santa Barbara. La famiglia Giorgiani dispone di 70 ettari di proprietà e di una fitta rete di fornitori abituali di uve selezionate già in campo. I vigneti spaziano dalle tipiche varietà salentine come Negroamaro, Malvasia Nera e Susumaniello, Aleatico e Primitivo fino a quelle internazionali quali Chardonnay e Sauvignon, che con il sole di Puglia assumono caratteristiche di speciale qualità.

The Wine cellars Santa Barbara are an open and multifunctional space. The center in San Pietro Vernotico, modernized in 2004, accommodates the Foundation Museum of Wine "Ercole Giorgiani". The founder of this interesting cultural motor is the oenologist Pietro Giorgiani. His daughters Maria Rosaria and Marcella work with him from years in the company. They are conjunction between the tradition of the past and the requests of the contemporary wine-market: they speaks fluent English and French, they are sommelier, they work with the importers and organize some cultural events in the winery (where you can find an elegant tasting-room). Already in 1982, in the "Catalogue of best wines of the world" of Luigi Veronelli, the Master signaled only a pair of Apulian companies, one of them was Santa Barbara. The Giorgiani family has 70 hectares of property. The vineyards space from the typical local varieties (Negroamaro, Malvasia Nera and Susumaniello, Aleatico and Primitivo) to the international (Chardonnay and Sauvignon), that with the sun of Puglia assume characteristics of special quality.

- URSA MAJOR Salento Rosso IGT
- URSA MAJOR Salento Bianco IGT
- BRINDISI DOC Rosso - Rosato
- CANTAMESSA Salento Bianco IGT
- BARBAGLIO Salento Rosso IGT
- PRIMITIVO DI MANDURIA Rosso DOCT
- SALICE SALENTINO Salice Salentino DOC Rosso
- SQUINZANO Rosso - Rosato DOC
- SUMANERO Salento Rosso IGT
- GRAPPA DI NEGROAMARO

URSA MAJOR
Salento Rosso IGT

Un grande vino ottenuto dai vitigni tipici del Salento: Primitivo (80%) e Negroamaro (20%). La raccolta delle uve avviene a tarda maturazione, nelle prime ore della notte. È un rosso invecchiato 24 mesi, 8 dei quali in barrique francesi. Il colore è rosso rubino intenso. Temperatura di servizio: 18° C.

ABBINAMENTI: Ottimo abbinamento per ragù di carne, braciole, castrato, polpette.
GRADAZIONE ALCOLICA: 14%

A great wine from the typical grapes of Salento: Primitivo (80%) and Negroamaro (20%). Grapes are picked after full ripening. Harvest takes place after sunset. Two years of ageing, 8 months of which in French barriques.

FOOD PAIRINGS: Reccomended with meat sauce, meat roulades, mutton, meat balls.
ALCOHOLIC STRENGTH: 14%

Il Primitivo di Manduria. Per primi.

SOLOPERTO

CITTÀ / City
74024 Manduria (TA)
INDIRIZZO / Address
S.S. 7 Ter
TELEFONO / Phone
+39 099 9794286
FAX
+39 099 9734205
WEB
www.soloperto.it
E-MAIL
soloperto@soloperto.it

ANNO DI FONDAZIONE / Year of Foundation
1900
PROPRIETÀ / Owners
Famiglia Soloperto
ENOLOGO / Oenologist
Massimo Tripaldi
ETTARI VITATI / Hectares of Vineyard
50
BOTTIGLIE ANNO / Bottles Year
2.000.000
PRODUZIONE BIOLOGICA / Organic Production
No

Qualità e tradizione è il binomio che contraddistingue la cantine Soloperto di Manduria. Giovanni Soloperto, prima, ed i figli Ernesto e Sabrina, in seguito, l'hanno saputa trasformare, negli anni, in azienda leader, tra le maggiori produttrici di Primitivo. E' stato, infatti, il fondatore Giovanni, circa trent'anni fa, il primo a credere fortemente nelle potenzialità di questo vitigno. Da allora, grazie alla conduzione biologia dei vigneti, al costante lavoro in cantina ed a collaboratori esperti, il Primitivo dei Soloperto ha raggiunto i risultati sperati. L'azienda produce ed imbottiglia oltre venti etichette vendute sul territorio nazionale ed internazionale. La vasta gamma dei vini con gradazione, invecchiamenti e tipologie diverse è sicuramente tra le più prestigiose del territorio. Oltre al Primitivo, l'azienda imbottiglia Rosato del Salento, Locorotondo Doc, Martina Franca Doc ed altri vini Doc e Igt. Ma è il Primitivo di Manduria Doc il fiore all'occhiello della cantina manduriana. Il Patriarca, il Centofuochi ed ora il Mono, in particolare, sono le etichette che hanno conseguito premi e riconoscimenti internazionali e che meglio rappresentano la ricca produzione della cantina Soloperto.

The Soloperto Company is marked by quality and tradition. At the moment , in fact, thanks to the care of Giovanni Soloperto and of his sons Sabrina and Ernesto, the Company is the leader among the greatest producers of Primitivo. Thirty years ago the first one who believed in the potentiality of this wine was Giovanni Soloperto. Since then, thanks to the biological growing of the vineyards and to the hard work of skilled people, the Primitivo of Soloperto Company has reached the hoped results. At the moment the Solopertos produce and bottle more than twenty labels known all over the world. The vast range of the wines, different for alcoholic content, aging and various tiplogies is surely among the most important of the area. Other than Primitivo the Company bottles Rosè, Locorotondo Doc, Martina Franca Doc and other table wines. But the Soloperto's flagship is the Primitivo of Manduria Doc. Patriarca, Centofuochi and Mono are the labels which have achieved numerous prizes and recognitions in all over the world.

- PATRIARCA Primitivo di Manduria DOC
- MONO Primitivo di Manduria DOC
- SCIÀ Chardonnay Salento IGT
- SALICE SALENTINO Rosso DOC
- MALVASIA DEL SALENTO Salento IGT
- LOCOROTONDO DOC
- GRAN ROSÈ VDT
- PRIMITIVO DI MANDURIA DOC
- PASSULENTU Primitivo di Manduria Dolce Naturale DOCG
- NEGROAMARO Salento Rosso IGT
- MARTINA FRANCA DOC
- ROSATO Salento IGT
- PETROSE N. 2 Primitivo di Manduria DOC
- RUBINUM 17 Primitivo di Manduria DOC
- RUBINUM 14 Primitivo di Manduria DOC
- VINTÍA Negroamaro Igp Salento
- NEKTARE Primitivo di Manduria Dolce Naturale DOCG

CENTOFUOCHI
Primitivo di Manduria DOC
Tenuta Bagnolo

Il cru proveniente dal vigneto centenario in località Bagnolo. Impenetrabile rosso granato. Sentori di frutta matura, fichi e cioccolato, accompagnati da spezie e liquirizia.

ABBINAMENTI: Ottimo con ragout d'agnello, selvaggina e formaggi molto stagionati.
GRADAZIONE ALCOLICA: 15%

The élite-wine that comes from the hundred years old vineyard of Bagnolo. Garnet-red colour. Hints of ripe fruit, figs and chocolate, which go with the pleasant taste of spices and liquorice.

FOOD PAIRINGS: Perfect with lamb sauce, red meats and strong cheeses
ALCOHOLIC STRENGTH: 15%

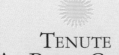

TENUTE AL BANO CARRISI

CITTÀ / City
72020 Cellino San Marco (BR)
INDIRIZZO / Address
Contrada Bosco
TELEFONO / Phone
+39 0831 619211
FAX
+39 0831 619276
WEB
www.vinicolacarrisi.com
E-MAIL
info@tenutealbanocarrisi.com

ANNO DI FONDAZIONE / Year of Foundation
1973
PROPRIETÀ / Owners
Al Bano Carrisi
ENOLOGO / Oenologist
Mario Ercolino
ETTARI VITATI / Hectares of Vineyard
65
BOTTIGLIE ANNO / Bottles Year
350.000
PRODUZIONE BIOLOGICA / Organic Production
Si / Yes

Nell'antica masseria di Curti Petrizzi, la viticoltura è una tradizione che si tramanda da secoli. Fin dal Settecento piccoli vigneti venivano coltivati con cura per creare un "nettare" delizioso non solo per il conte Balzamo, proprietario di queste terre, ma anche per quelli che - alla metà del 'Ottocento dopo la caduta del Regno delle Due Sicilie - furono definiti "disertori" e che, sono passati alla storia come "briganti" dopo l'unificazione dell'Italia.
Uomini e storia passano in una terra che oggi, proprietà dei Carrisi, è stata completamente trasformata nel rispetto assoluto di una natura rigogliosa come nel secolo scorso. Di quegli anni resta la tradizione di un grande vino: la stessa del secolo scorso che oggi, grazie alle cantine del cantante Al Bano Carrisi, arriva genuina come allora, sulle tavole di tutto il mondo. Oggi le Cantine producono 10 linee di vino, grappa spumante ed un ottimo olio d'oliva. I vini variano tra rossi, rosati e bianchi, ricavati da vigneti tra i 40 e 75 anni che comprendono il Primitivo, Negramaro, Salice Salentino, Chardonnay e Aleatico.

The Cantine produce 10 different lines of wine, a grappa, Brut and an excellent olive oil. The wines vary between whites, reds and rosès, earned from a range of 40 to 75 year old vineyards comprehending Primitivo, Negramaro, Salice Salentino, Chardonnay and Aleatico.
«When I was a child», says Al Bano Carrisi, the popular Apulian singer, «Don Carmelo, my father took me to the vineyard and taught me how to free it from weeds. "If you give to the earth, the earth gives back to you" he said to me. It was then that I understood that even before wine, it is the vine that gives you a taste of wisdom. I have dedicated this wine to "My Old Saviour", it helps me to rediscover the wornth of affection and the colour of the years». The love and respect for the earth is a principle that Al Bano has learned since birth. Born from a family of farmers, the singer has never lost those values and demands them as the main objective in the production of his wines. The characteristics of the soil, the rigorous local tradition and the vast stretches of vineyards cultivated in rows guarantee the top quality of the grapes.

- DON CARMELO Bianco Salento IGT
- DON CARMELO Bianco Salento IGT
- SALICE SALENTINO DOP
- NOSTALGIA Rosso Salento IGT
- TARAS Primitivo Salento IGP
- CANTICA Primitivo Salento IGP
- IL BASILIANO Salento Negroamaro IGP
- MEDITERRANEO Salento Negroamaro Rosato IGP
- FELICITÁ Bianco Salento IGP
- ALEATICO PASSITO Salento IGP
- FELICITÁ BRUT

PLATONE
Salento Rosso IGP

Il Platone è un vino ottenuto da uve Negroamaro e Primitivo, prodotte da prestigiosi vitigni di 75 anni. La vendemmia viene effettuata con circa 15 giorni di ritardo rispetto al normale periodo, dando così la possibilità all'uva di raggiungere una maggiore maturazione.
Il vino ottenuto dopo la fermentazione in silos di acciaio viene affinato per circa otto mesi in barrique. Si presenta con un colore rosso intenso con riflessi violacei.

ABBINAMENTI: Arrosti, Selvaggina.
GRADAZIONE ALCOLICA: 13,5%

Platone is a wine obtained from selected Negroamaro and Primitivo grapes, and from vines which are more than 75 years old.
The grapes are picked about 15 days later than normal time and this allow them ti reach greater ripenres. The wine which is thus obtained, is stored about eight months in barriques. The colour is intense red with purple shades.

FOOD PAIRINGS: It is excellent with game steacks and roast meat.
ALCOHOLIC STRENGTH: 13,5%

TENUTE RUBINO

CITTÀ / City
72100 Brindisi
INDIRIZZO / Address
Via Enrico Fermi, 50
TELEFONO / Phone
+39 0831 571955
FAX
+39 0831 571655
WEB
www.tenuterubino.it
E-MAIL
info@tenuterubino.it

ANNO DI FONDAZIONE / Year of Foundation
1999
PROPRIETÀ / Owners
Luigi Rubino
ENOLOGO / Oenologist
Luca Petrelli
ETTARI VITATI / Hectares of Vineyard
200
BOTTIGLIE ANNO / Bottles Year
1.000.000
PRODUZIONE BIOLOGICA / Organic Production
No

Il nome Rubino racconta oggi una moderna e appassionata storia legata alla viticoltura e alla creazione di vini attuali di grande qualità. Tutto ha inizio alla metà degli anni '80, quando l'interesse della famiglia al territorio pugliese e alle sue effettive potenzialità naturali, si concretizza con l'acquisto di diverse aziende agricole salentine: nasce così una nuova realtà produttiva forte della tradizione agricola locale, vincente nell'utilizzo delle moderne tecnologie e capace di programmi produttivi che soddisfano pienamente le più esigenti richieste nazionali ed internazionali. Le Tenute Rubino sono sicuramente una delle più belle sorprese degli ultimi anni: appena nate, si sono subito imposte nel panorama enologico nazionale ed internazionale grazie al fiuto del giovane titolare, Luigi Rubino, alla bravura dell'enologo Luca Petrelli e alla consulenza di Riccardo Cotarella. I circa 200 ettari di vigneti Rubino vedono crescere, maturare con sorprendente successo le varietà locali e nazionali (Negroamaro, Malvasia Nera, Primitivo, Montepulciano, Sangiovese) ed internazionali (Chardonnay) dimostrando la vera vocazione del territorio quale habitat ottimale per la coltivazione della vite.

This self-named wine estate reveals a modern and passionate story linked to vine-growing and production of modern, top-quality wines. Everything tarted in the mid 80's, when the attention of the family towards the autenthic, naturale potentials of the territory of Puglia led them to the acquisition of several estates in Salento, thus launching a new productive reality that soon became a rising star thanks to the combination of local agricultural tradition, modern technologies and efficacious productive lines of action that fully gratify the most demanding national and international requests. The 200 hectares of vineyards contain local, national and international variety: Negroamaro, Malvasia Nera, Primitivo, Montepulciano, Sangiovese, Chardonnay. The excellent Rubino's grapes were appreciated all around the country and soon developed into the finest nectar in their own land. Rubino's dream becames true through the shape, the colors and the scent of a wine superior character and style. Its chromatic reflections mirror the age of an ancient vine-tradition and the professional development of a young passionate wine-producer.

- JADDICO DOC Brindisi Rosso
- VISELLIO IGT Salento Rosso Primitivo
- GIANCÒLA IGT Salento Malvasia Bianca
- VERMENTINO IGT Salento Bianco
- OLTREMÈ IGT Rosso Salento Susumaniello
- LIBENS IGT Bianco Salento Extra Dry
- PUNTA AQUILA IGT Salento Rosso Primitivo
- MIRAGLIO IGT Rosso Salento Negroamaro
- MARMORELLE IGT Salento Bianco
- MARMORELLE IGT Salento Rosso
- SATURNINO IGT Salento Rosato Negroamaro
- ALEATICO IGT Puglia Rosso
- NEGROAMARO IGT Salento Rosso
- NEGROAMARO ROSATO IGT Salento
- PRIMITIVO IGT Salento
- MALVASIA BIANCA IGT Salento

TORRE TESTA
IGT Salento Rosso

Di colore rosso granato cupo, con lampi violacei. Al naso si avvertono distintamente note eleganti, eteree e complesse di ciliegia nera e prugna sotto spirito, ribes e mora in confettura, che si alternano a deliziosi sentori di cioccolato, ginepro, noce moscata, liquirizia, cannella e inchiostro. È un rosso di grande classe ed armonia, intenso, di persistenza interminabile, risultante straordinaria di un frutto potente e fragrante, spinta acida poderosa e tannini di una finezza senza pari, già nobilissimi e ben delineati. Una autentica perla, un vino raro e prezioso, una pietra miliare dell'enologia italiana, austero e gentile, aristocratico e generoso

ABBINAMENTI: Da consigliare i tajarin piemontesi al sugo di salsiccia, gli gnocchi al ragù di agnello, le pennette al cinghiale, il cosciotto di capretto delle Murge al forno, il maialino nero stufato con patate, il rognone in umido, la ventresca di tonno al pomodoro e capperi. Intrigante l'incontro con il Canestrato Pugliese DOP ben stagionato.

GRADAZIONE ALCOLICA: 13%

The color is dark garnet red with violet reflections. The bouquet is clear, elegant, ethereal and complex notes of black cherries and plums in brandy, blackcurrant and blackberry jam, hints of chocolate, juniper, nutmeg, liquorice, cinnamon and ink. This is a red classy and harmonious, intense with a long finish, the result of strong and fragrant fruit, powerful acidity and incomparable fine tannins, noble and defined.It's a real gift from Puglia, a rare and precious wine, a milestone of the Italian oenology, firm and gentle, aristocratic and generous.

FOOD PAIRINGS: Try it with "tajarin piemontesi" in sausage sauce, gnocchi in lamb sauce, pennette in boar sauce, roasted kid leg "delle Murge" , stewed "maialino nero" with potatoes, stewed kidney, ventresca di tonno with tomatoes and capers. Perfect with the Canestrato Pugliese DOP.

ALCOHOLIC STRENGTH: 13%

TORMARESCA

CITTÀ / City
72027 San Pietro Vernotico (BR) / *70055 Minervino Murge (BT)*
INDIRIZZO / Address
Via Maternità e Infanzia, 21 / C.da Torre d'Isola (località Tufano)
TELEFONO / Phone
+39 0831 692631
FAX
+39 0831 698315
WEB
www.tormaresca.it
E-MAIL
tormaresca@tormaresca.it

ANNO DI FONDAZIONE / Year of Foundation
1998
PROPRIETÀ / Owners
Marchesi Antinori srl
ENOLOGO / Oenologist
Renzo Cotarella • Davide Sarcinella
ETTARI VITATI / Hectares of Vineyard
380
BOTTIGLIE ANNO / Bottles Year
2.000.000
PRODUZIONE BIOLOGICA / Organic Production
Si / Yes

In Puglia la viticoltura è storia e al tempo stesso innovazione. L'avvio della coltura della vite, testimoniata dai nomi di origine greca di molte uve pugliesi, inizia con la civiltà della Magna Grecia, migliaia di anni fa: questa tradizione è ancora rappresentata da vitigni classici come il Negroamaro ed il Primitivo, espressioni di un territorio forte e straordinariamente vitale. La produzione di vino di qualità in Puglia è anche storia recente di innovazione e creatività: grandi cambiamenti si sono ottenuti sia grazie all'introduzione di vitigni non autoctoni, che riescono ad esprimersi in questo "terroir" in modo del tutto personale, che all'uso di tecniche moderne di coltivazione. Tormaresca è l'espressione di queste due anime: carattere, personalità e potenziale qualitativo sono le caratteristiche che il territorio pugliese trasmette alle varietà, indigene e non, che vi sono coltivate. E' per questo che sono iniziati nel 1998 gli investimenti in Puglia della famiglia Antinori, che hanno dato vita a Tormaresca, ritenendo questa regione tra le più promettenti in Italia per la produzione di vini di qualità, dotati di forte identità territoriale. Tormaresca possiede due tenute situate nelle aree più vocate alla produzione di vini di qualità: la tenuta Bocca di Lupo, nella Doc di Castel del Monte, e la Masseria Maime, nella zona delle IGT del Salento.

Viticulture in Puglia is history and at the same time innovation. Cultivation of wines started thousands of years ago, at the time of "Magna Grecia", to which the Greek origins of many names of Puglian grape varieties attests: Tradition continues through the presence of native varieties such as Negroamaro and Primitivo, both true expressions of a strong and extra-ordinary vital territory. The production of high quality wines is related to recent steps towards innovation and creativity: substantial changes have been obtained through the use of modern viticulture techniques and the introduction of non-native grape varieties that express themselves in this terroir in a completely unique way. Tormaresca is the expression of the above two souls. Character, personality and top quality are the characteristics that Puglia transmits to the native-and non- native grape varieties. For this reason the Antinori family gave birth to Tormaresca in 1998 when they started investing in Puglia, considering it one of the most promising regions in Italy for the production of high quality wines with a strong territorial identity. Tormaresca owns two properties located within the best areas for high quality production: Bocca di Lupo estate, in the Castel del Monte Doc region, and Masseria Maime, in the Salento IGT region.

- MASSERIA MAÌME Negroamaro Salento IGT
- PIETRABIANCA Castel del Monte DOC
- TORMARESCA Chardonnay Puglia IGT
- MORGICCHIO Negroamaro Salento IGT
- CALAFURIA Salento IGT
- FICHIMORI Salento IGT
- TORCICODA Salento IGT
- NEPRICA Puglia IGT
- KALORO Moscato di Trani DOC

BOCCA DI LUPO
Castel del Monte DOC

Il vino è prodotto da una selezione di uve Aglianico 100%, provenienti dalla tenuta omonima sita in Minervino Murge. E' affinato in barriques per circa 14 mesi, poi in bottiglia per altri dieci mesi.
Colore: rosso rubino. Profumo: fruttato con note speziate e di piccola frutta rossa tipiche dell'aglianico. Sapore: rotondo, sapido, leggermente tannico

ABBINAMENTI: Carni rosse e formaggi stagionati, grandi piatti della cucina mediterranea.
GRADAZIONE ALCOLICA: 13,5%

An Aglianico 100% (the grapes are the best selection of Aglianico that grows in the estate of Minervino Murge) aged 15 months in french and hungarian oak.
The colour is ruby red with violet hues. Aroma: spicy notes of liquorice, vanilla and white pepper, well combined with small red fruit. Flavour: soft entrance, consistent and rounded tannins and pleasant acidity.

FOOD PAIRINGS: Red meats and cheeses, great Mediterranean cuisine.
ALCOHOLIC STRENGTH: 13,5%

TORREVENTO

TORREVENTO

CITTÀ / City
70033 Corato (BA)
INDIRIZZO / Address
S.P. 234 Km. 10,600 (Ex S.S. 170)
TELEFONO / Phone
+39 080 8980923 / 8980929
FAX
+39 080 8980944
WEB
www.torrevento.it
E-MAIL
info@torrevento.it

ANNO DI FONDAZIONE / Year of Foundation
1920
PROPRIETÀ / Owners
Francesco Liantonio
ENOLOGO / Oenologist
Massimo Di Bari
ETTARI VITATI / Hectares of Vineyard
450 [250 di proprietà + 200 gestiti]
BOTTIGLIE ANNO / Bottles Year
2.500.000
PRODUZIONE BIOLOGICA / Organic Production
Sì / Yes

L' Azienda Vitivinicola Torrevento, fondata nel 1920 dalla famiglia Liantonio, sorge in un antico monastero del '700 e si estende con i suoi 250 Ha di vigneti di proprietà sulle colline del maestoso e suggestivo Castel del Monte. Grazie ad una accurata selezione delle uve (Nero di Troia, Aglianico, Bombino Nero e Bombino Bianco, Pampanuto, Moscato Reale di Trani, Negroamaro, Malvasia nera, Cabernet, Sangiovese), ad un microclima favorevole, alla natura del territorio collinare e ad una moderna tecnologia di vinificazione, le qualità delle varietà coltivate nella zona di Castel del Monte vengono ulteriormente valorizzate. Imponenti muri di pietra lavorata a secco dello spessore di mt. 1,5 che cingono la grande cantina realizzata nella roccia e gli antichi sotterranei a 8 mt di profondità, costituiscono i perfetti locali per la conservazione e l'affinamento dei vini Torrevento. Tradizione ma anche Innovazione e spirito imprenditoriale; Manualità ma anche Tecnologia all'avanguardia: sono questi gli elementi che fanno della produzione vinicola di Torrevento una produzione di assoluta qualità, certificata BRC - IFS - ISO 22000 - ISO 9001 e ISO 14001 per la Tutela Ambientale . Torrevento offre la possibilità di visita in cantina e degustazione di vini e prodotti tipici all'interno di una splendida sala di degustazione (era l'antica stalla) appositamente ristrutturata per Clienti e turisti della Strada del vino Doc Castel del Monte.

Torrevento winery rise in an old monastery of the 18th century which, since 1920 it is property of the Liantonio's family, with their own 250 hectars of vineyards on the hills around the mystic and suggestive Castel del Monte. Thanks to a careful and diverse selection technique of the grapes (Nero di Troia, Bombino Nero and Bombino Bianco, Pampanuto, Moscato Reale di Trani, Negroamaro, Malvasia Nera, Cabernet, Sangiovese), to the favourable microclima, and the modern technology of wine making, the quality of the varietals cultivated in the area of Castel del Monte, is enhanced to the full. The great cellar, originating from the ancient monastery, is built into the rocks down to 8 metres, surrounded by majestic stone walls 1.5 metres thick, which are ideal for the conservation and the aging of the wines. Tradition, innovation and managing skills; manual job but also advanced technology: those are the elements that makes the elevated quality is certificated BRC - IFS - ISO 22000 - ISO 9001 and ISO 14001 for Environmental Protection. Torrevento gives the possibility to visit the winery and taste typical products and, of course its wines, in a fabulous tasting room (an old barn...) restored for customers and the tourists of the Castel del Monte.

- MATERVITAE Falanghina Bianco IGT
- MATERVITAE Fiano Bianco Puglia IGT
- MATERVITAE Aglianico Rosso Puglia IGT
- MATERVITAE Primitivo Rosso Puglia IGT
- MATERVITAE Negroamaro Rosso Puglia IGT
- MATERVITAE Puglia IGT Chardonnay
- PRIMARONDA Castel del Monte DOC Rosato
- PEZZAPIANA Castel del Monte DOC Bianco
- BOLONERO Castel del Monte DOC Rosso
- BACCA RARA Puglia IGT Bianco
- FANEROS Salice Salentino DOC Rosso
- DULCIS IN FUNDO Moscato di Trani DOC Dolce
- SINE NOMINE Salice Salentino DOC Rosso Riserva
- KEBIR Puglia IGT Rosso
- MAREMOSSO Puglia IGT Vino Frizzante Bianco/Rosato
- TORRE DEL FALCO Nero di Troia Murgia IGT
- VERITAS Castel del Monte DOCG
- èARTE Puglia IGT Bianco/Rosso
- GHENOS Primitivo di Manduria DOC Rosso
- SOLSTIZIO Puglia IGT Vino Novello
- OTTAGONO Castel del Monte Nero di Troia DOCG Riserva *(novità 2014)*

VIGNA PEDALE
Castel del Monte Rosso DOC Riserva

Dai vigneti ubicati in contrada "Pedale", sulle colline nella zona della Doc Castel del Monte, nasce questo rosso ottenuto da uve Nero di Troia, affinato in botte per 12 mesi. Colore rosso rubino intenso con riflessi granati, dal bouquet intenso, pieno, fragrante con sentori di piccoli frutti rossi. Dal gusto pieno, armonico, di grande corpo, con sentori speziati.

ABBINAMENTI: Classico rosso ideale per accompagnare carni rosse, arrosti, selvaggina, formaggi stagionati e salumi. Ottimo per prolungare il piacevole della tavola. Temperatura di servizio 18/20°C.
GRADAZIONE ALCOLICA: 13%

From vineyards located in the district "Pedale" on the hills in the area of DOC Castel del Monte, born this red, obtained with grapes Nero di Troia. Ageing 12 mounth in barrel. Colour deep ruby red with garnet glints. Smell: inrtense, full and fragrant bouquet, with notes of red berries. Taste: full, with great body, balanced, with spicy notes.

FOOD PAIRINGS: Classic red wine perfect to match red meat, roast, game, mature cheese and salami. Excellent for after-dinner. Serving temperature 18/20°C.
ALCOHOLIC STRENGTH: 13%

VIGNE & VINI

CITTÀ / City	**ANNO DI FONDAZIONE** / Year of Foundation
74020 Leporano (TA)	1921
INDIRIZZO / Address	**PROPRIETÀ** / Owners
Sede legale: Via Amendola, 36	Cosimo e Maria Teresa Varvaglione
Sede operativa: Contrada Santa Lucia	**ENOLOGO** / Oenologist
TELEFONO / Phone	Cosimo Varvaglione
+39 099 5315370	**ETTARI VITATI** / Hectares of Vineyard
FAX	20 di proprietà + 180 in locazione
+39 099 5315739	**BOTTIGLIE ANNO** / Bottles Year
WEB	900.000
www.vigneevini.com	**PRODUZIONE BIOLOGICA** / Organic Production
E-MAIL	No / No
info@vigneevini.it	

Nel cuore della Puglia, in un'area favorita dalle ottimali condizioni climatiche per la vite, Varvaglione Vigne & Vini è ormai una consolidata realtà nel mondo della produzione vitivinicola, che da sempre si contraddistingue per aver fatto convivere armoniosamente tradizione e innovazione. Cosimo e Maria Teresa Varvaglione, coadiuvati da un'equipe di efficienti collaboratori, hanno creato un'azienda che accoglie tecniche e sistemi avanzati, pur ispirandosi ad una tradizione lunga tre generazioni.

Ogni fase della produzione riceve le giuste e doverose attenzioni: l'accurata selezione delle uve, le oculate scelte vendemmiali, il meticoloso controllo del processo di vinificazione e l'assidua ricerca nel perfezionamento delle tecniche contribuiscono sinergicamente ad un risultato di altissima qualità.

Oggi, proprio per questo sguardo lungimirante, sensibile e attento, Varvaglione Vigne & Vini è una struttura in pieno sviluppo articolata in due unità produttive. Ogni gesto è mosso dall'intento di innalzare sempre più il livello qualitativo della produzione. I numerosi riconoscimenti ricevuti, sono la prova tangibile di un impegno serio e costante che oggi è sotto gli occhi attenti di estimatori affascinati dalla ricchezza emozionale che si nasconde dentro una bottiglia.

In the heart of Apulia, where the growth of the grapes is favoured by optimal climate conditions, Varvaglione Vigne & Vini has become a consolidated and established reality in the in the wine producing sector. It stands out for the capacity to harmoniously melt together tradition and innovation. Cosimo and Maria Teresa Varvaglione, backed up by an efficient team of collaborators and inspired by a three generations long-lasting tradition, has created a company with highest production techniques and an advanced system of processes. These processes moves on slowly but constantly and requires on the one hand the daily attention and commitment of experienced farmers in the wine yards and on the other hand the exceptional senses of skilled workers in the cellars. Each production phase receives the right attention: from the careful selection and harvest of the grapes, passing through the meticulous control of the vinification process arriving at the constant research for techniques which helps to create synergies between all production factors and aim to reach the final results of a product up to the highest quality standards. Varvaglione Vigne & Vini is a structure in full development. Each decision aims at constantly increase the quality levels. The numerous acknowledgements which are under the eye of supporters and experts who loves the emotional richness which contains a bottle are a tangible proof of it's serious and constant commitment.

- MARFI Chardonnay di Puglia IGP
- PRIMADONNA Chardonnay di Puglia IGP
- TATU Primitivo del Tarantino IGP
- OTTO VIGNETI Rosso Puglia IGP
- MOI Primitivo Puglia IGP
- MOI Primitivo di Manduria DOP
- MOI Rosato del Salento IGP
- MOI Verdeca del Salento IGP
- SCHIACCIANOCI Negroamaro del Salento IGP
- PAPALE Primitivo di Manduria DOP
- CHICCA Primitivo di Manduria DOP Dolce Naturale
- PASSIONE Primitivo del Salento IGP
- 12 E MEZZO Negroamaro del Salento IGP
- 12 E MEZZO Primitivo del Salento IGP
- 12 E MEZZO Malvasia del Salento IGP

PAPALE ORO
Primitivo di Manduria

Da uve di primitivo selezionate accuratamente nel cuore della DOP e raccolte manualmente in cassette, nasce la linea oro Papale. Colore rosso rubino, gusto rotondo e morbido che richiama profumi di confettura e frutti di bosco. Vino che identifica egregiamente il suo territorio con la sua importante struttura, rispettando tuttavia l'eleganza che lo contraddistingue.

ABBINAMENTI: Adatto per accompagnare tutto il pasto, ma anche minestre condite con sughi di carne, intingoli, stufati, carni rosse alla griglia e brasati.
GRADAZIONE ALCOLICA: 14%

The Primitivo selection comes from grapes carefully selected in the heart of DOP and harvested by hand in small boxes, Papale was born from this gold line. Ruby red, with a round and soft taste that invokes aromas of jam and berries. A wine that admirably identifies it's territory with it's important structure, while respecting the elegance that sets it apart.

FOOD PAIRINGS: Is ideal with gravy, braised and stewed meat.
ALCOHOLIC STRENGTH: 14%

PALAZZO VIRGILIO

Hotel Brindisi
★ ★ ★ ★

Palazzo Virgilio è situato a soli 5 minuti a piedi dall'incantevole centro storico di Brindisi, a due passi dalla stazione ferroviaria e dal porto; l'ideale per un soggiorno riposante tra storia e tradizione, sia che siate in viaggio per affari che per turismo.

L'Hotel, grazie alla sua posizione, rappresenta un ideale punto di partenza per scoprire il favoloso patrimonio artistico di Brindisi e girovagare per le vicine città pugliesi caratterizzate da splendori artistici, paesaggi meravigliosi e spiagge incontaminate.

Nel Ristorante Virgilio, la cucina esprime al meglio le eccellenze del territorio.

Palazzo Virgilio dispone di 3 sale meeting accoglienti e perfettamente isolate, spazi moderni e attrezzature tecnologiche d'avanguardia in sinergia con servizi di alto livello su misura per qualsiasi esigenza.

CHEZ VOUS — Banqueting & Catering

PALAZZO VIRGILIO

HOTEL - SPAZI PER EVENTI - FOOD & BEVERAGE - MEETING
Corso Umberto I, 149 - 72100 Brindisi
T. +39 0831 59 79 41 - F. +39 0831 52 40 71
info@palazzovirgilio.it - palazzovirgilio.it

MASSERIE
&
RESORT

MASSERIE and RESORT

OTRANTO

Basiliani Resort

Si compone di 111 camere doppie e triple, 8 junior suites e 9 suites, un ristorante con terrazza esterna, una piscina esterna e una Beauty & Spa con piscine interne, vasche relax e vasche idromassaggio; un centro congressi. Il Resort Hotel è inteso come la riproposizione di un borgo antico della città.

The Basiliani Resort & SPA offers its guests 127 rooms elegantly furnished and equipped with all the comforts. The Spa "Il Melograno" is a place where you can find the well-being and to rediscover the harmony between mind and body. A universe made up of simple gestures, scents, colors and atmospheres. A set of pleasant feelings that encourage complete relaxation.

www.basilianiresort.com

SAVELLETRI DI FASANO

Borgo Egnazia

Non è un resort. È una nuova idea di ospitalità. creato ispirandosi alla bellezza del territorio pugliese su cui sorge, Borgo Egnazia vive in una suggestiva cornice architettonica che racconta della magica terra di Puglia attraverso un tocco contemporaneo ed unico.
Borgo Egnazia è interamente costruito in tufo, la pietra locale, tagliata a mano dalle sapienti mani dei "mastri" tufai. L'architetto e scenografo Pino Brescia si è ispirato all'architettura delle masserie e dei villaggi rurali pugliesi, alla natura, alla semplicità. L'imponente struttura fonde tradizione e innovazione, contemporaneità e autenticità, semplicità e maestosità.

Borgo Egnazia is far from a resort, it represents rather a new concept of hospitality. Its creation was inspired by the beautiful Apulian land whereit was born, a striking architectural force that reveals the magic of Puglia with contemporary and unique style.
Borgo Egnazia was built entirely of tufo, a local type of limestone and cutby the skilled hands of tufo masters. The architect and set designer Pino Brescia was inspired by Puglia's farms and rural villages, from nature, and from simplicity. The stately construction is a harmonious blend of tradition and innovation, modernity and authenticity, mightiness and simplicity.

www.borgoegnazia.com

SPONGANO
Case fra gli Ulivi

Che emozione vedersi circondati da un mare
di ulivi secolari. Una distesa infinita, color verde e
argento. Immerse tra gli ulivi, in un giardino
roccioso di oltre un ettaro, le case in pietra bianca
si stagliano tra il verde della campagna e l'azzurro
del cielo. Sono tutte diverse nell'arredo
e sembrano piccole gallerie d'arte, con grandi
dipinti alle pareti che colorano gli ambienti. Hanno
volte a botte, pareti colorate, pavimenti in pietra di
Trani e angolo cottura in muratura, ferro e legno.
Un mix perfetto di antico e moderno, con mobili
d'epoca, poltroncine di design e tessuti artigianali.

www.casefragliulivi.it

MONOPOLI
Don Ferrante

Don Ferrante è una dimora di charme
nel centro storico di Monopoli.
Un'antica fortezza situata sulla scogliera,
a ridosso del mare, in un'atmosfera
d'incanto. La brezza fin dal risveglio
vi coccolerà e vi regalerà un piacevolissimo
benessere, che vi accompagnerà per tutta
la giornata.

Don Ferrante is a boutique hotel ideally
located in Monopoli old town.
Once an ancient fortress on the reef,
now, an enchanting atmosphere
welcomes the guests waking them up
with the morning sea-breeze and looking
after their comfort all day long.
The stunning natural view of the
Mediterranean Sea makes our Dimora
and Suites, elegantly furnished
and fully equipped, unique and exclusive.

www.donferrante.it

Il Palmento

Prende il suo nome dal Palmentum, ovvero l'antica struttura di origine romana che serviva alla pigiatura dell'uva. Una rara quanto unica realtà di Hotel a Trullo e di Relais dove è possibile abitare gli antichi trulli ed evocare sapori, odori e rumori di un passato che ancora affascina. Ogni antica unità abitativa oggi è divenuta suite e prende il nome di un vitigno autoctono (primitivo, negroamaro, verdeca, fiano, trebbiano, bianco d'alessano ,malvasia, moscato selvatico, pampanuto, moscato bianco, aglianico e garganica). L'albergo dispone di 12 suite da 2 a 5 posti letto e 14 junior suite, arredate con gusto e con estrema cura e raffinatezza di particolari

It takes its name from Palmentum, the old roman structure for grape pressing. It was located in an old village (the so called "chiazzeii") dated from 1780 to 1820 and used by the farmers who lived there. Here you can stay in old "trulli" tasting local food and flavours in a very striking atmosphere evoking an enchanting past. Nowadays old rooms have been converted in a suite and named after a grape variety ("primitivo, megroamaro, verdeca, fiano, trebbiano, bianco d'alessano ,malvasia, moscato selvatico, pampanuto, moscato bianco, aglianico e garganica) in order to remember the old wine path. "Il Palmento" has 12 suite 2 to 5 beds and 14 junior suite, tastefully furnished with extreme care and refinement of detail

www.ilpalmento.com

MATTINATA

Il Porto

Adagiato su una splendida terrazza naturale a 2 km dal piccolo centro abitato di Mattinata ed a pochi passi dal mare, l'Hotel il Porto si apre verso l'orizzonte in un trionfo unico di macchia mediterranea. E' il luogo ideale per chi vuole coniugare in ogni stagione natura e relax, sport e benessere, cultura, arte e gastronomia.

Perched on a splendid natural terrace 2 km from the village of Mattinata and just steps from the sea, the Hotel Il Porto opens toward the horizon in a unique triumph of maquis shrubland. Here the charm of a land of peerless beauty merges with the comforts of a modern 4 star hotel, in a corner of incomparable harmony between the sky and the sea.

www.ilporto.travel

ALBEROBELLO

La Chiusa di Chietri

Il Grand Hotel la Chiusa di Chietri è una struttura 4 stelle
situata in un Parco Mediterraneo di 10 ettari: 150 unità
abitative di cui 12 in Trulli del seicento, sono attualmente
l'emblema del lussuoso quattro stelle "superior" in cui
è ospitato il centro congressi e il celebre ristorante
dal sapore mediterraneo.
Immerso nello splendido scenario della Murgia Pugliese
il Grand Hotel è ideale per soggiorni relax indimenticabili,
durante i quali si offre la possibilità di scegliere
tra le camere del modernissimo albergo e i tipici Trulli.

www.lachiusadichietri.it

GALLIPOLI
Li Foggi

A meno di 1 Km dal mare, Masseria Li Foggi è al confine del parco naturale di "Punta Pizzo - Isola di Sant'Andrea": un'oasi dove rifugiarsi per lasciarsi avvolgere dalla quiete che vi regna. I colori, i suoni e l'aria lievemente profumata di salmastro e di rosmarino, conducono l'ospite a tessere un profondo legame con la natura e il suo ritmo lento, nel rigoglioso giardino che circonda la masseria oppure a bordo piscina coccolati dal suono delle fronde degli ulivi. Gli appartamenti, diversi tra loro per dimensioni, sono composti da 1 o 2 camere da letto matrimoniali, il soggiorno con angolo cottura (dotato di lavastoviglie), 1 o 2 bagni e un terrazzo privato che affaccia sul rigoglioso giardino della masseria.

Situated less than a 1km far from the sea, Masseria Li Foggi is on the edge of the natural park "Punto Pizzo-Sant'Andrea", an oasis, where one can find a sanctuary, a place where peace and quiet reign. With its colours, sounds and the air which is lightly perfumed by a salty smell e rosemary, its guests are guided towards a deep bond with nature and its slow rhythms, in the luxurious garden that surrounds the Masseria, or on the pool cuddled only by the branches of the olives trees. The apartments are of various sizes and dimensions, and are made up of 1 or 2 double bedrooms, a living room with kitchen facilities (equipped with a dish washer), 1 or 2 bathrooms and a private terrace which faces on to the Masseria's lush garden.

www.kalekora.it

Masseria Abate Risi

Una dimora di charme che offre un'esperienza unica: la possibilità di poter abitare in uno degli appartamenti privati ricavati nella masseria e meravigliosamente arredati. La struttura risale al 1600.

Ogni appartamento ha bagno privato, cassaforte, Tv satellitare, connessione Internet gratuita e alcuni sono dotati di cucina. All'esterno della Masseria c'è una piscina ad acqua salata senza cloro, circondata dagli ulivi, dove ci si può rinfrescare e trascorrere ore di relax nel silenzio più assoluto.

www.masseriaabaterisi.com

MARINA DI SAVELLETRI
Masseria Alchimia

Una masseria trasformata in una dimora per ospiti, costituita da 10 studio, tutti diversi tra loro per dimensione, forma e disposizione, con ingressi indipendenti, ora con terrazza privata, ora con affaccio diretto sul giardino, arredati con una selezione di pezzi cult del design. Masseria Alchimia è un piccolo rifugio sulla costa adriatica pugliese che unisce il fascino di un eremo del 800 ad uno stile contemporaneo. Il tema principale di questo recupero è il felice trait-d'union tra passato e presente, voglia di semplicità e di magia che si crea con un puzzle di ispirazioni: arredi cult del design, luci poetiche nel giardino, stanze da bagno d'autore, tessuti in filati naturali. Il tutto secondo principi ecologici, preservando gli alberi esistenti e impegnando l'energia solare.
Non resta altro che ascoltare la brezza che viene dal mare...

Old mansion house converted into a little charming hideaway featuring just 10 studios differing in size, form and layout, each with independent entrance, some with private terrace, others opening directly onto the garden, furnished with a selection of design classics and combinations of deep warm colors and materials.

Masseria Alchimia is a tranquil, small, designer resort on Apulia's Adriatic coast. In its previous life, around the 17th century, the Masseria had been a small hermitage. With only 10 studios, the setting is extremely intimate, there's no town or other hotel within sight. Surrounded by natural landscape of old olive trees, the Masseria Alchimia is an oasis of peace, an extremely pleasant and regenerating environment.

www.masseria-alchimia.it

SAVELLETRI DI FASANO
Masseria Cimino

Una Masseria con Torre costruita nel 1700 a pochissimi metri dal mare ed all'interno degli scavi archeologici dell'antica città romana di Egnatia risalente al VI sec. a.c. Circondata da orti ed uliveti secolari, era un centro agricolo di dimensioni piuttosto rilevanti che serviva per la coltivazione dei campi e la conservazione dei prodotti. Nel 2001 attorno alla Masseria è stato costruito il San Domenico Golf, un campo da golf a 18 buche con splendidi scorci sul Mare Adriatico.
Nel 2005 la Masseria è stata completamente ristrutturata conservandone l'originaria struttura, le caratteristiche architettoniche e nel pieno rispetto dei materiali, delle forme e dei colori originari. Ha 15 camere di cui alcune ubicate nell'antica torre ed altre nei casolari ristrutturati che si affacciano sul sito archeologico facente parte degli scavi della antica città romana di Egnazia. Questi ultimi, da poco portati alla luce, segnano anche i confini della proprietà.

Masseria Cimino is a fortified farmhouse with tower dating back to the 18th century. The Masseria was built just meters from the sea, adjacent to the archeological site where the ruins of the Ancient Roman city of Egnatia, founded in the 6th century B.C., were discovered, surrounded by expanses of vegetable gardens and century old olive groves, stood at the center of an important agricultural estate, specialized in the cultivation and the preserving of fruit and vegetables. In 2001, on the land surrounding the Masseria, the San Domenico Golf Club was built, with spectacular 18 hole professional golf course overlooking the sea. In 2005, the Masseria Cimino was completely restored. Great care was taken to preserve the original architectural features, building materials, and colors of the old farmhouse. The Masseria has 15 rooms, some of which are located in the ancient tower and others in the old farmhouse adjacent to the archaeological site, which has just recently been unearthed and which form part of the slaves' dwellings in the ancient city of Egnatia. The walls of this ancient city form part of the boundaries of this property.

www.masseriacimino.com

Masseria Fumarola

I tratti unici del paesaggio murgese si sono combinati con eleganza speciale in questa masseria dell'800, situata a pochi km da Martina Franca, cittadina barocca nel cuore della Valle d'Itria. E' una country house con 14 suite elegantemente arredate e dotate di ogni comfort. Si può vivere l'esperienza di dormire in un palmento, l'ambiente una volta destinato alla produzione del vino, o in appartamenti dove ogni ambiente corrisponde ad un trullo: oltre ad una suite soppalcata con volta a stella, un'alcova con panche raccolta attorno al camino, un'altra alcova dove e' stato ripristinato un antico forno. L'incantevole piscina e il bosco privato di querce secolari sono luoghi ideali per trascorrere piacevoli momenti di serenità a contatto con la natura.

The unique features of the Murge landscape have combined with particular flair in this '800 mansion house, which is located a few km from Martina Franca, the baroque masterpiece of Valle d'Itria, and at a close reach from the main attractions of the area. The mansion house includes 14 suites, equipped with all modern comforts. Here visitors may live the experience of sleeping in a "palmento", the area once employed for the production of wine, or may choose an apartment in which each room is a different "trullo", the traditional cone structure that forms the basis of local architecture. Other offers include a suite with a groin-vaulted loft, one where wood benches gather around the fireplace of an alcove, one in which an ancient oven has been restored to function. The swimming pool girdled with chestnut trees and a private 6-hectare wood of "fragni" (a variety of oak unique to this area) are available for relax and excursions.

www.masseriafumarola.it

CRISPIANO

Masseria Quis Ut Deus

Immersa tra maestosi ulivi secolari che sembrano proteggerne l'armonia e tipici muretti a secco, la Masseria Quis Ut Deus è un affascinante resort 4 stelle con camere, ristorante e centro benessere. Eretta nel 1710, conserva tra le sue mura la freschezza e la purezza di piaceri autentici e rigeneranti. Le 10 camere, tutte arredate con legni fossili, e la SPA negli antichi trulli, ad uso esclusivo della coppia, promettono un soggiorno all'insegna della riservatezza e del relax. Nel suggestivo ristorante, lo chef propone i piatti della tradizione pugliese con grande attenzione alla scelta dei prodotti tipici locali seguendo la filosofia della cucina a km 0.

www.masseriaquisutdeus.com

FASANO
Masseria San Domenico

Torre d'avvistamento del XV secolo, la Masseria San Domenico è stata restaurata ed aperta al pubblico come resort 5 stelle lusso nel 1996. A disposizione degli ospiti una spettacolare piscina di acqua salmastra circondata da rocce naturali, una seconda piscina a livello più alto, nell'uliveto, una spiaggia riservata a pochi metri dall'ingresso principale della Masseria, una Spa con ampia palestra Technogym ed un centro benessere con trattamenti di talassoterapia. A 2 Km un campo da golf a 18 buche, tutte vista mare, della stessa proprietà.

Against the backdrop of the blue Mediterranean sky and sea, Masseria San Domenico lies only 500 metres from the Adriatic coast in the Italy's Puglia region, its whitewashed building standing amidst centenarian olive groves. The building itself dates back to the 15th century. After a careful restoration, the tower was converted into a 5 star deluxe resort. Masseria San Domenico offers boutique-style intimacy bound with first class facilities such as a magnificent outdoor free-form swimming pool, a state-of-the-art Thalassotherapy Spa, a lovely beach, two tennis courts, a modern gym and a challenging 18-hole golf course.

www.masseriasandomenico.com

Relais Histò

a un borgo storico restaurato e splendidamente arredato
asce l'ospitalità del Relais Histó, esclusiva masseria 5 stelle,
ompresa tra le colline di ulivi e un affascinante angolo di
erra affacciata sul Mar Piccolo, a pochi minuti dal centro di
aranto. Ambienti di lusso che sposano con successo le
ntiche strutture della masseria e camere impreziosite da
no stile minimal essenziale e seducente, fanno del Relais
istó un relais di lusso con piscina, ristorante, sale meeting
centro benessere spa.

et in a restored old village wonderfully furnished, Relais
istó features accommodations in an upscale Apulian
-star manor house (masseria), located between the olive
ills and a charming piece of land overlooked Mar Piccolo,
stone's throw from Taranto. Luxury interiors that happily
narry the old structure of the manor house with rooms
mbellished by a captivatingly essential minimal style,
nake of Relais Histó a luxury relais, with swimming pool,
estaurant, meeting rooms and wellness center spa.

ww.relaishisto.it

Relais La Fontanina

Questo splendido wine hotel unisce alla suggestiva architettura delle masserie pugliesi i comfort della moderna ospitalità; è situato in un parco di olivi, mandorli ed essenze mediterranee, al confine fra Valle d'Itria e Salento a pochi Km da Ostuni e dal suo splendido mare (bandiera blu 2009). Con le sue 36 stanze, il centro benessere e soprattutto un ristorante tra i più rinomati e citati dalle migliori riviste di settore, questo magico luogo appagherà tutti i vostri sensi.

This superb wine resort blends the evocative architecture of Apulian manor farms with the comfort of modern hospitality, surrounded by a vibrant olive grove, almond trees and enveloped by a spellbinding Mediterranean essence, at the border between Itria Valley and Salento at a few kilometres from Ostuni and its wonderful beaches. This charming place will fully satisfy you with the 36 guest rooms, the wellness centre and one of the most renowned restaurants acknowledged by the top magazines of the field.

www.lafontanina.it

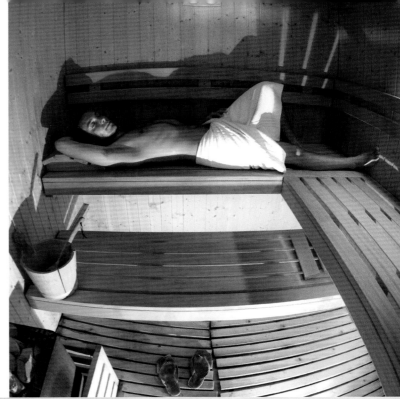

GIURDIGNANO
Tenuta Centoporte

Il Resort Hotel Tenuta Centoporte è una dimora di charme situata nelle campagne di Otranto, dal nome evocativo derivante dalla vicinanza ai resti del Monastero Le Centoporte, un'abbazia basiliana del V-VI sec.

Tenuta Centoporte Resort Hotel is a charming residence situated in the countryside of Otranto, The evocatively name deriving from proximity to the remains of Monastero Le Centoporte, a Basilian Abbey of the V-VI century.

www.tenutacentoporte.it

Tenuta Moreno

Tenuta Moreno, un luogo in cui riscoprire il piacere della natura da raccontare. Atmosfere curate, colori morbidi ed avvolgenti interpretano uno stile elegante ed intramontabile. Tra la natura rigogliosa e secolare potrete rilassarti attraversando i percorsi d'acqua gustando il sapore pugliese e addormentarti tra i piaceri mediterranei. Un perfetto equilibrio tra la serena atmosfera della campagna pugliese e il comfort che può offrire un albergo modernissimo, con 88 camere (68 Camere Doppie Comfort, 10 Camere Superior, 10 Camere Junior Suite) arredate secondo un'eleganza esclusiva e raffinata, alla stesso tempo funzionali e dotate di tutti i comfort.

Tenuta Moreno, the pleasure to tell the discovery of nature. The wrapping atmosphere and colors perform an elegant and timeless style. Relax yourself in the luxuriant and secular nature, crossing the course of water, tasting the flavor of Puglia and falling asleep among the Mediterranean pleasures. Your senses will discover a relaxing atmosphere where your breathe is the music of your wellness.

www.tenutamoreno.it

Crediti fotografici
photo credits

pag. 86 › Nicola Cipriani (ph courtesy Borgo Egnazia)

pag. 91/92/93/94/95 › Raffaele Vestito (ph courtesy Four Season)

pag. 101 › Giuseppe Musolino-Asterisco Media (ph courtesy Gatto Rosso)

pag. 176 › Michele Di Pumpo (ph courtesy Le Antiche Sere)

pag. 177 › Laura Adani (ph courtesy Le Antiche Sere)

pag. 180 › FotoGigi (ph courtesy Le Macàre)

pag. 181 › Emiliano Picciola (ph courtesy Le Macàre)

pag. 202/203 › Silvio Bursomanno (ph courtesy Osteria degli Spiriti)

pag. 244/245/246/247/248/249 › Giuseppe Di Viesto (ph courtesy Tenuta Moreno)

Le fotografie delle cantine, delle masserie e dei resort
sono state fornite dalle aziende.

Tutte le altre fotografie dei ristoranti e delle ricette
sono state realizzate dall'editore.

Indice
index

Indice Ricette
recipes index

Il Falcone Rivera.
Adora le carni rosse
e la selvaggina.

Carucci e Chiurazzi

Vigneto Lama di Corvo

Inconfondibile per austerità ed eleganza, Il Falcone rappresenta al meglio il nobile profilo della DOC Castel del Monte. Dalla tradizione Rivera, un perfetto connubio tra la grande struttura del Nero di Troia e l'armonicità del Montepulciano. Deciso nel carattere, affina le sue qualità per 12 mesi in barrique e per almeno altri 12 mesi in bottiglia. Non esitate a liberare tutto il suo potenziale sui cibi più sapidi come carni rosse e selvaggina.

Rivera
I VINI PREGIATI DI PUGLIA

Risotto alle capesante con crema di zucchina e polvere di caffè 152

Risotto con scampi
Scampi risotto 257

Sagne ai 5 cereali con asparagi e gamberi bianchi
5 cereals sagne with asparagus and white shrimp 164

Sagne n'cannulate
"Sagne n'cannulate" 85

Spaghettoni ai gamberi
Spaghettoni with shrimps 116

Spaghetto alla chitarra con gamberi
Spaghetto alla chitarra with shrimp 81

Spaghetto Cavalieri con scorfano e zucchine
Cavalieri spaghetti with rockfish and courgettes 88

Spaghettone con cicale nostrane 269

Spaghettoni Cavalieri con scampi e tartufo
Cavalieri spaghettoni with scampi and truffle 54

Spaghettoni ai granchi pelosi e ricci di mare
Spaghettoni with hairy crabs and sea urchins 272

Spaghettoni di kamut alla chitarra con cimette di rape 96

Tagliatelle alla rapa rossa
Tagliatelle with beetroot 179

Tagliolini all'aragostella
Small lobster noodles 129

Tagliolini di grano arso con crema di caciocavallo podolico
Burnt wheat tagliolini with caciocavallo podolico cheese cream 67

Tagliolino impastato al nero di seppia con spuma di ricotta di bufala
Cuttlefish ink tagliolini with bufala ricotta mousse 111

Triangoli d'Andria con burratina e melanzane 246

Troccolo di grano arso
Burnt wheat troccolo 99

Tubettini al sugo di cernia 232

Vula e vongule
Vula e Vongule 191

Secondi
second courses

Anguilla in forno con patate e lampascione 178

Baccalà cotto in tiella con purea di patate e olive leccine 89

Battuto di podolica con puntarelle 262

Boccaccio di Torre Guaceto 249

Bombette al formaggio e zucchine
Cheese and courgette "bombette" 243

Bombette con caponata di verdure 237

Brasciola con patate
Brasciola with potatoes 174

Carrè di agnello alle erbe mediterranee 218

Cartoccio di dentice ai profumi mediterranei 58

Cefalo spaccato del Trabucco 55

Filettino di maiale in camicia di bietole
Pork fillet poached in swiss chard 51

Filetto al vino Primitivo di Puglia 74

Filetto di maiale nero alle tre isole 149

Filetto di maialino in sfoglia 207

Grigliata di pesce
Grilled fish 106

Hamburger andriese
Andriese hamburger 267

La Bombetta
The "bombetta" 252

Mazzancolle
Mazzancolle prawns 142

Millefoglie di spada
Swordfish millefoglie 190

Nasello in agrodolce
Sweet and sour hake 232

Ombrina
Ombrina (fish) 138

Petto di faraona dorato
Golden guinea fowl breast 92

Pescatrice legata al bacon 164

Polpo paesano grigliato con burratina
Grilled "paesano" octopus with burratina cheese 229

Scottata di calamaro fresco con verdure grigliate
Seared fresh squid with grilled vegetables 212

Sella di cervo con albicocche caramellate
Venison saddle with caramelized apricots 126

Spigola in crosta di verdure
Sea bass in a begetable crust 209

Scorfano gratinato
Rockfish au gratin 224

Scorfano in croccante di patate
Rockfish in crispy potatoes 80

Tagliata di manzo su letto di purea di piselli 135

Tagliata di tonno rosso
Bluefin tuna tagliata 198

Tonno alla piastra con rosmarino e semi di sesamo 123

Trancetto di rombo su macedonia di verdure 160

Trancio di pescatrice al pepe rosa e mousse di melanzana 81

Triglia al cartoccio
Red mullet al cartoccio 204

Triglia in crosta di patate con spinaci 70

Trittico di mare su crema di fave 117

Zuppa di pesce 186

Dolci
desserts

Bocconotto della tradizione Martinese 98

Cassata siciliana
Sicilian cassata 274

Cheesecake al pistacchio 187

Coppa Capriccio
Capriccio ice cream 126

Croccante di mandorle con crema chantilly 112

Crostata di arance e cioccolato 183

Crostata di frutta fresca e crema pasticcera
Fresh fruit tart with custard 123

Dita degli apostoli
Apostles fingers 237

Frescomorbido d'anguria 252

Giardino di frutta e verdura
Fruit and vegetable garden 64

Millefoglie con crema allo yogourt e marmellata di fragole 44

Millefoglie con crema chantilly e fragole fresche
Millefoglie with chantilly cream and fresh strawberries 220

Mousse di ricotta e canditi con croccante di pistacchi 61

Mousse fredda di tiramisù
Cold tiramisù mousse 152

Parfait alle mandorle su salsa di cioccolato amaro
Almond parfait with bitter chocolate sauce 258

Salame al cioccolato
Chocolate salami 84

Semifreddo ai fichi 224

Semifreddo al Cantalupo brindisino 195

Semifreddo al limoncello 171

Semifreddo con ricotta nostrana e pere 92

Sorbetto al cetriolo con frutti di bosco 266

Soufflé con crema alla vaniglia e crema al cioccolato 249

Tiramisù al rhum
Rum tiramisù 146

Torta alle fragole
Strawberry cake 135

Torta con ricotta agli agrumi
Ricotta cheese cake with citrus fruit 204

Tortino caldo e freddo di ricotta e cioccolato fondente 201

Torta di crespelle con crema pasticcera e panna fresca 166

Torta di fichi 55

Tortino di fragole
Strawberry pie 143

Tortino di pane di Altamura al cioccolato
Chocolate Altamura bread pie 106

Tortino di ricotta vaccina con salsa agli agrumi 178

VIVERE UN SOGNO IN UNA GRANDE REALTA'

Carrisiland
Acquapark
I Caraibi a Cellino San Marco

Tel. 0831 618152
Cell. 349 2914792

Carrisiland
CELLINO SAN MARCO (BR) RESORT

www.carrisiland.it